中国

金手指①

趋势指标
给出明确的买卖时点

主观即错 着力即差 顺势者赚 逆势者赔

（第二版）

付 佳/著

经济管理出版社
ECONOMY & MANAGEMENT PUBLISHING HOUSE

图书在版编目（CIP）数据

趋势指标给出明确的买卖时点/付佳著. —2 版. —北京：经济管理出版社，2016.4
ISBN 978-7-5096-4301-3

Ⅰ. ①趋…　Ⅱ. ①付…　Ⅲ. ①股票交易—基本知识　Ⅳ. ①F830.91

中国版本图书馆 CIP 数据核字（2016）第 068304 号

组稿编辑：勇　生
责任编辑：勇　生
责任印制：杨国强
责任校对：蒋　方

出版发行：经济管理出版社
　　　　　（北京市海淀区北蜂窝 8 号中雅大厦 A 座 11 层　100038）
网　　址：www. E-mp. com. cn
电　　话：（010）51915602
印　　刷：三河市延风印装有限公司
经　　销：新华书店
开　　本：720mm×1000mm/16
印　　张：14.25
字　　数：176 千字
版　　次：2016 年 6 月第 2 版　2016 年 6 月第 1 次印刷
书　　号：ISBN 978-7-5096-4301-3
定　　价：38.00 元

前　言

股市，吸引了大批的投资者前仆后继，涌向这个不见血光的战场。可是，只要是投资就会有风险。虽然现如今的股市已经不像早期市场那般大起大落，让人谈股色变，可赔到"血本无归"和"一夜暴富"的神话故事却依然存在。

不过，相信对于大多数的投资者来说，可能并不会天天妄想着"一夜暴富"，也更不想"血本无归"，对于他们来说，能在庄家吃肉的时候喝上点肉汤，能在大趋势不好的时候别扔进去太多，其实也就心满意足了。

那么，怎样才能在"庄家吃肉"的时候分一杯羹呢？方法很多，但其中最简单也是最重要的一条法则就是"顺势而为"！

什么是"顺势而为"？很简单，就是顺着大趋势和大行情投资，不做违背趋势和规律的事。

例如，在大盘走势普遍不好的时期，甚至会出现股指长时间持续走低的景象。有些股民认为在这时投资，或许能用最少的成本赚取更多的利润，于是买进，这时他们恰恰违背了"顺势而为"这一准则。在市场低迷的大趋势下，凭一己之力是无法改变现状的，若一意孤行，只能换来更加严重的损失。只有按照市场规律的趋势进行投资，不盲目逆市，这样才是"顺势而为"。

那么，我们判断趋势只能依靠大盘的走势这一项指标吗？不是的。

在炒股技术指标中，有一类指标就是专门针对研判趋势而设计的，也就是本书所讲的趋势指标。

所谓趋势指标，就是根据市场趋势理论（趋势一旦形成就将延续，该趋势运行一定幅度后又完结）这一原理而提出的理念。它的主要作用表现在，指示后市行情运行的方向是上升或是下降趋势。投资者若能熟练掌握趋势指标的分析技术，随市场大势顺势投资，定能大大提高获利的概率，并尽量避免亏损。

本书在介绍这些指标的时候，以浅显易懂的方法，对较为常用也最为重要的 10 种趋势指标进行了明确的阐述，它们分别是 MA 均线、Trend Line 趋势线、MACD、BOLL 通道、ASL 累积震荡、EMV、CCI 顺势指标、BBI 多空指标、DMI 趋向、TRIX 平均，这些是操盘应用中的 10 种基本趋势线，每个趋势线都有其各自的特质及操作用途。

同时，本书还罗列了大量例图，引导读者学会综合应用所学知识更好地进行分析、判断，简洁明了，操作性强，旨在让投资者挥别"看对趋势、做错行情"的懊恼，希望尚不能明朗分辨趋势的投资者能够在轻松的氛围下学到知识。只要投资者能够将所学技术灵活地运用到投资中，相信一定能有一番作为。

另外，本书并不是保证投资者定能获利的宝典。股市瞬息万变，机遇稍纵即逝，在抓住机会的同时，投资者仅具备理论知识仍是不够的。除了要熟练操盘技巧，还要保持健康的心态，克服人性的弱点，如贪婪等，这样才能得到理想的回报。

有人说："股票市场中永远都是一小部分人在挣钱。"很多人都只是在扮演"小虾"的角色，被"大鱼"吃掉，成为牺牲品。或许是这样，但回头想想，各个行业其实也都如此。"大鱼"也是从"小虾"成长起来的。这些投资者之所以最后能成为"大鱼"，正是因为他们懂得不断学习、总结、实践，再学习、再总结、再实践，如此循环往复，

在日积月累的磨炼下，才能有机会脱颖而出。

　　有些人对股市行情基础知识一无所知，认为股市就是让人去"撞大运"的地方，无疑只能成为被吃掉的"小虾"。股市如人生，没有捷径可走，一步一个脚印地稳扎稳打才是硬道理。

　　本书在成稿过程中，得到好朋友张利、李现军、丁朋、周滢泓、袁登科、冯少华、郭海平、曹的郡、卓盛丹、陈耀君、刘燕、米晶、陈艳春、戴晓慧、王丹、金丽静、陈鸿等人的协助，在此表示感谢！

　　欢迎读友加入 QQ：1627788375 或 QQ 群：248509269 为好友，探讨交流。

目　录

趋势指标一　MA 均线 ………………………………………… 001

　　股市中的强者和智者必然是技术分析的高手，而在技术分析领域中，MA 指标被认为是最实用、最简单，也是最必要的分析技术之一。掌握了 MA 指标，就等于掌握了股市中扑朔迷离的生命线，就能够捕捉瞬息万变的最佳买卖点。

　　第一节　MA 指标简介 ……………………………………… 001

　　一、什么是移动平均线 ……………………………………… 001

　　二、移动平均线的种类 ……………………………………… 008

　　三、移动平均线的作用 ……………………………………… 011

　　第二节　MA 指标的原理与计算公式 …………………… 012

　　一、MA 指标的原理 ………………………………………… 012

　　二、MA 指标的计算公式 …………………………………… 012

　　第三节　MA 指标的买卖时点 …………………………… 014

　　一、米字交叉：上叉当日买入，下叉当日卖出 ………… 014

　　二、5 日均线一线穿三线：上穿当日买入，

　　　　下穿当日卖出 ……………………………………… 015

　　三、5 日均线跌破前低：跌破日卖出 …………………… 015

　　四、5 日均线突破前高：突破日买入 …………………… 017

　　五、5 日均线跌破平台：跌破日卖出 …………………… 017

六、5日均线突破平台：突破日买入 …………………… 017

七、5日均线形成头肩顶：右肩高点处和跌破

颈线位时卖出 …………………………………… 019

八、5日均线形成头肩底：股价突破颈线位时买入 …… 019

九、5日均线形成M头：股价跌破颈线位时卖出 ……… 021

十、5日均线形成W底：右底低点和股价突破

颈线位时的两处买入 …………………………… 021

十一、5日均线形成三重顶：第三顶出现日及股价跌破

由5日均线形成的颈线位时卖出 …………… 022

十二、5日均线形成三重底：第三底低点出现日和股价突破

由5日均线形成的颈线位时两处买入 ………… 022

第四节　著名的格兰维尔平均线买卖法则 …………… 024

一、格兰维尔四大买进法则 …………………………… 024

二、格兰维尔四大卖出法则 …………………………… 028

第五节　MA指标技术图形一览表 …………………… 031

小　　结 ………………………………………………… 037

趋势指标二　Trend Lines 趋势线 ……………………… 039

在股市中，对于投资者来说最重要的就是要顺势而为，而趋势线则是最能够体现出市场趋势的技术工具，是股市中最为常用、实用并且准确的一种技术分析。有效的趋势线能够准确地表现出当前市场供需关系，投资者可以从中推测后市的涨跌。对于这个瞬息万变的市场，掌握大趋势并且顺势而为，也就是掌握住了成功的密码。另外，趋势线的有效突破对于股票市场交易有着非常重要的分析意义，投资者可以据此掌握最佳的交易时机，更快速地采取适当的操作来应对市场变化。

第一节　趋势线简介 …………………………………… 039

一、什么是趋势线 ……………………………………… 039

二、趋势线的角度 ……………………………………… 040

三、上升趋势线与下降趋势线 ·················· 041

四、快速趋势线与慢速趋势线 ·················· 043

五、短期趋势线、中期趋势线与长期趋势线 ·········· 045

第二节　趋势线的画法 ························ 048

一、趋势线的画法 ························ 048

二、趋势线的调整与重画 ···················· 050

三、趋势线技术图形一览表 ·················· 054

第三节　如何根据趋势线确定买卖时点 ············ 056

一、股价突破此前的下降趋势线——突破日买入 ········ 056

二、股价回落至上升趋势线处——股价再次

回升时买入 ························ 056

三、股价突破并回抽压力线时——突破和

回抽时买入 ························ 058

四、股价跌破上升趋势线——跌破日卖出 ············ 059

五、股价跌破并回抽支撑线时——跌破和回抽时

均可卖出 ·························· 059

六、股价回升至下降趋势线处——遇阻

回落时卖出 ························ 060

第四节　趋势线实盘应用 ······················ 061

一、用趋势线判断支撑和阻力 ·················· 061

二、支撑线的原理与应用 ···················· 062

三、阻力线的原理与应用 ···················· 063

小　结 ································ 064

趋势指标三　MACD 平滑异同平均 ······· 067

在股票市场中，投资者获利的大小，取决于风险的大小，如何将投资风险控制在最小的范围之内，这就是 MACD 指标出现的目的。MACD 指标是大部分投资者较为熟悉的技术分析工具，它的特性就在于稳定性以及趋势性。因此，投资者使用 MACD 指标来分析市场行情，能够将投资风险控制在最小的范围之内，实现获利最大化；另外投资者还可以根据 MACD 指标来避免一些技术指标的缺陷所造成的损失，更好、更准确地掌握后市行情的变动，把握市场脉搏。

第一节　MACD 指标简介 ·············· 067

　　一、什么是 MACD 指标 ·············· 067

　　二、MACD 指标的原理 ·············· 068

　　三、MACD 技术图形一览表 ·············· 069

　　四、MACD 指标的计算方法 ·············· 070

第二节　如何根据 MACD 指标确定买卖时点 ·············· 072

　　一、日 MACD 指标的买入技巧 ·············· 072

　　二、日 MACD 指标金叉与均线相结合的买入技巧 ······ 073

　　三、日 MACD 指标的卖出技巧 ·············· 074

　　四、日 MACD 指标死叉与均线相结合的卖出技巧 ······ 076

　　五、MACD 与 DIF 的值及线的位置 ·············· 078

　　六、MACD 与 DIF 的交叉情况 ·············· 080

　　七、MACD 指标中的柱状图分析 ·············· 082

第三节　MACD 指标"探底器"背驰抄底方法 ·············· 086

　　一、底背驰三大常性 ·············· 086

　　二、寻找弹幅最大的底背驰 ·············· 087

　　三、背驰扎底放量反弹 ·············· 088

第四节　MACD 指标最基本的逃顶方法 ·············· 089

第五节　应用 MACD 指标的注意事项 ·············· 092

一、MACD 指标背驰陷阱 ……………………………… 092

二、股票软件上的 MACD 指标参数设定与修改 ……… 093

小　结 ……………………………………………………… 096

趋势指标四　BOLL 通道 ……………………………… 097

第一节　BOLL 指标简介 ………………………………… 097

一、什么是 BOLL 指标 ………………………………… 097

二、BOLL 技术图形中上轨、中轨、下轨的

　　意义和关系 ………………………………………… 098

三、布林带宽 …………………………………………… 101

第二节　BOLL 指标的原理和计算方法 ………………… 102

一、BOLL 指标的原理 ………………………………… 102

二、BOLL 指标的计算方法 …………………………… 103

第三节　如何根据 BOLL 指标确定买卖时点 …………… 105

一、BOLL 上行态势分析 ……………………………… 105

二、BOLL 下行态势分析 ……………………………… 107

三、BOLL 上轨的高抛技巧 …………………………… 109

四、BOLL 中轨的买卖信号 …………………………… 112

五、BOLL 下轨的抄底技巧 …………………………… 114

第四节　BOLL 指标开缩口的意义 ……………………… 116

一、布林线开口的意义 ………………………………… 116

二、布林线缩口的意义 …………………………………… 117

第五节 布林指标"喇叭口"判断法 ………………………… 119

一、开口型喇叭口 ………………………………………… 120

二、收口型喇叭口 ………………………………………… 120

三、紧口型喇叭口 ………………………………………… 122

小 结 ……………………………………………………… 123

趋势指标五 ASI 累积震荡 …………………………… 127

　　股票市场扑朔迷离,很多指标并不能够真实地反映出当前市场的变化,而 ASI 指标是根据其独特的技术原理能够真实地反映出市场的趋势。ASI 指标是为股票市场高开低走的行情而创造出的感应线,能够强而有力地表现出市场的内涵,还能够更为精准地对股票状态作出反应。因此,投资者可以通过这种技术指标来更好地研判分析出股票的方向性,只有掌握住市场的方向性,才能够在股市中畅通无阻。

第一节 ASI 指标简介 ……………………………………… 127

一、什么是 ASI 指标 ……………………………………… 127

二、ASI 指标的基本原理 ………………………………… 128

三、ASI 指标的计算公式 ………………………………… 128

四、ASI 指标的特性 ……………………………………… 129

第二节 ASI 指标技术图形 ………………………………… 129

第三节 如何根据 ASI 指标确定买卖时点 ……………… 130

一、ASI 指标领先股价,提前突破前次 ASI 高点
　　——突破日买入 ………………………………… 130

二、ASI 指标与股价底背离——股价反弹时买入 ……… 131

三、ASI 指标率先跌破前低——跌破日卖出 ………… 131

四、ASI 与股价形成顶背离——股价回落时卖出 …… 133

第四节 应用 ASI 指标的注意事项 ……………………… 134

一、不同软件上的 ASI 指标参数修改 ················ 134

二、ASI 指标的盲区 ····························· 135

小　结 ··· 137

趋势指标六　EMV 量价能人气 ················ 139

股市中，成交量和人气的变化能够真实地反映出当前市场价格的变化，而投资者若能够掌握成交量和人气的变化，那么也就能够掌握股价波动的节奏，更为及时准确地进行操作。投资者怎样才能够掌握这种变化呢？那时就需要 EMV 量价能人气指标来进行辅助，该指标就是根据成交量和人气变化而创造出来的完整的股价系统循环指标，而这种指标能够帮助投资者避免因市场狂热时错误地选择买卖时机，更为准确地辅助投资者寻找到最佳的交易时间，并能够使投资者更为理性地进行投资交易。

第一节　EMV 指标简介 ······················ 139

一、什么是 EMV 指标 ······················· 139

二、EMV 指标的基本原理 ··················· 140

三、EMV 指标的计算公式 ··················· 141

四、EMV 指标的特性 ······················· 142

第二节　如何根据 EMV 指标确定买卖时点 ········· 143

一、EMV 指标得到均线支撑——EMV 再次
回升时买入 ····························· 143

二、EMV 与股价出现底背离——EMV 向上突破
均线时买入 ····························· 143

三、EMV 在 0 轴下方，向 0 轴方向靠近
——突破 0 轴时买入 ····················· 144

四、EMV 指标线受到均线阻力——EMV 再次
回落时卖出 ····························· 146

五、EMV 指标线与股价出现顶背离——EMV 向下
跌破均线时卖出 ························· 146

第三节　应用 EMV 指标的注意事项 ·················· 147

第四节　EMV 指标技术图形应用举例说明 ·················· 148

小　　结 ·················· 149

趋势指标七　CCI 顺势指标 ·················· 151

在股市中常会出现短期内暴跌或暴涨的行情，在这种行情下投资者往往会出现非理性的投资交易，而 CCI 指标的出现能够避免投资者狂热投资。CCI 指标是专门运用于测量分析股票市场价格是否进入非常态行情，并且该指标是较为特殊的一种超买超卖类型指标，投资者在使用该指标时并不会出现钝化现象，在特殊行情中能使投资者更为迅速地选择市场操作。因此在非常态行情出现时，投资者若选择 CCI 指标能够更为迅速地找到操作方向，更好地避免庄家在特殊行情中设下的陷阱，安全迅速地进行股票交易。

第一节　CCI 指标简介 ·················· 151

一、什么是 CCI 指标 ·················· 151

二、CCI 指标的构成原理 ·················· 152

三、CCI 指标的计算公式 ·················· 152

四、CCI 指标的技术图形 ·················· 154

第二节　CCI 指标的顶底背离 ·················· 154

一、顶背离 ·················· 154

二、底背离 ·················· 155

第三节　如何根据 CCI 指标确定买卖时点 ·················· 157

一、CCI 区间划分 ·················· 157

二、CCI 买卖点判断 ·················· 158

第四节　CCI 指标陷阱的识别 ·················· 162

一、强市陷阱的识别 ·················· 162

二、弱市陷阱的识别 ·················· 164

第五节　不同软件上 CCI 指标参数的修改 ·················· 165

小　　结 ·················· 166

趋势指标八　BBI 多空指标 ·· 169

股票市场的操作方法有多种多样，有很多人偏好于使用移动平均线来进行技术研判，但是针对于市场多空行情的判断就较为迟缓，并不能够有效地研判各个周期的行情，BBI多空指标就是因此而出现的，它能有效地解决多空行情研判的缺失。BBI 多空指标对于多空行情尤其是在研判中长期行情走势中表现卓越。BBI 指标尤其适合于中长线稳健型投资者寻找交易时机，并且在股市周线图中 BBI 指标也被广泛运用，能够给中长线投资者提供绝处逢生的逃顶保障。

第一节　BBI 指标简介 ··· 169

一、什么是 BBI 指标 ··· 169

二、BBI 指标的原理 ·· 170

三、BBI 指标的计算公式 ··· 170

四、BBI 指标的技术图形 ··· 171

第二节　如何根据 BBI 指标确定买卖时点 ······················ 171

一、低位收盘价突破 BBI 指标线——突破日买入 ·········· 171

二、BBI 突破 W 底的颈线——突破日买入 ················· 172

三、高价区收盘价跌破 BBI 指标线

　　——跌破日卖出 ··· 172

四、BBI 跌破 M 顶颈线——跌破颈线时卖出 ············· 174

第三节　利用 BBI 指标与时间周期逃顶 ······················· 174

一、BBI 指标在时间参数上的选择 ······················· 174

二、BBI 指标在周线上的应用 ···························· 175

三、利用 BBI 指标逃顶的基本技巧 ······················ 176

第四节　应用中 BBI 指标的缺点 ···························· 177

第五节　BBI 指标技术图形应用举例说明 ···················· 179

小　结 ·· 180

趋势指标九　DMI 趋向指标 ······························· 181

　　　投资者在股票市场操作时，常会因为各种因素而影响其判断能力，常常会出现操作失误，而 DMI 趋向指标则能够给股票市场中的投资者点亮一盏指向灯。DMI 技术指标能够明显地表现出各个股票股价的运动趋势，使投资者更好地了解股价的变动。DMI 指标还是一个十分特别的指标，该指标对于特殊行情能够体现出其他指标不具有的特殊解决能力，常会比其他技术信号更为迅速地发出风险信号，使投资者更早地避免损失的出现；另外，DMI 指标是一种趋向类指标，对于发展期的行情研判较为可靠，能够及时地引导投资者进场获利。还有，DMI 指标能够在下跌行情出现时使投资者捕捉到每一次行情反弹，将损失降低到最小。

第一节　DMI 指标简介 ································· 181

　一、什么是 DMI 指标 ····························· 181

　二、DMI 指标的原理 ····························· 182

　三、DMI 指标的计算方法 ······················· 182

　四、DMI 指标的技术图形 ······················· 183

第二节　如何根据 DMI 指标确定买卖时点 ··········· 184

　一、PDI 突破 MDI——突破日买入 ············· 184

　二、PDI 自下往上突破 20——突破 20 时买入 ········· 185

　三、ADX 与 ADXR 形成低位金叉，同时 PDI 位于
　　　MDI 上方——金叉日买入 ···················· 186

　四、PDI、ADX 和 ADXR 向上发散——发散后
　　　逐步买入 ··································· 186

　五、PDI 跌破 MDI——跌破日卖出 ············· 187

　六、MDI 自 20 以下回升——再次回落并跌破
　　　20 时卖出 ································· 188

　七、ADX 与 ADXR 发生高位死叉——死叉日卖出 ······ 189

　八、PDI 下穿其他三条曲线——跌穿日卖出 ··········· 190

第三节　应用 DMI 指标的缺点 ………………………… 191

小　结 …………………………………………………… 192

趋势指标十　**TRIX 三重平滑移动平均** ………………… 195

在股市操作中，常会出现主力骗线的情况，投资者深受其扰，而 TRIX 三重平滑移动平均线指标就是为解决这种情况而创造出的技术指标。该指标能够较为有效地过滤短期波动以及主力骗线的干扰，能够使中长期投资者更安全可靠地进行股市操作；另外，TRIX 指标还能够清晰地表现出后市长期的运动趋势，使投资者对于后市的趋势更为直观、清晰地分析了解，尤其是对于在操作中出现失误的投资者来说，能够更好地降低损失成本以及风险。这种技术指标对于稳健型的长期投资者研判后市价格趋势是十分有用的分析工具。

第一节　TRIX 指标简介 ………………………………… 195

一、什么是 TRIX 指标 …………………………………… 195

二、TRIX 指标的原理 …………………………………… 196

三、TRIX 指标的计算公式 ……………………………… 196

四、TRIX 指标的技术图形 ……………………………… 197

第二节　如何根据 TRIX 指标确定买卖时点 …………… 197

一、TRIX 自低位上升过程中与指标均线形成金叉
　　——形成金叉日买入 ……………………………… 197

二、TRIX 与股价形成底背离——背离后形成
　　金叉日买入 ………………………………………… 198

三、TRIX 自高位下降过程中与指标均线形成死叉
　　——形成死叉日卖出 ……………………………… 199

四、TRIX 与股价形成顶背离——背离后形成
　　死叉日卖出 ………………………………………… 199

第三节　TRIX 指标的背离 ……………………………… 201

一、TRIX 指标的底背离 ………………………………… 201

　　二、TRIX 指标的顶背离 ……………………………………… 201

第四节　应用 TRIX 指标的注意事项 ……………………… 203

　　一、TRIX 指标的缺点 ………………………………… 203

　　二、不同软件上 TRIX 指标的参数修改 ……………… 203

第五节　TRIX 指标技术图形应用举例说明 ……………… 206

小　　结 …………………………………………………… 207

趋势指标一 MA 均线

股市中的强者和智者必然是技术分析的高手，而在技术分析领域中，MA 指标被认为是最实用、最简单，也是最必要的分析技术之一。掌握了 MA 指标，就等于掌握了股市中扑朔迷离的生命线，就能够捕捉瞬息万变的最佳买卖点。

第一节 MA 指标简介

一、什么是移动平均线

MA（Moving Average）指标就是移动平均线的简称。它主要是将一定时间内的股价加以平均，再根据平均值绘出图线。它代表的是一段时间内所有投资者买入该股票的平均成本，反映了股价在这段时期内的强弱和运行趋势，因此也被人称为股票的"成本线"。

所以，均线被认为是反映股票价格运行趋势的重要指标，是分析股票价格变动趋势的一种重要的工具。

在实际应用中，我们可以通过一些简单的设置，将均线与每日的 K 线绘制在一张图表中，这样更加便于观察和分析。首先我们打开某

只股票的 K 线走势图界面，界面上方的一系列浅灰色字体，就是我们可以自由选择设置的按钮。我们首先从中选择"选择指标"按钮，如图 1-1 所示。

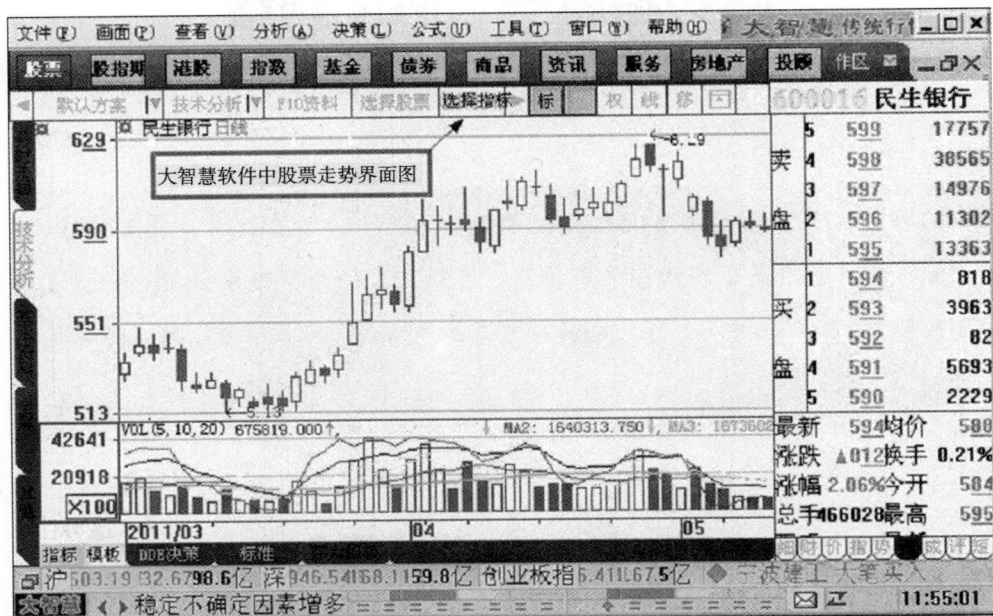

图 1-1　大智慧软件中股票走势界面图——点击"选择指标"选项

接着，我们就打开了"选择指标"的子菜单，其中有一些指数的选择，选择移动平均线指数后，我们可以进一步设置计算参数，如图 1-2 所示。

最终，我们选择的均线就和 K 线图融为了一体，也就是图 1-3。

学习一种技术，最科学的方式是要用从一般到个别的方式掌握。因此，对于仍然对均线概念比较模糊的人，更不能急于学习它的计算公式和原理应用，首先掌握它的一般特性是非常必要的。对于均线来说，它有以下三个基本特性，有助于你对它的初步了解。

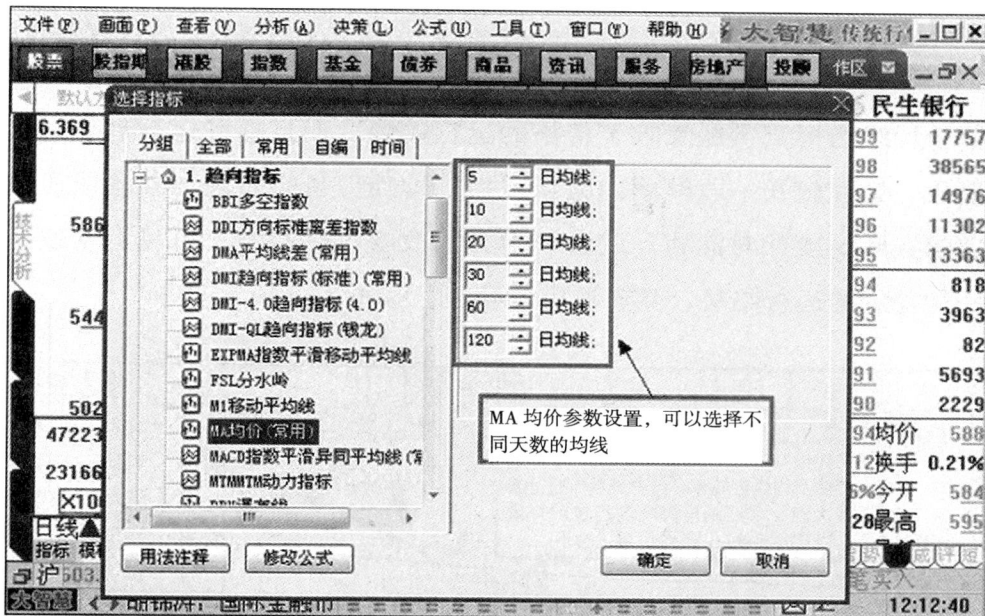

图 1-2　选择指标子菜单界面图——设置计算参数

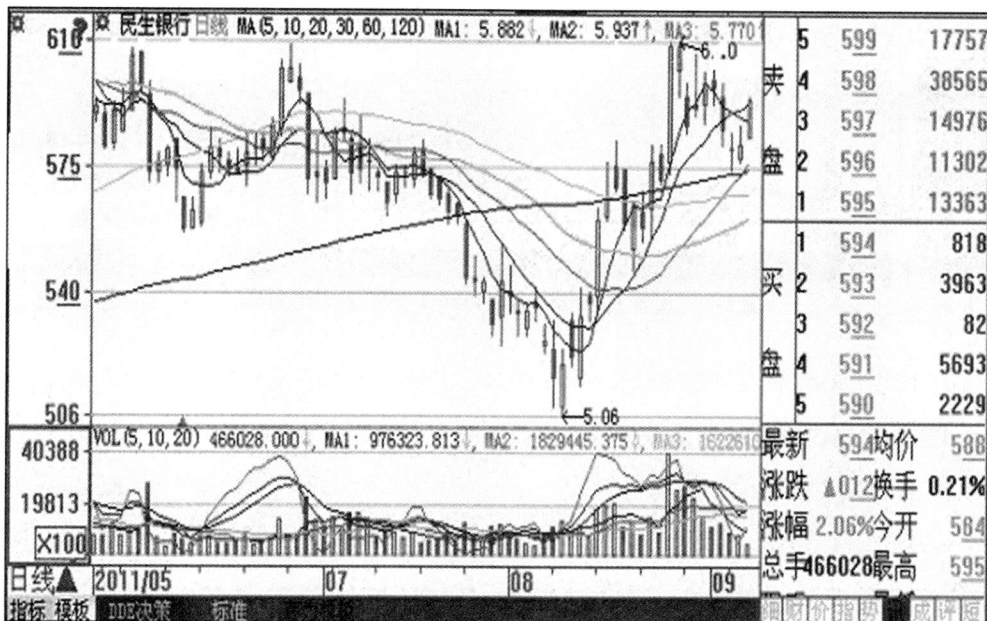

图 1-3　民生银行(600016)K 线与均线走势图

（一）稳定性

均线指标真实地反映了价格的运行趋势，而且这种运行趋势一旦形成，会在较长一段时间内得以保持，即使股价有短期（与均线所代表的实际长度相对而言）的波动也无法改变这种趋势，可见，均线是一种稳定的运行趋势，具有稳定的特征，如图 1-4 所示。

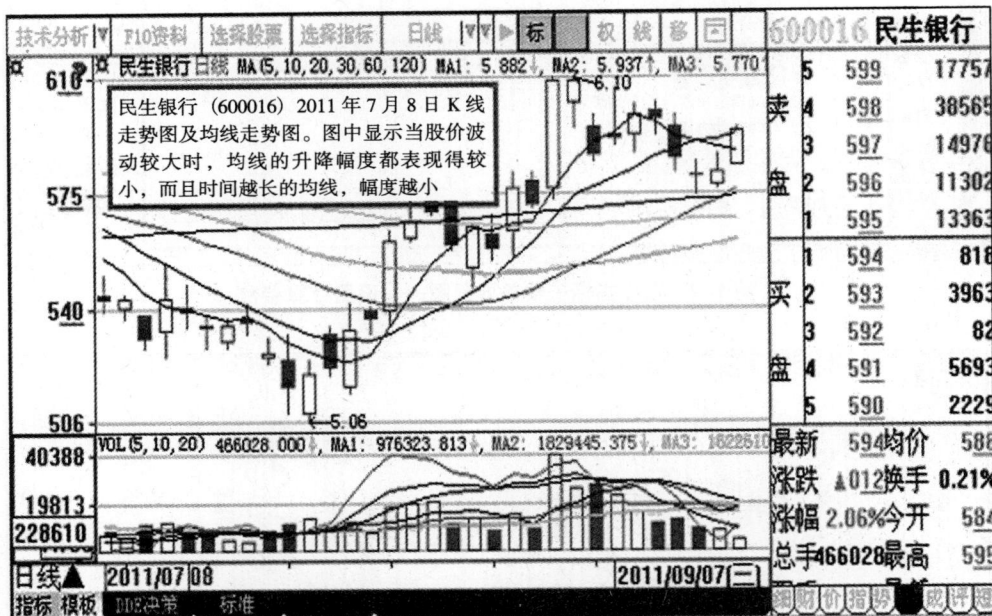

图 1-4 民生银行(600016)K 线走势图及均线走势图

由均线的稳定性特征，我们可以得出三个其他的特性，分别是波动性、趋势追踪性和滞后性。

1. 波动性

从均线的定义可以看出，均线代表的是在一段时间内所有买入股票的平均成本。因此，均线值所取的也是均线所代表的时间周期内的平均值，如 10 日均线的意思就是最近 10 日内市场上所有人买入该股的平均成本。

众所周知，股价总是在进行着上下波动，而均线正是以股价的存在为前提的，所以均线也必须是上下波动的。不过，这与均线的稳定性并不矛盾，因为均线的稳定性并不表明均线是一条直线，只要有股价变化，均线就必须根据平均成本上下波动。也就是说，稳定是相对的，波动是绝对的。

2. 趋势追踪性

均线是反映价格趋势的重要指标，具有趋势追踪性。而且这样的一种趋势一旦形成，也会具有一定的稳定性，并且在一段时间内都会保持。

因此，只要均线的运动趋势是向上的（即前一交易日的均线值小于当天的均线值），我们就可以认为股价运动的趋势是向上的；同样的道理，只要均线的运动趋势是向下的（即前一天交易的均线值大于当天的均线值），我们就可以判定股价的运行趋势是向下的。

3. 滞后性

由均线的稳定性特征我们可以看出均线的滞后性特征。

均线的运行趋势一旦形成，股价波动在较短的时间内都难以改变其运行趋势，所以当股价发生改变时，均线的运动趋势并不能马上跟随其发生变化，或者相应的变化程度很小。只有股价运行方向与均线运行趋势方向完全相反的时候，且这种反方向运行的时间与均线代表的时间长度相近或更长的时间，才能改变均线的运行趋势方向。

当我们看到均线的变化之后再采取措施显然是滞后了，很容易错过了最佳时机，这也就表现出了均线的滞后性。

因此，期限越长的均线的滞后性越强，期限越短的均线的滞后性越弱，如图 1-5 所示。

在图 1-5 中，在竖线处的四条均线分别是 5 日均线、10 日均线、20 日均线、60 日均线，在竖线处的第一条大阴线出现时，5 日均线就

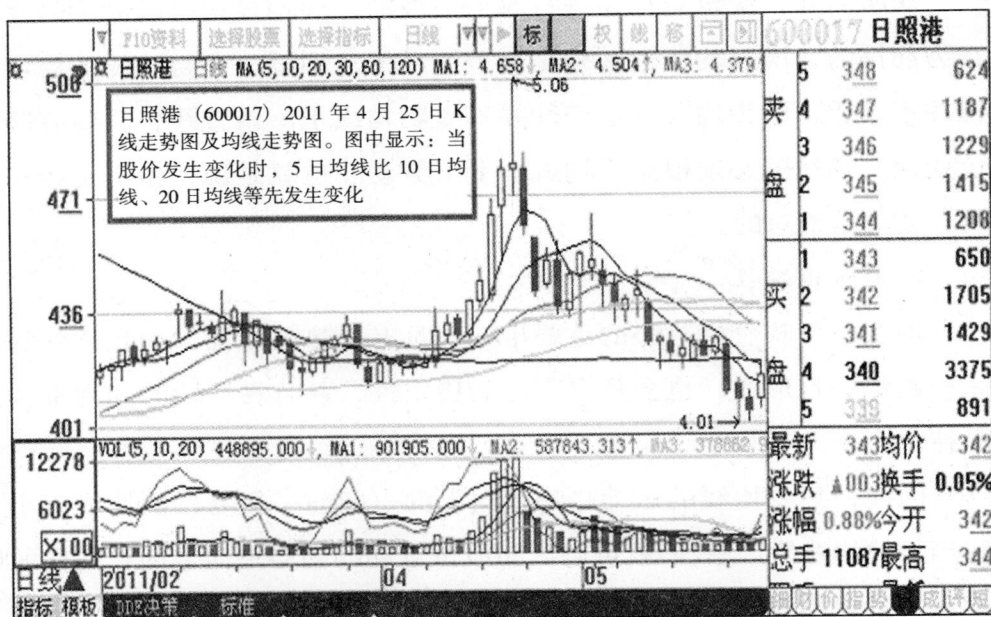

图 1-5 　日照港(600017)K 线走势图及筹码分布图

有走平迹象，10 日均线在 5 日均线走平 5 日后才开始走平，等 20 日均线走平向下转头时，股价比高点处已下跌将近 30%，而此时的 60 日均线仍处于上升过程中。这充分说明了均线的滞后性，以及期限越长的均线的滞后性越强，期限越短的均线的滞后性越弱的特性。

(二) 助涨性

移动平均线有助涨投资者买进的可能。

首先，股价在均线的上方运行时，常常因为短期回调，导致股价回落到均线附近，之前原本有计划在此价位买进的投资者，便会因为种种原因而未能成功买进，最终选择在此时买进。

其次，均线代表的是相应时段的平均成本，因此当股价回调到均线附近时，前期买入的投资者会觉得此时无利可图，所以也不会有卖出获利的冲动，从而减轻了抛出的压力。

因此，一方面是买盘的增多带来需求的增加；另一方面是抛压的减轻带来供给的减少，由此轻而易举地就会导致股价上升，这就是助涨性产生的原因。尤其是当移动平均线的运行趋势陡峭向上时，这种助涨性表现得更加明显，如图 1-6 所示。

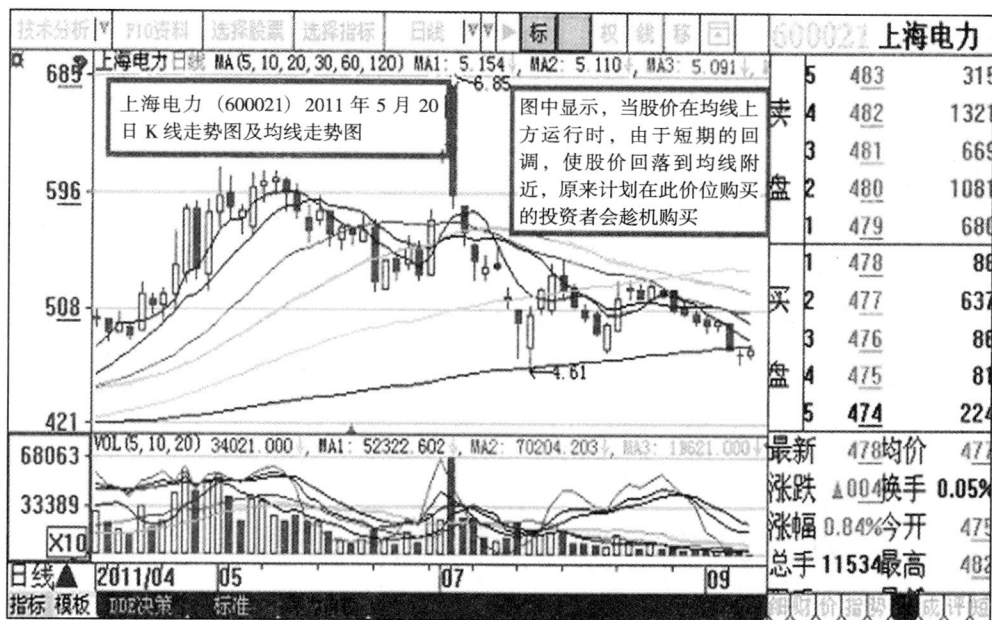

图 1-6　上海电力(600021)K 线走势图及均线分布图

(三) 助跌性

当股价在均线的下方运行时，由于股价短期的反弹会导致价格回抽到均线附近，前期抄底买入的短线投资者就会快速卖出手中的股票以免后面价格更低。

另外，前期计划在此价位卖出，但由于种种原因还没有卖出或没有完全卖出的投资者，大都会利用股价反弹的机会，以更快的速度卖出；而前期计划买入该股的投资者由于股价有了一些浮动，便会产生持股观望的态度，即等待股价再次回落或等股价跃过均线再买入，以免冒险。这时投资者观望气氛会更加浓。供给的增加和需求的减少，就会使股价再次下跌。这就表现出均线的助跌性。这种助跌性在均线运行趋势向下且均线向下趋势明显时表现得尤为突出，如图1-7所示。

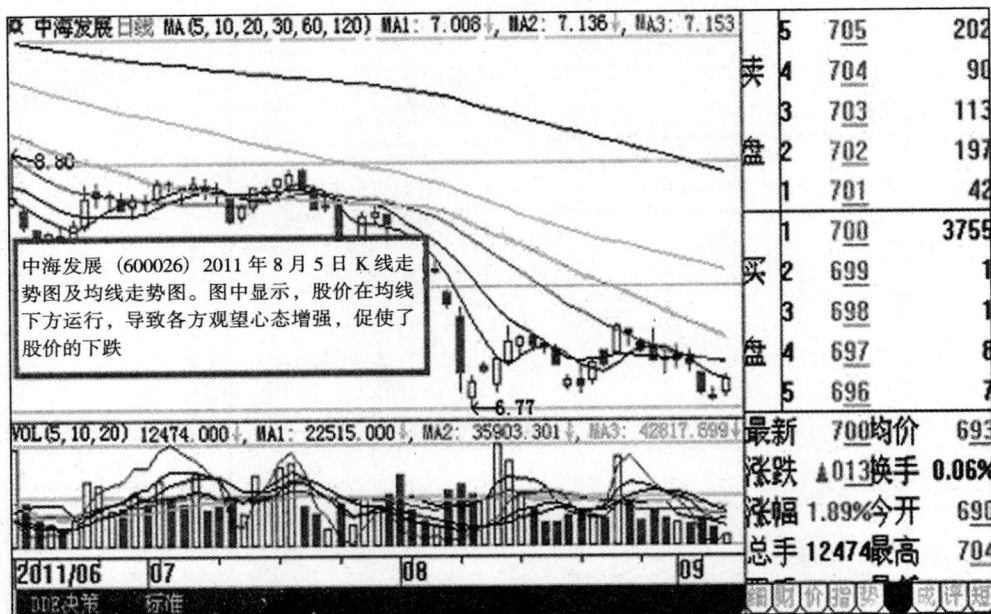

中海发展（600026）2011年8月5日K线走势图及均线走势图。图中显示，股价在均线下方运行，导致各方观望心态增强，促使了股价的下跌

图1-7　中海发展（600026）K线走势图及均线走势图

二、移动平均线的种类

（一）一般分类

移动平均线按数量可分为单线、双线交叉、三线交叉。

移动平均线按计算方法可分为简单移动平均线、加权移动平均线和指数加权移动平均线三种。

移动平均线按单位时间段的不同可分为日均线 DMA、周均线 WMA、月均线 MMA、年均线 YMA、分时均线。其中日均线是股市大军中最常用的技术指标，常以组合形式搭配运用；周均线、月均线或

分时均线称为特殊均线，有 5 周线、10 周线，5 月线、10 月线或 5 单位线、10 单位线等，被经常组合使用。

我们平常所说的短期移动平均线、中期移动平均线、长期移动平均线是按所要平均的时间段的数量多少分的。短期移动平均线即周线——5MA，以一周的 5 个交易日为周期的移动平均线；中期移动平均线即月线——30MA，以一个月为周期的移动平均线；长期移动平均线即年线——280MA，以一年中的全部交易日的总和为周期的移动平均线。

赢正软件中支持的移动平均线有 5MA、10MA、30MA、65MA、100MA、200MA。

（二）一般组合移动平均线

1. 短期均线组合有（5 日均线、10 日均线、20 日均线）和（5 日均线、10 日均线、30 日均线）两种组合

这是目前市场上运用最广泛的组合，其技术意义和使用规则来说是基本相同的，都会收获不错的效果。其主要作用观察股价短期运行的趋势，最典型的是 1~3 个月内股价的走势会发生什么变化。

一般情况下，出现了较为典型的上升通道时，5 日均线就成了多方护盘中枢，不然上升力度就会变得有限；10 日均线则是多头的重要支撑线，10 日均线被有效击穿，市场就有可能转弱。

到了空头市场的时候，人气会非常低迷，10 日均线就成了弱势反弹阻力位，20 日均线或 30 日均线则起到衡量市场短期、中期趋势强弱的重要作用，20 日均线或 30 日均线向上倾斜时可短期看多做多；20 日均线或 30 日均线向下倾斜时，则要短期看空做空。

2. 中期均线组合有（10 日均线、30 日均线、60 日均线）和（20 日均线、40 日均线、60 日均线）两种组合

中期均线组合主要用于观察大盘或个股中期运行的趋势，最典型

的是 3~6 个月大盘或个股走势会发生什么变化。一般来说，中期均线组合后会呈多头排列的状态，表示大盘或个股中期趋势向好。

中短期均线呈多头排列的时候，表示大盘或个股中短期趋势向好，中期投资者最好看多做多；相反，当中期均线组合呈空头排列状态的时候，表示大盘或个股中短期趋势逐渐冷淡，这时投资者中期最好看空做空。

从实战的角度来说，用中期均线组合分析研究大盘或个股的行情趋势比短期均线组合准确可靠得多。比如，当大盘见底回升时，如果你对向上反弹还是向下反转没有十足的把握，那么这时观察中期均线组合，就会给你带来很大帮助：一般来说当 5 日均线、10 日均线上穿20 日均线、30 日均线时，会出现一次比较可靠的中级行情，当中期均线黏合向上发散往往预示着大行情的来临。

3. 长期均线组合有（30 日均线、60 日均线、120 日均线）和（60 日均线、120 日均线、250 日均线）两种组合

中长期均线组合主要用于观察大盘或个股的长期的趋势，最典型的是 6 个月~2 年的股价走势会发生什么变化。

总的来说，当长期均线组合中的均线形成黄金交叉，成为多头排列时说明市场中长期趋势看好，此时投资者最好保持长多、短空的思维，遭遇小幅震荡或者回调的时候，就要敢于逢低买进；反之当长期均线组合中均线出现死亡交叉，成为空头排列时，说明市场对大盘或个股中长期趋势看淡，此时投资者应保持长空、短多的思维，遇到盘中震荡或反弹，就要坚持逢高减磅。

（三）特殊组合移动平均线

周均线、月均线或分时均线称为特殊均线，有 5 周均线、10 周均线，5 月均线、10 月均线或 5 单位线、10 单位线等。

特殊均线一般不单独使用，它也常以组合方式出现。

（1）常用的有 5 周均线、10 周均线、20 周均线或 5 周均线、10 周均线、30 周均线组合。

（2）在分析月线走势时，常用有 5 月均线、10 月均线、20 月均线组合或 5 月均线、10 月均线、30 月均线组合。

（3）在分析 5 分钟、15 分钟、30 分钟、60 分钟 K 线走势时常用的有 5 单位、10 单位、20 单位均线组合或 5 单位、10 单位、30 单位分时均线组合。

特殊组合移动平均线很好地弥补了普通组合移动平均线分析功能的不足。一般来说，周均线组合、月均线组合更为适用于对大盘或个股长期行情的走势研判，和日均线组合对大盘个股走势研判相比，它们对大盘的指示作用更加简单明了。

三、移动平均线的作用

移动平均线的作用，首先，最主要的作用是可以更加真实地反映股价变动的趋势；其次，是借助于多种移动平均线的排列关系，用更加复杂而准确的计算来预测中长期趋势；最后，在实际的应用中，如果将其按照不同的算法相结合使用，则可以更好地发出买卖信号，界定风险程度。

第二节　MA 指标的原理与计算公式

一、MA 指标的原理

移动平均线是当今证券市场上广泛运用的技术指标，它以道·琼斯的"平均成本"概念为基础，用统计处理的方式，将若干天的股价加以平均，然后连接成一条线，用以观察股价运动趋势的一种方法。

具体说来，移动平均线是股价的生命线，是对交易成本的最直观的反映。它实质上也是一种追踪趋势的工具，其目的在于显示旧趋势已终结或反转、新趋势正在萌生的行情走势，因此它也可以被称为弯曲的趋势线。它也由此被广泛应用，甚至被一些业内人士把它作为股票价格的一部分来对待。在证券市场中，它是对价格趋势进行平滑处理的最有效的方法，使价格的各种扭曲现象减少。

二、MA 指标的计算公式

1. 简单算术移动平均线

我们以 5 日均线为例，5 日简单算术移动平均价的计算公式就是：

$MA5 = (C1 + C2 + C3 + C4 + C5) /5$

上式中 C1、C2、C3、C4、C5 分别代表第一天到第五天的收盘价。

那么 6 日均线即为：

$MA6 = (C1 + C2 + C3 + C4 + C5 + C6) /6$

由此，我们可以得出，计算 n 日移动平均线的公式：

$MAn = (C1 + C2 + C3 + \cdots + Cn) /n$

2. 加权移动平均线

这种算法考虑到在移动平均数的周期内最近一日收盘价对未来价格波动影响最大，因而赋予较大的权数加以计算的方法。

加权移动平均线算法有四种，其计算公式如下：

（1）末日加权移动平均线：

计算公式：

$$MA（N）=（C1 + C2 + \cdots + Cn \times 2）/（n + 1）$$

（2）线性加权移动平均线：

计算公式：

$$MA =（C1 \times 1 + C2 \times 2 + \cdots + Cn \times n）/（1 + 2 + \cdots + n）$$

（3）梯形加权移动平均线：

计算公式（以 5 日为例）：

[（第 1 日收盘价 + 第 2 日收盘价）× 1 +（第 2 日收盘价 + 第 3 日收盘价）× 2 +（第 3 日收盘价 + 第 4 日收盘价）× 3 +（第 4 日收盘价 + 第 5 日收盘价）× 4]/（2 × 1 + 2 × 2 + 2 × 3 + 2 × 4）

（4）平方系数加权移动平均线：

计算公式（以 5 日为例）：

MA = [（第 1 日收盘价 × 1 × 1）+（第 2 日收盘价 × 2 × 2）+（第 3 日收盘价 × 3 × 3）+（第 4 日收盘价 × 4 × 4）+（第 5 日收盘价 × 5 × 5）]/（1 × 1 + 2 × 2 + 3 × 3 + 4 × 4 + 5 × 5）

3. 指数平滑移动平均线

这种算法是先计算出第一个简单算术移动平均数（或使用起算日的收盘价）作为基数，再以平滑公式计算以后的移动平均数。

计算公式（以 5 日为例）：

EMA5 = 当日收盘指数 × 1/5 + 前一日移动平均数 × 4/5

计算从基期起第 t 天的 n 日指数平滑移动平均线的一般公式：

$$EMAt = Ct \times 1/n + EMA(t-1) \times (n-1)/n$$

第三节　MA 指标的买卖时点

一、米字交叉：上叉当日买入，下叉当日卖出

米字交叉是指任意两条移动平均线在同一天内同时上穿或下穿了另一条移动平均线的一种走势。"米字交叉"其实说的就是 MA 各线交叉后形成的形态就像"米"字一样，故称为"米字交叉"。上叉形态的"米字叉"，显示做多信号，可在交叉的当日买入股票，如图 1-8 所示。

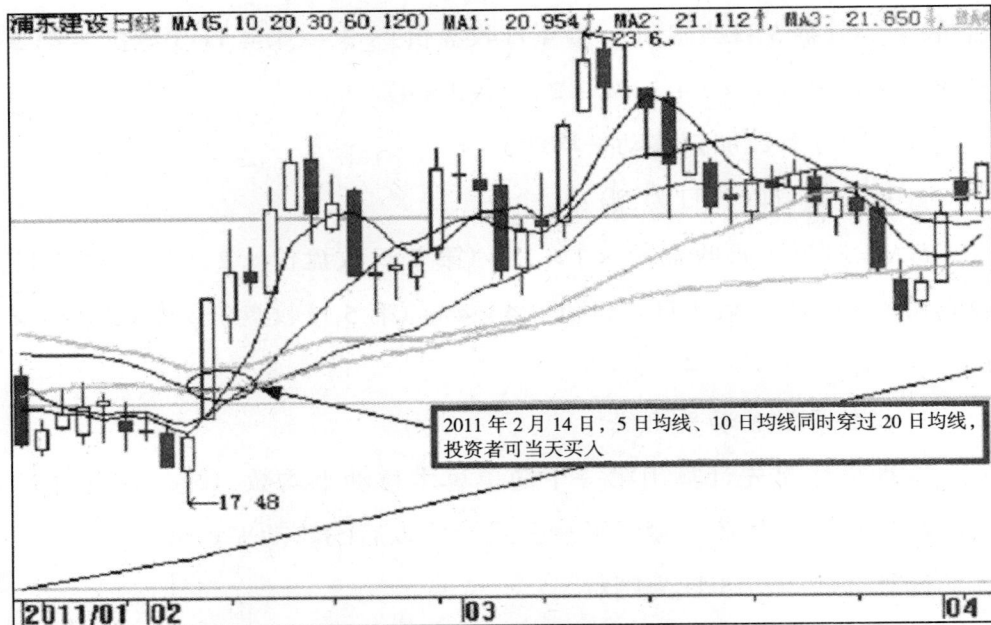

图 1-8　浦东建设(600284)MA 示意图

下叉形态的"米字叉",一般为做空信号,最好在交叉日的当天卖出股票,如图1-9所示。

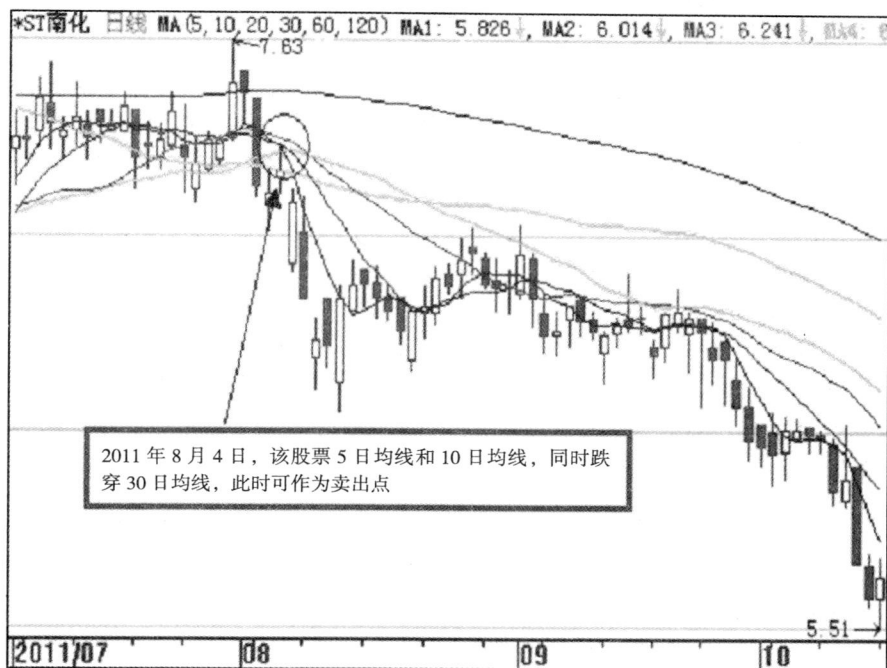

图1-9 *ST南化(600301)MA示意图

二、5日均线一线穿三线:上穿当日买入,下穿当日卖出

5日均线一线穿三线,指的是5日移动平均线在同一天,上穿或下穿了10日、20日和30日三条移动平均线的一种走势。上穿时为做多信号,应买入股票,如图1-10所示。

下穿时为做空信号,应卖出股票,如图1-11所示。

三、5日均线跌破前低:跌破日卖出

5日均线跌破前低,指的是5日移动平均线由上向下,跌破了在前段上升行情中由5日移动平均线形成的波谷低点。这种形态是典型的继续下跌信号,此时最好卖出股票,如图1-12所示。

桂东电力日线 MA(5,10,20,30,60,120) MA1: 19.906↑ MA2: 19.257↑ MA3: 19.580↑

2011年6月28日，该股票5日均线，上穿了三条移动
平均线，投资者可于当天买入

21.35

15.60

2011/06   07   08

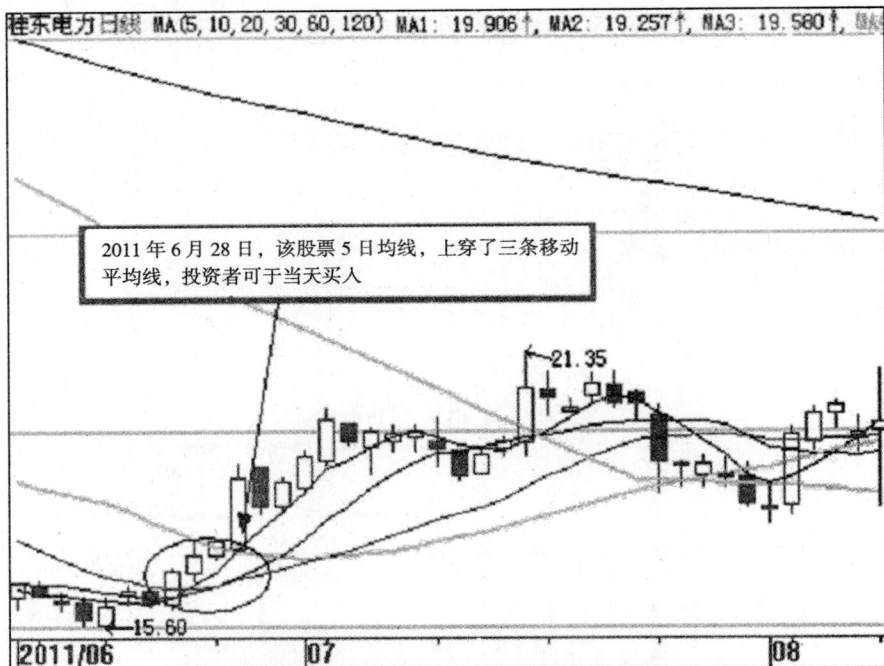

图 1-10　桂东电力(600310)MA 示意图

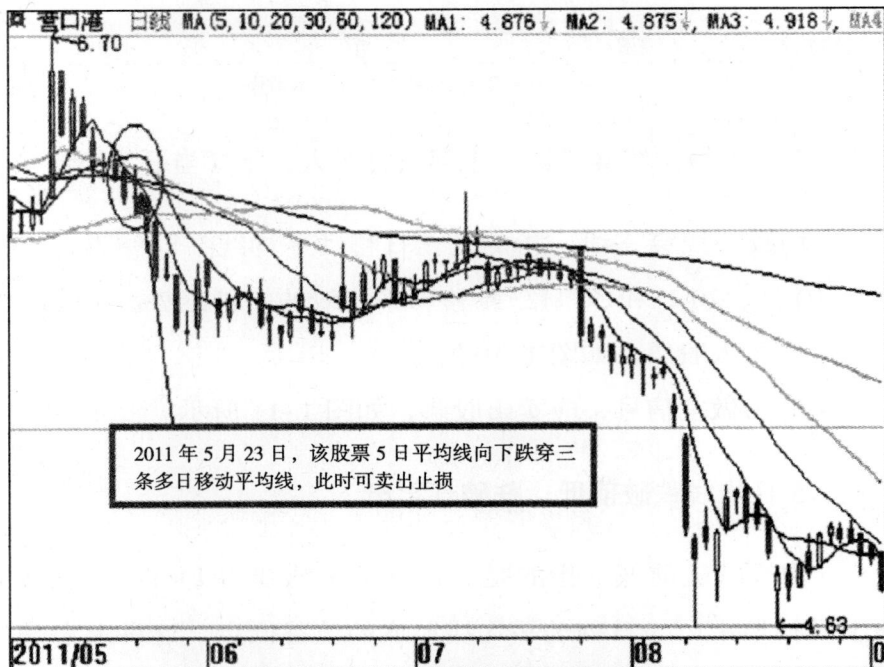

营口港　日线 MA(5,10,20,30,60,120) MA1: 4.876↓ MA2: 4.875↓ MA3: 4.918↑

6.70

2011年5月23日，该股票5日平均线向下跌穿三
条多日移动平均线，此时可卖出止损

4.63

2011/05   06   07   08

图 1-11　营口港(600317)MA 示意图

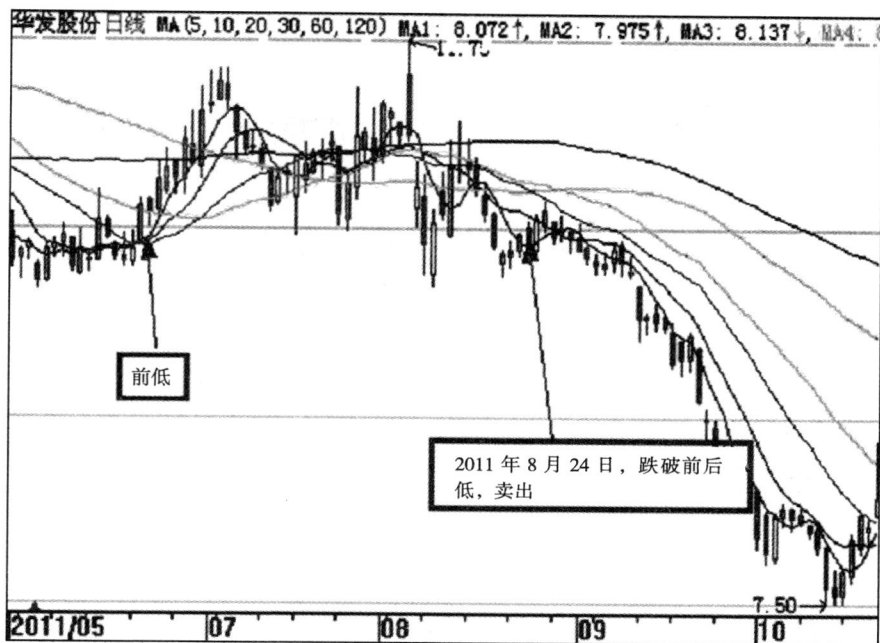

图 1–12 华发股份（600325）MA 示意图

四、5 日均线突破前高：突破日买入

5 日均线突破前高，是指 5 日移动平均线在向上攀升时，超过了在前段下降行情中由 5 日移动平均线形成的波峰高点的一种走势。该形态是继续上涨的信号，应买入股票，如图 1–13 所示。

五、5 日均线跌破平台：跌破日卖出

5 日均线跌破平台，是指 5 日移动平均线由上向下，跌破了在前段上升行情中由 5 日移动平均线形成的平台低点的一种走势。该形态是继续下跌的信号，应卖出股票，如图 1–14 所示。

六、5 日均线突破平台：突破日买入

5 日均线突破平台，指的是 5 日移动平均线由下向上突破了前段

旭光股份 日线 MA (5,10,20,30,60,120) MA1: 17.846↓ MA2: 17.932↑ MA3: 16.896↑ MA

20.41

2011 年 2 月 15 日，5 日均线突破前高，买入

前高

12.64

2010/12　　2011/02　　03　　　　04

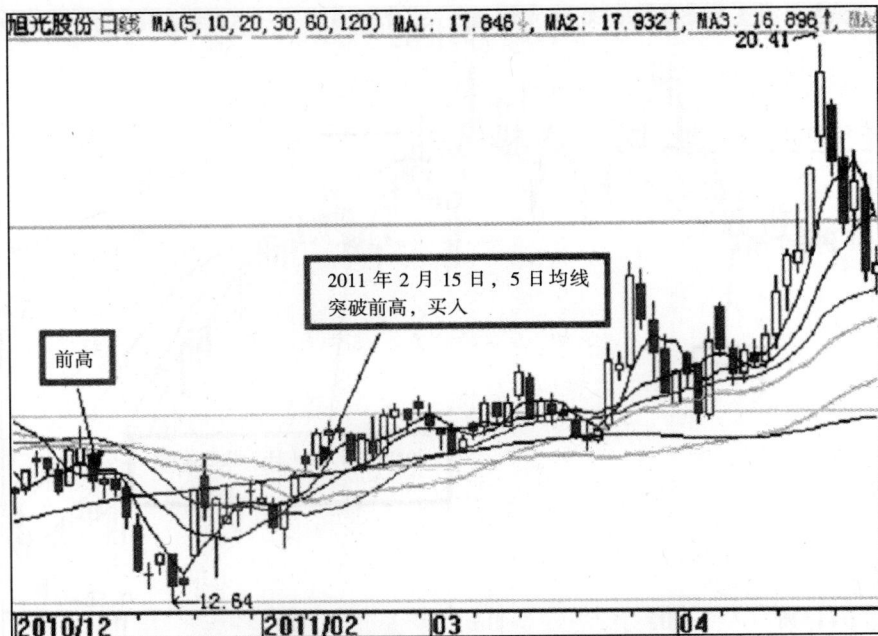

图 1-13　旭光股份(600353)MA 示意图

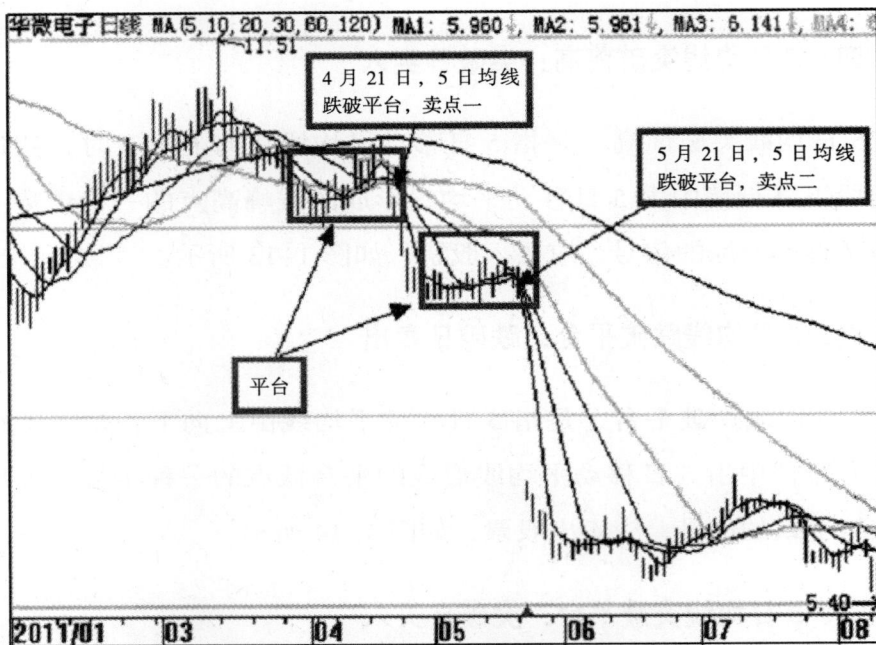

华微电子 日线 MA (5,10,20,30,60,120) MA1: 5.960↓ MA2: 5.961↓ MA3: 6.141↓ MA4: 6

11.51

4 月 21 日，5 日均线跌破平台，卖点一

5 月 21 日，5 日均线跌破平台，卖点二

平台

5.40

2011/01　　03　　　　04　　　05　　　06　　　07　　　08

图 1-14　华微电子(600360)MA 示意图

下降行情中由 5 日移动平均线形成的平台高点的一种走势。该形态是继续上涨的信号，应买入股票，如图 1-15 所示。

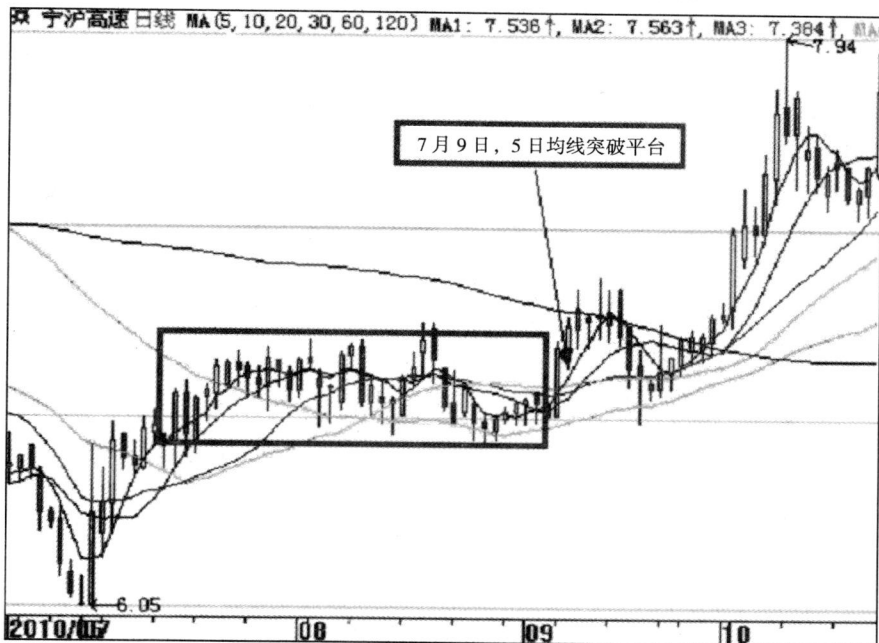

图 1-15 宁沪高速(600377)MA 示意图

七、5 日均线形成头肩顶：右肩高点处和跌破颈线位时卖出

5 日均线形成头肩顶，指的是股价经过了一段时间的上涨后，5 日移动平均线在高位形成了圆顶形态。该形态显示做空信号，在右肩高点为第一个卖出点，5 日均线与股价跌破其相互形成的颈线位时为第二个卖出点，如图 1-16 所示。

八、5 日均线形成头肩底：股价突破颈线位时买入

5 日均线形成头肩底，指的是股价经过一段深跌后，5 日移动平均线在低位形成如同倒立的人体图形。该形态显示做多信号，股价向上突破了 5 日移动平均线的颈线位时，就可买入，如图 1-17 所示。

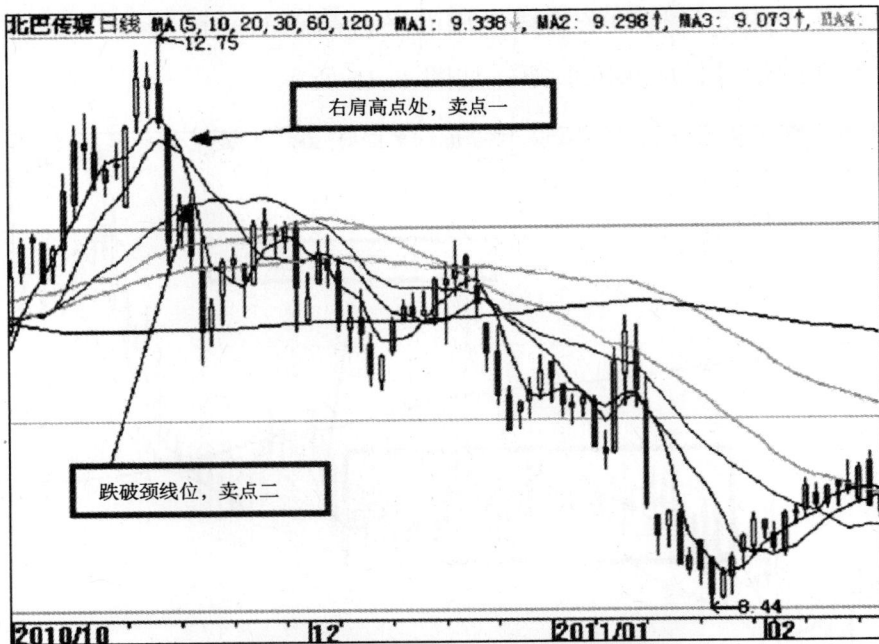

图 1-16　北巴传媒(600386)MA 示意图

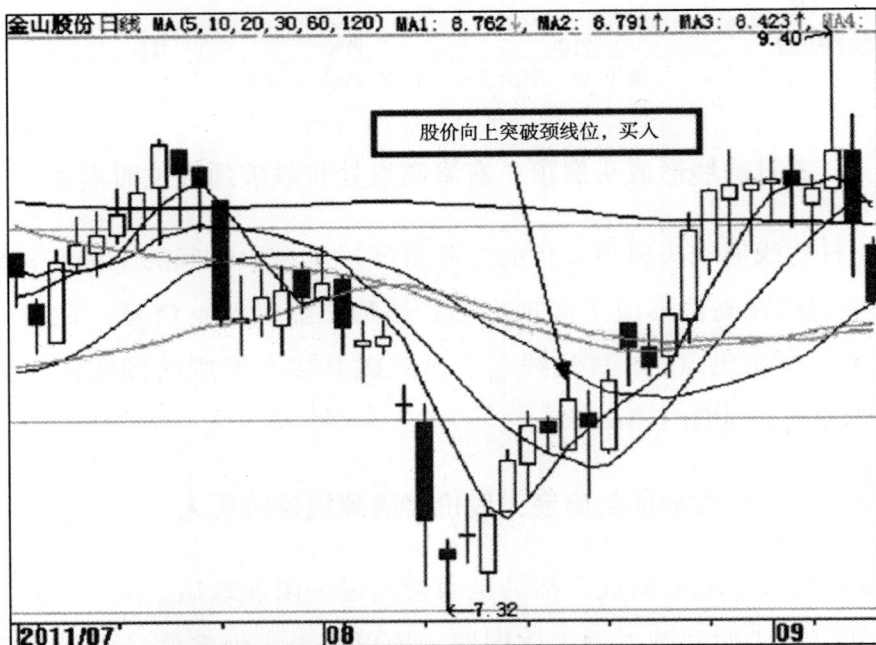

图 1-17　金山股份(600396)MA 示意图

九、5日均线形成M头：股价跌破颈线位时卖出

5日均线形成M头，指的是股价经过一段时间的上涨后，5日移动平均线在高位形成如同英文字母"M"形状的双顶走势。该形态显示做空信号，在右顶的高点处和股价跌破由5日移动平均线形成的颈线位时，卖出股票，如图1-18所示。

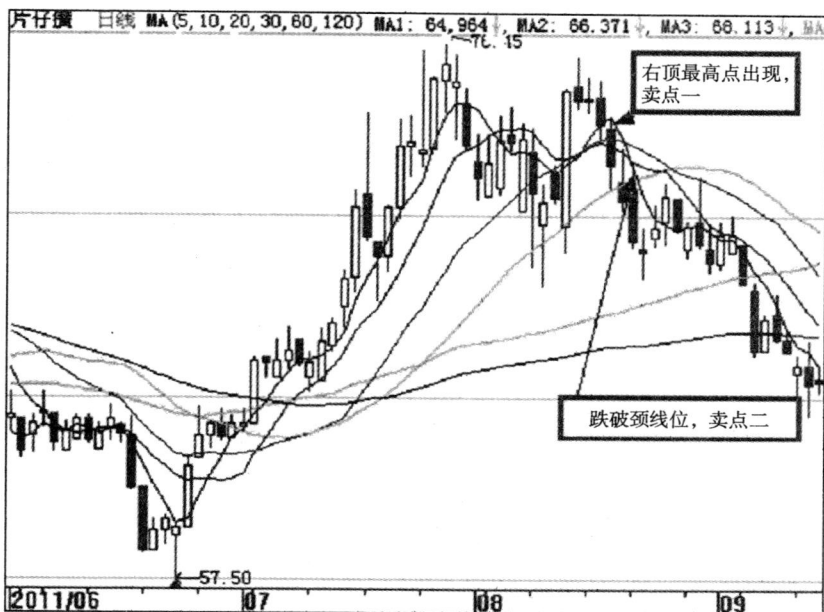

图1-18 片仔癀（600436）MA 示意图

十、5日均线形成"W"底：右底低点和股价突破颈线位时的两处买入

5日均线形成"W"底与"M"顶正好相反，是指股价经过一段下跌，到了低位进行盘整的时候，5日移动平均线上下波动，形成了如同"W"形状的双底走势。这种形态是提示散户做多的信号，在右底低点处和股价向上突破5日移动平均线的颈线位时可以买入股票，如图1-19所示。

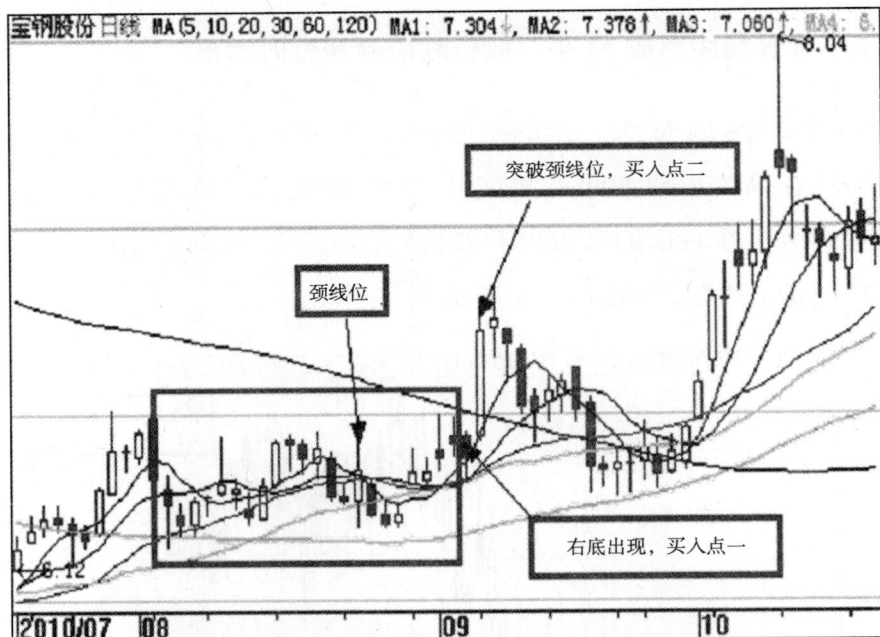

图1-19 宝钢股份(600019)MA示意图

十一、5日均线形成三重顶：第三顶出现日及股价跌破由5日均线形成的颈线位时卖出

5日均线形成三重顶，指的是股价经过大涨后，5日移动平均线在高位形成三个顶点大体处在同一水平线上的波峰，这三个波峰，一般被称为"三重顶"。出现此形态，一般要做见顶处理，适时卖出手中的股票为好，如图1-20所示。

十二、5日均线形成三重底：第三底低点出现日和股价突破由5日均线形成的颈线位时两处买入

5日均线形成的三重底与"5日移动平均线形成的三重顶"形态的走势相反，是指股价经过一段深跌后，5日移动平均线在低位形成三个大体处在同一水平线上的波谷低点，这三个低点，就称为"三重

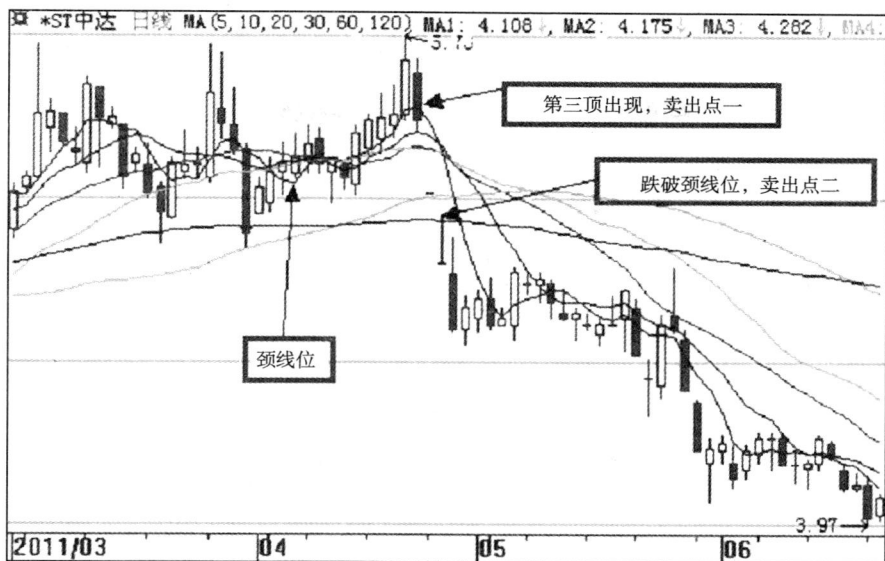

图 1-20 *ST 中达(600074)MA 示意图

底"。这种形态同样有两处抄底点位：一是第三底低点出现的时候；二是股价向上突破了 5 日移动平均线颈线位的时候，如图 1-21 所示。

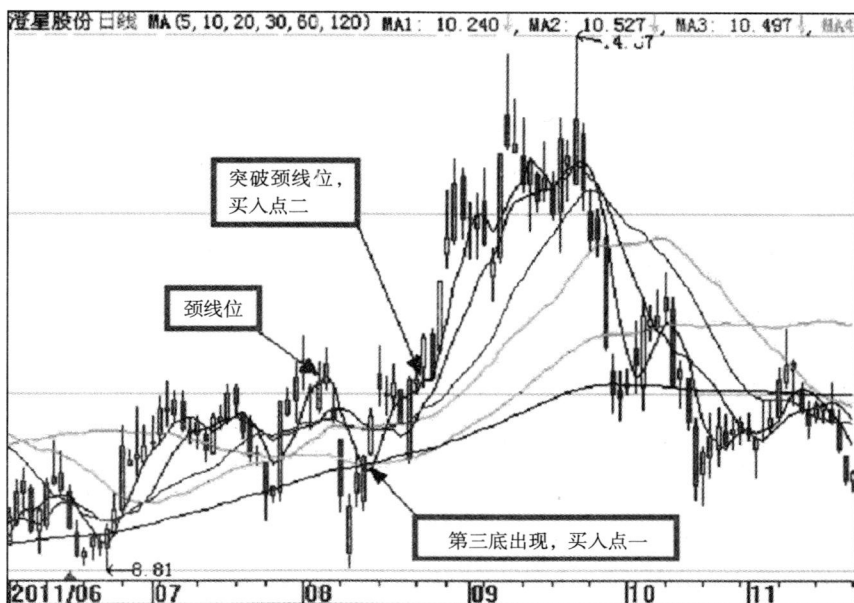

图 1-21 澄星股份(600078)MA 示意图

第四节 著名的格兰维尔平均线买卖法则

一、格兰维尔四大买进法则

美国分析师格兰维尔（Granvile）提出移动平均线四大买入法则。

（1）当平均线有从下跌逐渐开始走平或有向上方移动的趋势，一旦股价由下向上穿过平均线，便是买进信号，如图1-22所示。

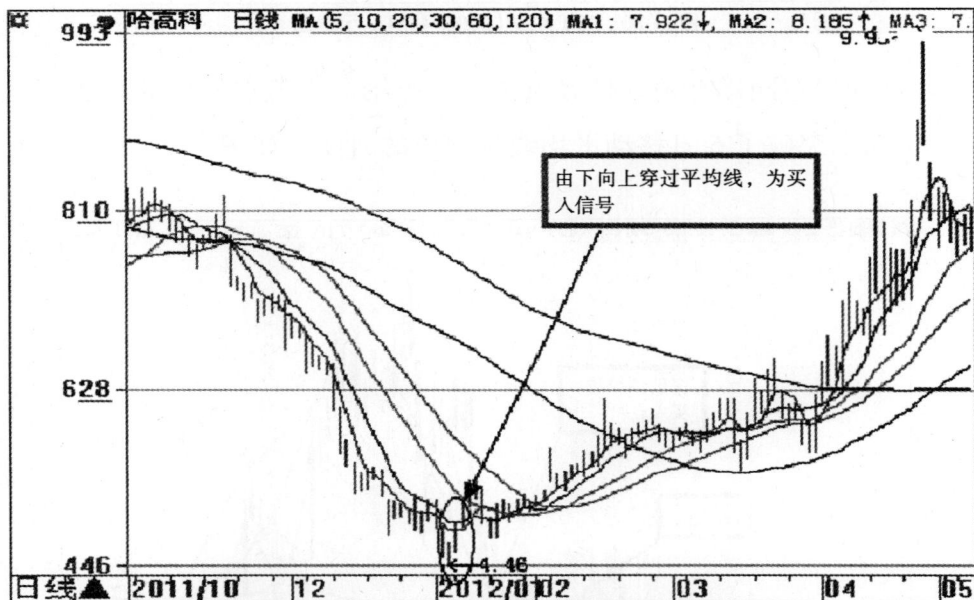

图1-22 哈高科(600095)K线与均线走势图

如图1-22所示，哈高科（600095）在2011年时，股价开始走平，继而在2012年初走出上升的趋势。2012年1月9日、10日、11日三天，股价通过连续的升高突破了均线，此时便为较好的买入时机。发生同样情况的还有图1-23所示的武钢股份（60005）。

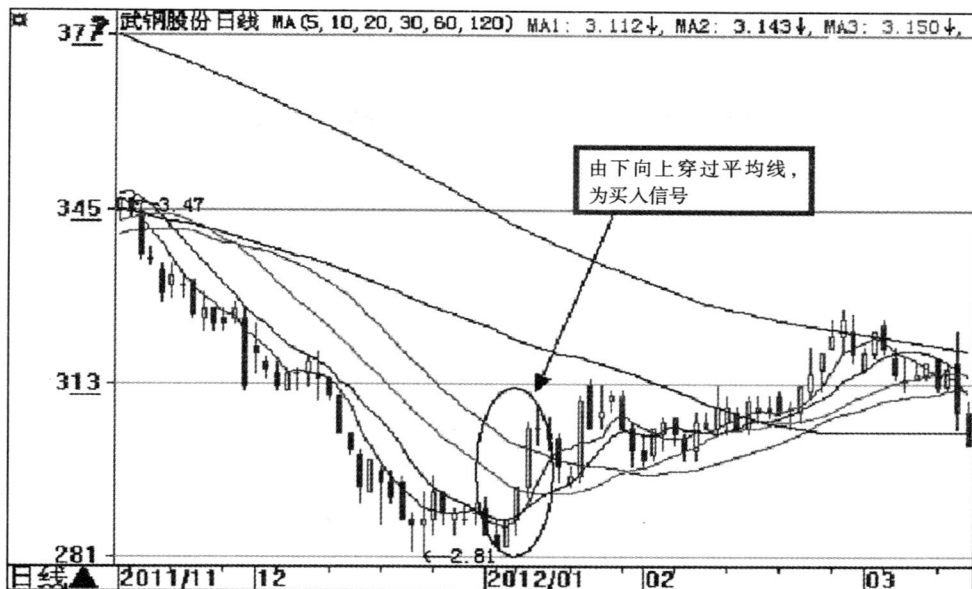

图 1-23　武钢股份(600005)K 线与均线走势图

（2）股价走势在平均线上方波动，股价向下跌至平均线附近，但没有跌破平均线，并再度上升，也视为买进信号，如图 1-24 所示。

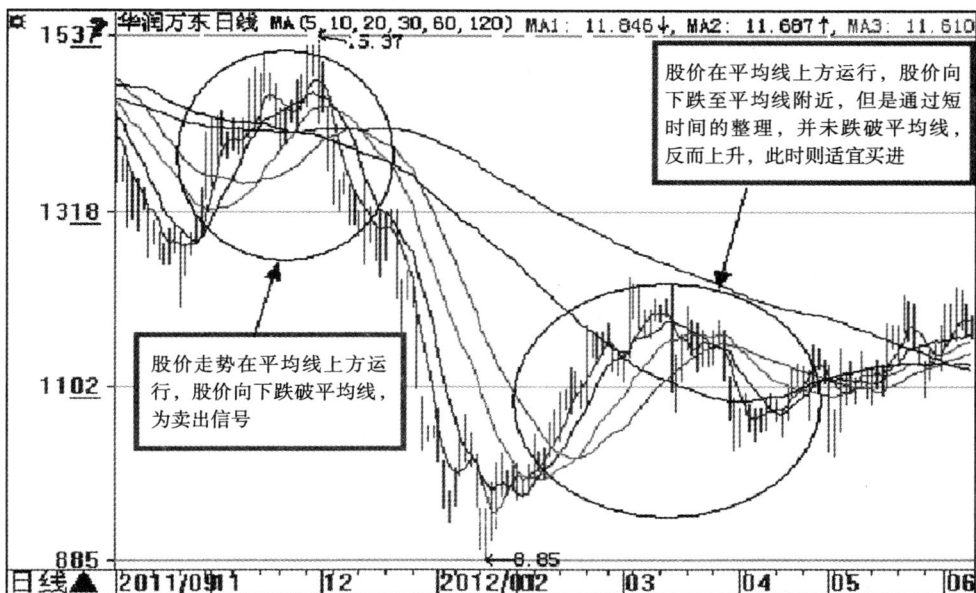

图 1-24　华润万东(600055)K 线与均线走势图

　　当股价在均线上方波动，但转而向下的时候，不一定都是卖出信号。比如，图1-24中的华润万东（600055），分别在2011年11月和2012年3月有一段"股价在均线之上"的时期，但是其后的发展趋势却完全相反，原因就是股价下跌至均线时，是否有真正突破。只有当股价下沉且通过连续的下降走势突破均线时，才是安全的买进时机。图1-25中，也是同样的情况。

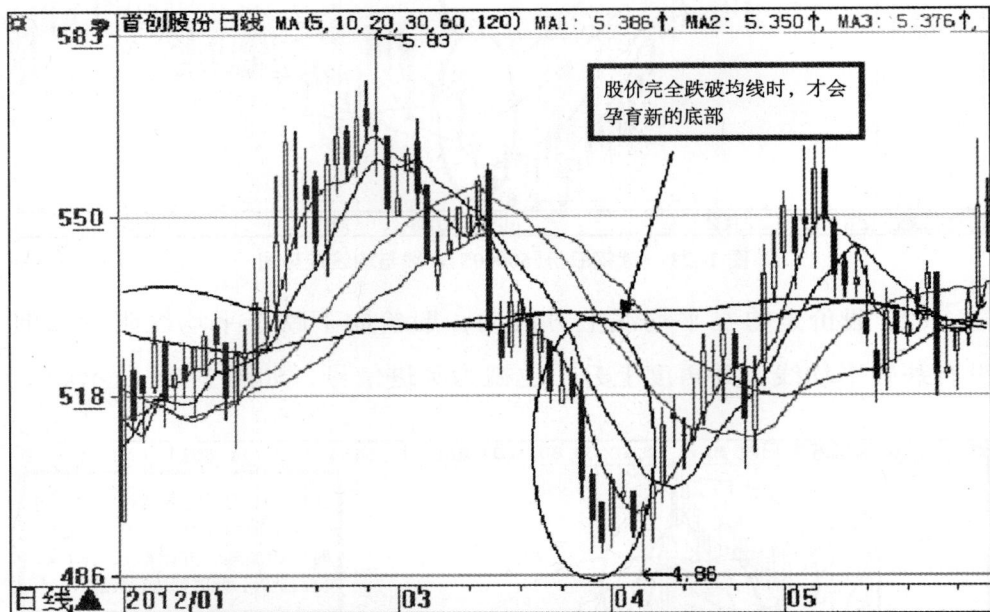

图1-25　首创股份（600008）K线及均线走势图

　　（3）股价下跌至平均线的下方，而平均线短期内仍然有向上的趋势，可视为买进信号，如图1-26所示。

　　从图1-26中可以看出，当股价跌破均线一段时间后，短期均线的回头是重要的买入信息。图1-27也出现了同样的情况。

　　（4）股价走势在平均线下方波动时，突然急跌，距离均线非常远，有可能呈技术反弹升近平均线，为买进信号，如图1-28所示。

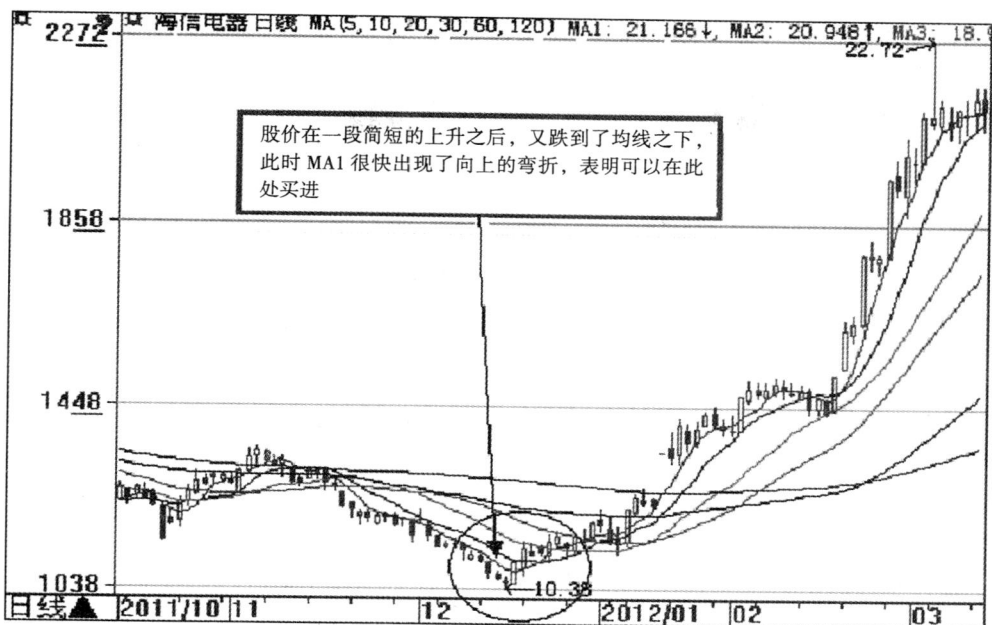

图 1-26 海信电器(600060)K 线及均线走势图

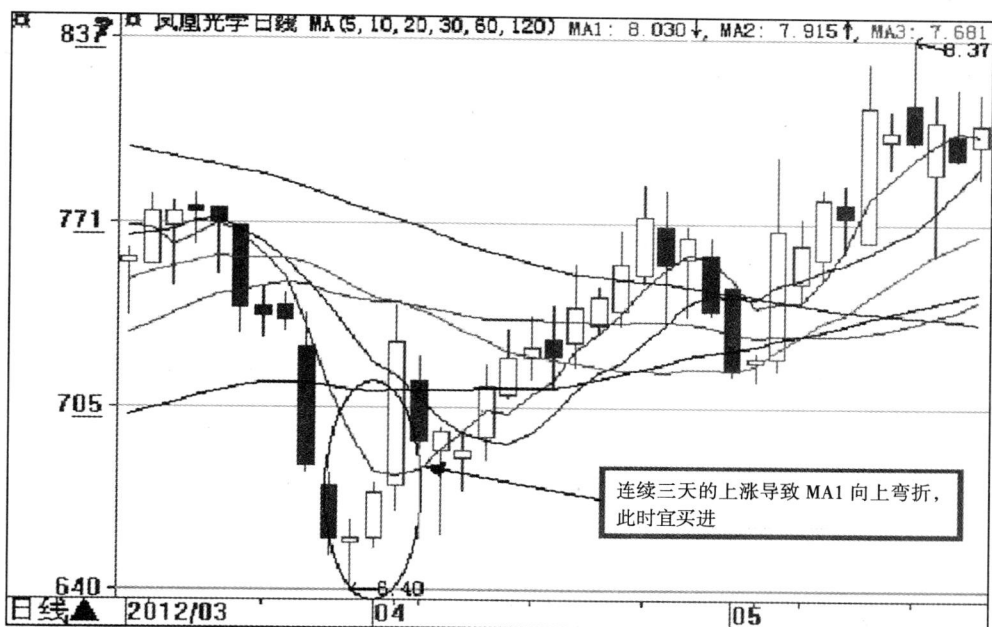

图 1-27 凤凰光学(600071)K 线及均线走势图

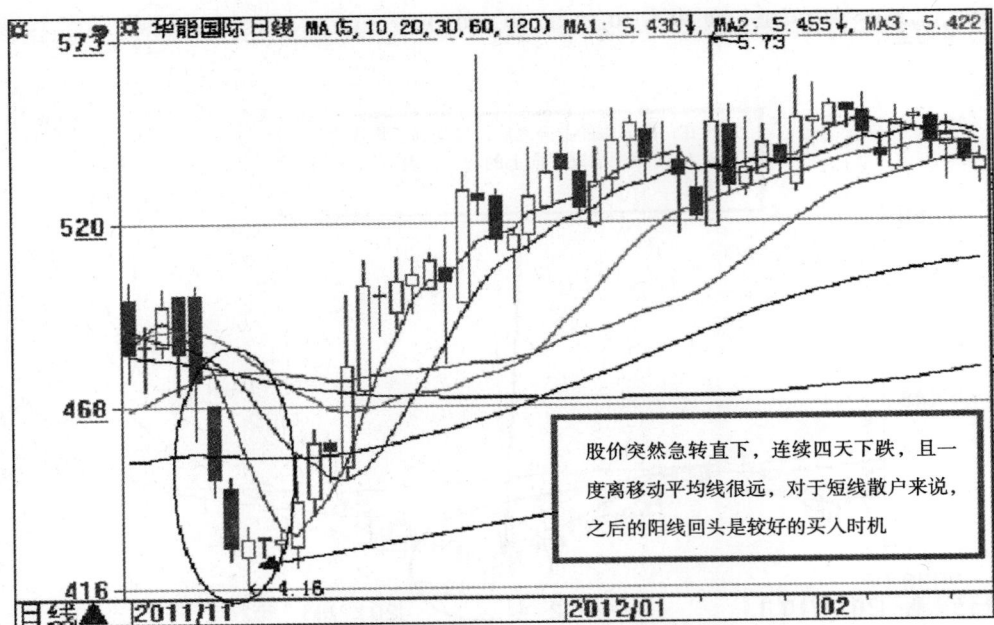

图 1-28　华能国际(600011)K 线及均线走势图

2011 年 11 月 29 日到 12 月 5 日，华能国际（600011）连续下跌，而且离均线越来越远，此时，如果有阳线出现，一般为新的买入时机，投资者可果断买进。再如图 1-29 也是同样的情况。

二、格兰维尔四大卖出法则

美国分析师格兰维尔同样也提出了移动平均线四大卖出法则。

（1）股价在上升中，而且在平均线之上，因为短期累计上升幅度很大，而且距离平均线越来越远，暗示短期买入的投资者都已开始获利，随时会产生回吐压力，视为卖出信号，如图 1-30 所示。

（2）平均线移动方向由上涨趋势转为水平走向，而且股价从平均线的上方向下跌破平均线，视为卖出信号，如图 1-31 所示。

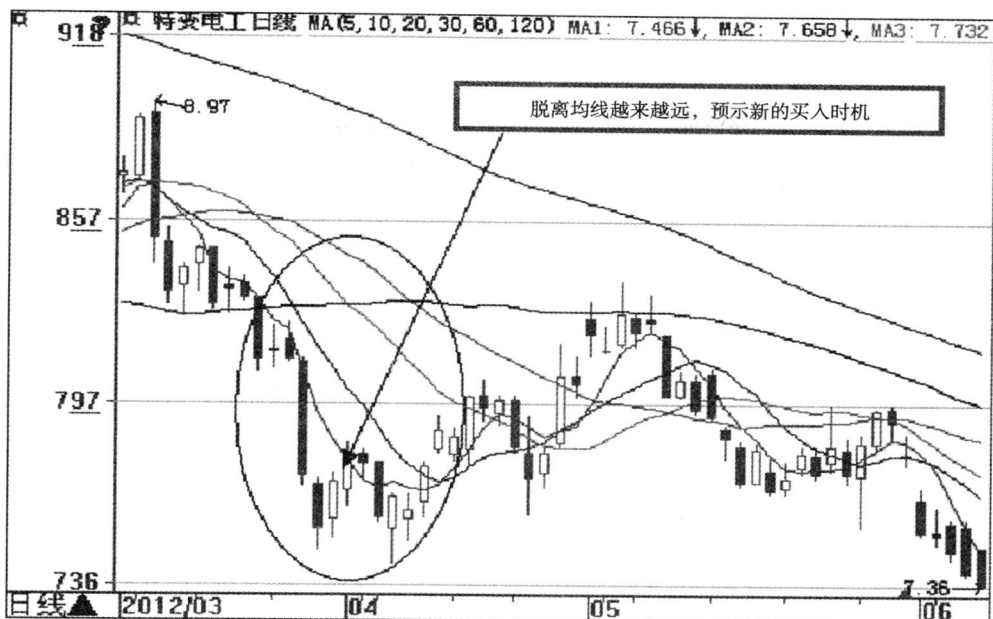

图 1-29　特变电工(600089)K 线及均线走势图

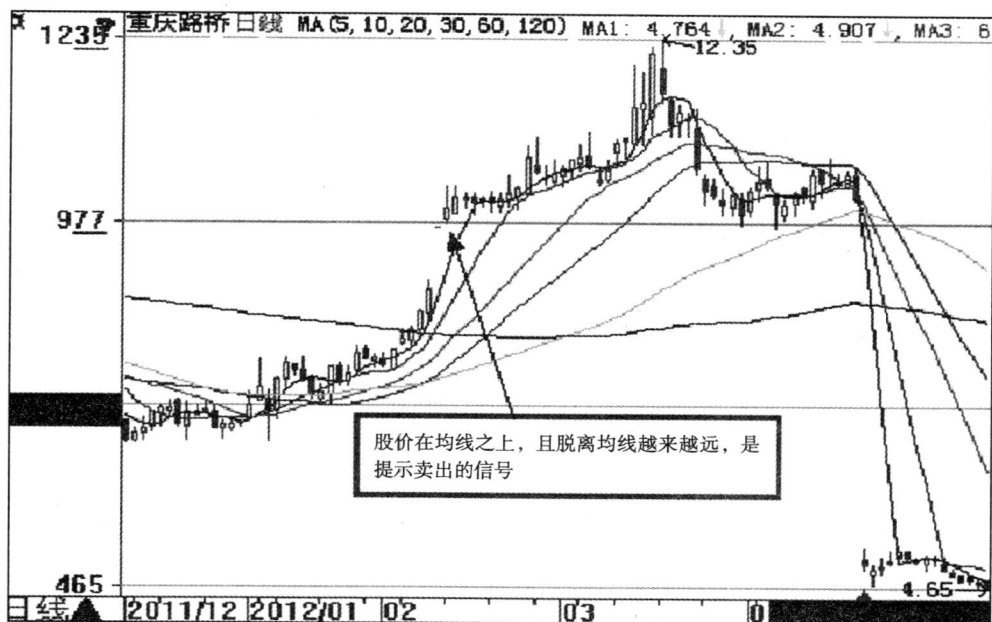

图 1-30　重庆路桥(600106)MA 示意图

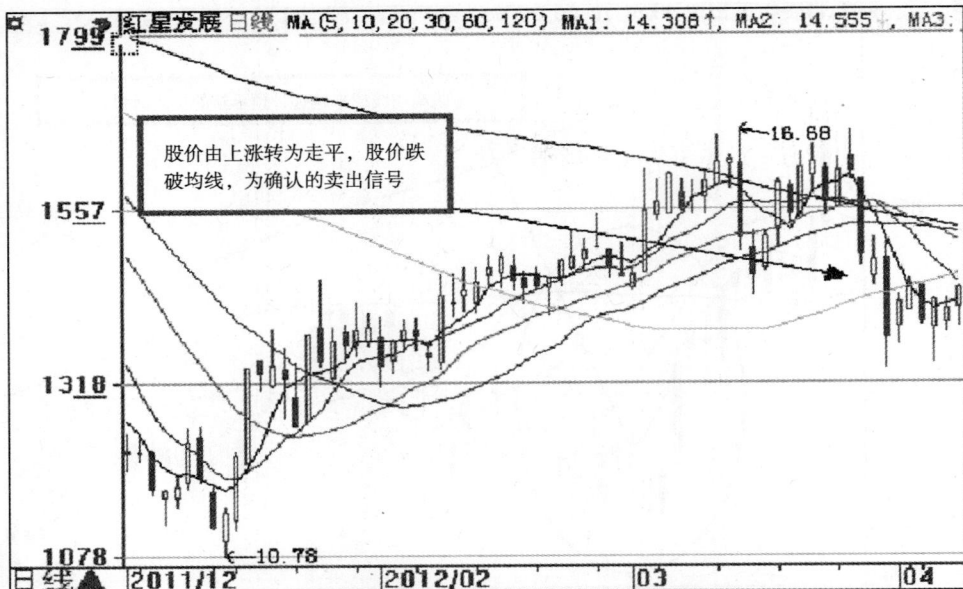

图 1-31　红星发展（600367）MA 示意图

（3）股价走势在平均线之下波动，回升时并未超越平均线，而平均线又趋于水平，变为向下跌的趋势，为卖出信号，如图 1-32 所示。

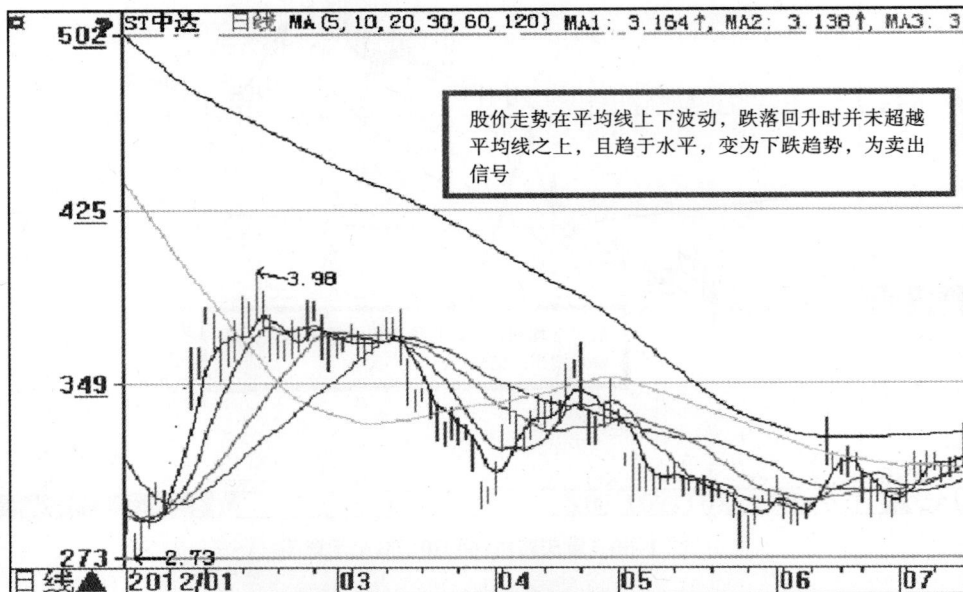

图 1-32　ST 中达（600074）MA 示意图

（4）股价在平均线附近移动，但未向下跌破平均线，但平均线有向下持续滑落的趋势，为卖出信号，如图 1-33 所示。

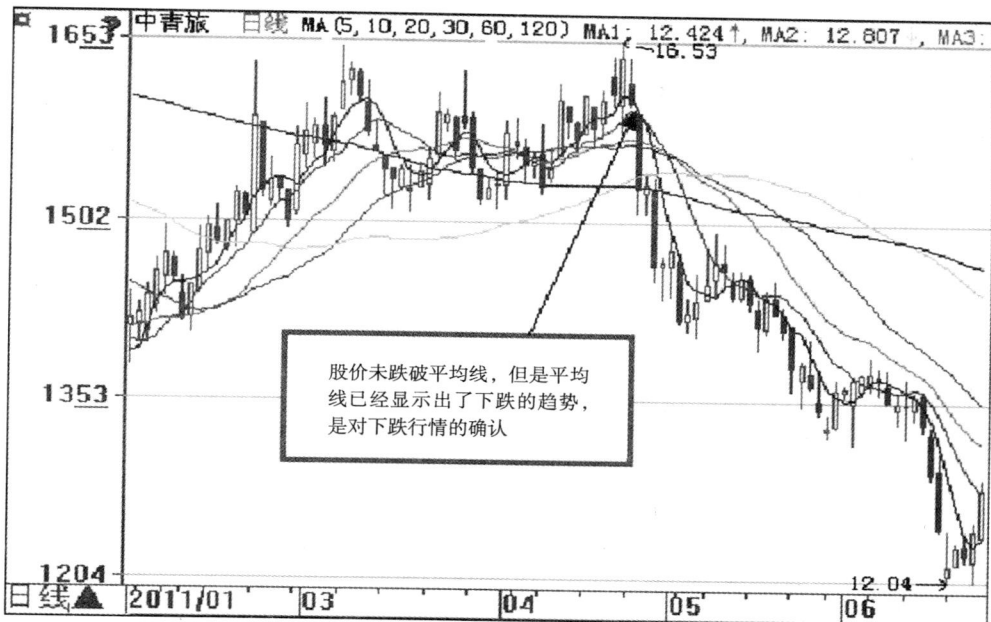

图 1-33 中青旅（600138）MA 示意图

第五节 MA 指标技术图形一览表

MA（移动平均线）指标技术图形一览表如表 1-1 所示。

表 1-1 移动平均线图形一览表

一、移动平均线的分类

短期移动平均线==>蓝色线表示

中期移动平均线==>紫色线表示

长期移动平均线==>绿色线表示

短期均线组合有（5 日均线、10 日均线、20 日均线）和（5 日均线、10 日均线、30 日均线）两种组合。

这两种均线组合的技术意义和使用规则来说是相同的，效果都不错。目前市场中用得最广泛。其主要作用是观察股价（股指）短期运行的趋势，如 1~3 个月股价的走势会发生什么变化。

一般来说，在典型的上升通道中，5 日均线应为多方护盘中枢，不然则上升力度有限；10 日均线则是多头的重要支撑线，10 日均线被有效击破，市场就有可能转弱。

在空头市场中，人气低迷时，弱势反弹阻力位应是 10 日均线，20 日均线或 30 日均线是衡量市场短期、中期趋势强弱的重要标志，20 日均线或 30 日均线向上倾斜时可短期看多做多；20 日均线或 30 日均线向下倾斜时，则要短期看空做空。

中期均线组合有（10 日均线、30 日均线、60 日均线）和（20 日均线、40 日均线、60 日均线）两种组合。

中期均线组合主要用于观察大盘或个股中期运行的趋势，如 3~6 个月大盘或个股走势会发生什么变化。一般来说，中期均线组合后呈多头排列状态，说明大盘或个股中期趋势向好。这时投资者中期应看多做多；反之，当中期均线组合呈空头排列状态时，说明大盘或个股中期趋势向淡，这时投资者中期应看空做空。

从实战意义来说，用中期均线组合分析研究大盘或个股的趋势比短期均线组合来得准确可靠。例如，在大盘见底回升时，如你对反弹还是反转无法把握，中期均线组合就会给你很大帮助。当 30 日均线上穿 60 日均线时，会出现一次级别较像样的中级行情，当中期均线黏合向上发散常预示大行情的来临。

长期均线组合有（30 日均线、60 日均线、120 日均线）和（60 日均线、120 日均线、250 日均线）两种组合。

长期均线组合主要用于观察大盘或个股的中长期趋势，如半年以上的股价走势会发生什么变化。

一般来说，当长期均线组合中的均线形成黄金交叉，成为多头排列时说明市场对大盘或个股中长期趋势看好，此时投资者应保持长多短空的思维，遇到盘中震荡或回调，就要敢于逢低吸纳；反之当长期均线组合中均线出现死亡交叉，成为空头排列时，说明市场对大盘或个股中长期趋势看淡，此时投资者应保持长空短多的思维，遇到盘中震荡或反弹，就要坚持逢高减磅。

各个短、中、长期均线里面又相应分为短、中、长期均线。

特殊组合移动平均线

周均线、月均线或分时均线称为特殊均线，有 5 周均线、10 周均线，5 月均线、10 月均线或 5 单位线、10 单位线等。

特殊均线一般不单独使用，它常以组合方式出现。常用的有 5 周线、10 周线、20 周线或 5 周线、10 周线、30 周线组合。在分析月线走势时，常用有 5 月均线、10 月均线、20 月均线组合或 5 月均线、10 月均线、30 月均线组合；在分析 5 分钟、15 分钟、30 分钟、60 分钟 K 线走势时常用的有 5 单位、10 单位、20 单位均线组合或 5 单位、10 单位、30 单位均线组合。

特殊组合移动平均线的作用，主要弥补普通组合移动平均线分析功能的不足。一般来说周均线组合、月均线组合适用于对大盘或个股长期运动的走势研判。和日均线组合对大盘个股走势研判相比，它们对大盘的指示作用更加简洁、明了。分时均线组合适用于大盘或个股超短期运行态势的研判。它和日均线组合相比，则更加细微地观察到大盘或个股运行的瞬间变化，以便投资者及早采取相应的措施。

二、移动平均线图形列表（共 27 种）

1. 多头排列	特征：出现在涨势中，3 根均线呈向上的圆弧状。 做多信号，继续看涨。 操作：在多头排列初期和中期可积极做多，在其后期应谨慎做多。
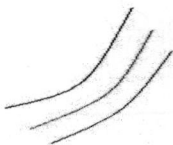	
2. 空头排列	特征：出现在跌势中，3 根均线呈向下的圆弧状。 做空信号，继续看跌。 操作：在初期以观望为主，在其后期应谨慎做空。

3. 黄金交叉	特征：出现在涨势初期，短期均线从下往上交叉中长期均线，如果中长期均线也弯头向上发出的信号意义更大。 见底信号，后市看涨。 操作：股价大幅下跌后期出现"黄金交叉"可积极做多；中长线投资者可在周 K 线或月 K 线中出现该信号时买进。 补充：两者交叉的角度（交叉点和水平面成的角度）越大，短期上升信号越强烈。长期均线的"黄金交叉"又比短期均线的"黄金交叉"发的买进信号强，即③>②>①
4. 死亡交叉	特征：出现在下跌初期，短期均线从上而下交叉中长期均线，如果中长期均线也弯头向下，发出的信号更有意义。 见顶信号，后市看跌。 操作：股价大幅上涨后，出现"死亡交叉"，可积极做空；中长线投资者可在周 K 线出现该信号时卖空。 时间越长的均线形成的"死亡交叉"意义也越强，即③>②>①
5. 银山谷	特征：出现在上涨初期，由 3 根移动平均线交叉组成，形成一个尖头向上的不规则三角形。 见底信号，后市看涨。 操作：银山谷一般可作为激进型投资者的买点。
6. 金山谷	特征："金山谷"的不规则三角形的构成方式和"银山谷"相同，不同的是"金山谷"在"银山谷"之后出现，"金山谷"的位置和"银山谷"相接近或是高于"银山谷"。 "金山谷"是买入信号，后市看涨。 操作："金山谷"和"银山谷"出现的时间相差越多，所在的位置越高，那么股价未来的涨幅也就越大。"金山谷"是稳健型投资者的买进点。
7. 死亡谷	特征：出现在下跌初期，由 3 根移动平均线交叉组成，形成一个尖头向下的不规则三角形。 见顶信号，后市看跌。 操作：见此信号，应积极做空。尤其在股价大幅上扬出现该图形，更要及时止损离场。 卖出信号要强于死亡交叉。
8. 首次黏合向上发散形	特征：常会在下跌横盘末期或者上涨后横盘末期出现。 买入信号，后市看涨。 操作：黏合时间越长，向上散发的强度越大，向上散发时，若成交量也配合放大，买进信号的可靠性越强，在向上散发的初始点是激进型投资者的买入点。

9. 首次黏合向下发散形	特征：既可出现在上涨后横盘末期，又可出现在下跌后横盘末期。 卖出信号，后市看跌。 操作：无论激进型投资者还是稳健型投资者见此信号应及时止损离场。 补充：黏合时间越长，向下发散力度越大；向下发散时若成交量同步放大， 则后市更加不妙。
10. 首次交叉向上发散形	特征：在下跌后期出现，短期、中期、长期几根均线从上向下逐渐收敛再向 上发散。 买入信号，后市看涨。 操作：向上发散角度越大，后市的上涨空间也就越大；若此时还有成交量的 配合，这个买入信号更加可靠。向上散发的初始阶段适合作为激进型 投资者的买入点。
11. 首次交叉向下发散形	特征：出现在涨势后期，短、中、长期均线从向上发散状逐渐收敛后再向下 发散。 卖出信号，后市看跌。 操作：投资者见此信号，应及时做空，退出观望。一旦形成向下发散，常会 出现较大跌幅。
12. 再次黏合向上发散形	特征：在上涨行情中出现，是一个买入信号，后市看涨。 操作：再次黏合向上发散的黏合时间长短影响着后市涨幅空间大小，所谓 "再次黏合向上发散"也就是通常的第二次发散，也有较小的可能是第 三次或第四次，特征以及技术含义一样。再次向上发散的最佳买入点 也就是第二次向上散发时，若是第三次或第四次时，买入信号的可靠 性较低，需谨慎买入。
13. 再次黏合向下发散形	特征：出现在跌势中，卖出信号，继续看跌。 操作：股价大幅下跌后，均线再次黏合向下发散，只可适度做空，以防空头 陷阱。 补充："再次黏合向下发散"所指的"再次"一般是第二次，少数是第三次、 第四次。它们的技术含义和特征是一样的。
14. 再次交叉向上发散形	特征：在上涨行情中出现，买入信号，后市行情看涨。 操作：激进型投资者或者稳健型投资者可在均线再次向上发散时买进。投资 者在向上散发的初始期买入，降低风险，上次的发散时间间隔越长， 后市涨幅波动越大。

15. 交叉向下发散形	特征：出现在跌势中，卖出信号，继续看跌。 操作：股价在大幅下跌后，均线出现再次交叉向下发散，可适度做空，以防空头陷阱。 补充：一般来说，第一次向下发散时卖出成功概率最高，越到后面成功概率越小。
16. 上山爬坡形	特征：出现在涨势中，做多信号，后市看涨。 操作：积极做多，只要股价没有过分上涨，有筹码者可持股待涨；持币者可逢低吸纳。坡度越小，上升势头越有后劲。
17. 下山滑坡形	特征：出现在跌势中，做空信号，后市看跌。 操作：及时做空，只要股价没有过分下跌均应退出观望。
18. 逐浪上升形	特征：出现在涨势中，做多信号，后市看涨。 操作：只要股价不过分上涨，有筹码者可持股待涨；持币者可在股价回落长期均线处买进。 上升时浪形越有规则，信号越可靠。
19. 逐浪下降形	特征：出现在跌势中，做空信号，后市看跌。 操作：只要股价不过分下跌，均可在股价触及长期均线处卖出。
20. 加速上涨形	特征：出现在上涨后期，加速上扬前，均线系统呈缓慢或匀速上升状态；在加速上升时，短期均线与长期、中期均线距离拉越大。 见顶信号，后市看跌。 操作：持筹者可分批逢高卖出，如发现短期中期均线弯头，应及时抛空出局；持币者不要盲目追涨。 补充：出现加速上涨前，股价或指数上涨幅度越大，后市下跌的信号越可靠。

21. 加速下跌形	特征：出现在下跌后期，加速下跌前，均线系统呈缓慢下跌或匀速下跌状态。在加速下跌时，短期均线和中长期均线距离越拉越大。见底信号。
	操作：持筹者不易再卖出股票，持币者可先趁股价加速下跌时买进一些股票，待日后股价见底回升时，再加码跟进。
	补充：出现加速下跌之前，股价或指数下跌幅度越大，信号越可靠。
22. 快速上涨形	特征：出现在涨势中，短期均线快速上升，并与中长期均线距离迅速拉大。转势信号。
	操作：有股票者可持筹待变，在短期均线没有弯头前可先不做卖出或做一些减磅操作；短期均线一旦弯头向下，应及时退出。持币者不要盲目追涨。
	补充：上升速度越快，转向的可能性越大。5日均线一出现弯头，股价常会迅速回落。
23. 快速下跌形	特征：既可出现在跌势初期也可出现在跌势后期。暂时止跌或转势信号。
	操作：快速下跌为短线操作提供了一个机会，激进型投资者可趁低买进做一轮短差。持股者在股价快速下跌时不宜卖出，可等股价反弹时退出。
	补充：一般情况下出现该图形会有两种结果：a. 短线止跌回升，反弹后继续下跌；b. 形成"V形"反转。其中a种情况多见；b种情况很少见。
24. 烘云托月形	特征：出现在盘整期，短、中期均线略向上往前移动。看涨信号，后市看好。
	操作：可分批买进，待日后股价往上拉升时加码买进。周K线、月K线先出现这种信号，日后股价上涨的潜力更大。
25. 乌云密布形	特征：出现在盘整期，短、中期均线略向下往前移动。看跌信号，后市看淡。
	操作：只要股价不是过分下跌，见此图形都应尽早退出。周K线、月K线出现这种信号，日后股价下跌空间更大。
26. 蛟龙出海	特征：出现在下跌后期或盘整后期，一根阳线拔地而起，一下子把短、中、长期均线吞吃干净，收盘价已收在几根均线之上。反转信号，后市看好。
	操作：激进型的投资者可大胆跟进；稳健型的投资者可观察一段时间，等日后股价站稳后再买进。
	补充：阳线实体越长，发出的买进信号越可靠；一般需要大成交量支撑，如没有大量同步，可信度较差。

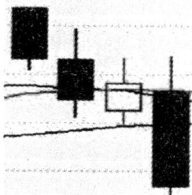

27. 断头铡刀	特征：出现在上涨后期或高位盘整后期，一根阴线一下子把短、中、长期均线切断，收盘价收在这几根线之下。 反转信号，后市看跌。 操作：无论激进型的投资者抑或稳健型的投资者见此图形后，不能再继续做多，要设法尽快退出观望。 补充：如果下跌时成交量放大，日后下跌空间较大。

小 结

（1）5日均线表现的是极强和极弱趋势，所以强势股的走势一般会沿着5日均线的上扬而上扬，而弱势股的走势一般在5日均线以下。

（2）股价下调，如果仍未跌破5日均线，则股价再次启动时，买入。

（3）股价跌破5日均线，有反弹趋势却被压回，需防止追高被套，最好逢高卖出。

（4）股价跌破5日均线，继而相继跌破10日均线、20日均线后，一般都会逢高卖出大部分筹码，这时股价再次启动时，则是短线补仓的好时机。

（5）10日均线是判断多空双方力量强弱或者市场强弱的分界线。当空方力量大于多方力量的时候，市场属于弱势，股价此时会运行在10日均线之下；当多方力量大于空方力量时，市场属于强势，股价此时运行在10日均线之上。

（6）股价突破 10 日均线，需要再根据量价的配合，若都显示了买进信号再买进。

（7）10 日均线在趋势简单明了的单边上升和下降中最为有效。

（8）20 日均线相对于短期均线周期较大，接近于中期均线。所以在 20 日均线的实际应用中，应把其结果看为中期趋势的结果。

（9）30 日均线属于中期趋势系统，所以对其研判的结果可作为大盘的趋势研判。

（10）60 日均线又叫做季均线，属于长期趋势系统，在牛市行情中，可以用 60 日均线的支撑作用来判断股价上扬的力度。

趋势指标二 Trend Lines 趋势线

在股市中，对于投资者来说最重要的就是要顺势而为，而趋势线则是最能够体现出市场趋势的技术工具，是股市中最为常用、实用并且准确的一种技术分析。有效的趋势线能够准确地表现出当前市场供需关系，投资者可以从中推测后市的涨跌。对于这个瞬息万变的市场，掌握大趋势并且顺势而为，也就是掌握住了成功的密码。另外，趋势线的有效突破对于股票市场交易有着非常重要的分析意义，投资者可以据此掌握最佳的交易时机，更快速地采取适当的操作来应对市场变化。

第一节　趋势线简介

一、什么是趋势线

趋势线是根据股价的上下变动趋势所画出的线。我们可以根据所画出的线条来确定买进或卖出股票的最佳时机。

《专业投机原理》的作者维克多·斯波朗迪曾说："分析趋势时，趋势线是最有用的工具。"这种工具充分体现了"趋势"的定义，可以说是为研判趋势专门打造的一种技术工具。如今用来判断趋势的主要工具不外乎趋势线（Trend Line）、均线和 MACD 三种。而这三种工具中，趋势线是直接表达趋势的工具，均线在这方面只是辅助和验证趋势线的工具，并不能代替趋势线的作用。

二、趋势线的角度

趋势线最为重要的是相对陡峭程度，在短期内即使行情出现较大波动，但总体走势较为规则。一般而言，当行情较为凌乱时，绘画趋势线不应当过于陡峭，避免出现横向整理突破而失去分析价值。

绘画趋势线时，角度至关重要，角度太过平缓，表明力度较小，行情很难在短时间有大突破；趋势线太过陡峭，行情很难维持突破，常会出现迅速反转趋势。

根据图 2-1 所示，有效趋势线大多和水平方向呈 45°角。

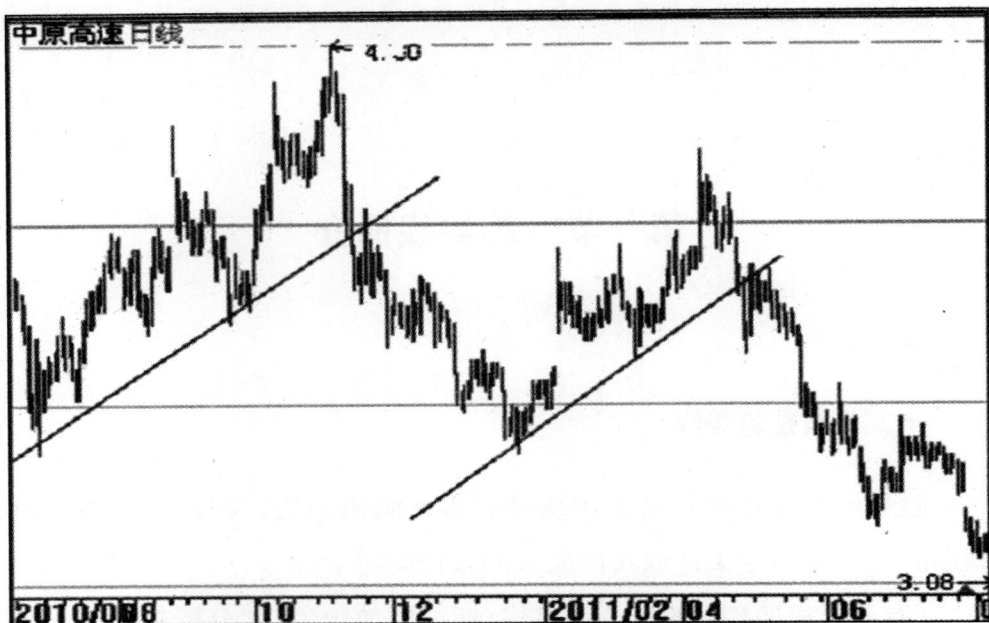

图 2-1　中原高速(600020)趋势线示意图

若趋势线过于平缓，说明此时趋势较弱，判断的可靠性不高，如图 2-2 所示。

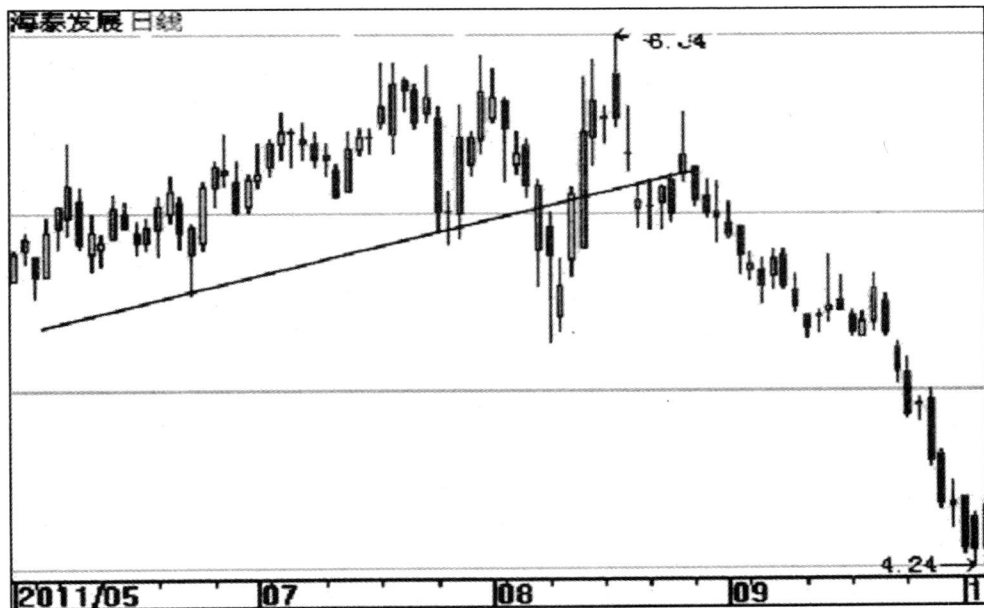

图 2-2　海泰发展（600082）趋势线示意图

这样的趋势线若出现跌破，那么意味着上升趋势线将调整到 45°角附近，趋势并不会出现反转。

而趋势线太过陡峭，一般来说，股票价格上升过快，持续时间短暂，如图 2-3 所示。

因此，倾斜角度 45°的趋势线最具有分析意义。甚至有些图表分析家会在绘制基本趋势线时，直接从图上某一高点或者低点引出一条 45°倾角直线。这样的倾角直线能够直接表现出股价在某段时间内的变动速率，股票价格和时间能够完美平衡地呈现出来。

三、上升趋势线与下降趋势线

趋势线从方向上分，可以分为上升趋势线和下降趋势线，上升趋

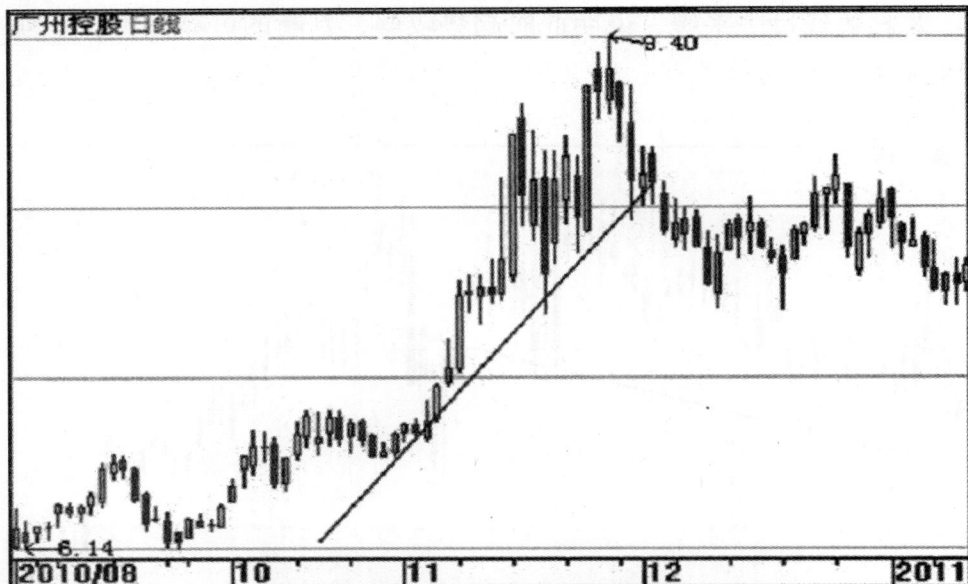

图 2-3　广州控股(600098)趋势线示意图

势线就是把具有代表意义的两个低点连接成向上的斜线，我们也可以从那根线上看出股价向上的主要支撑，如图 2-4 所示。

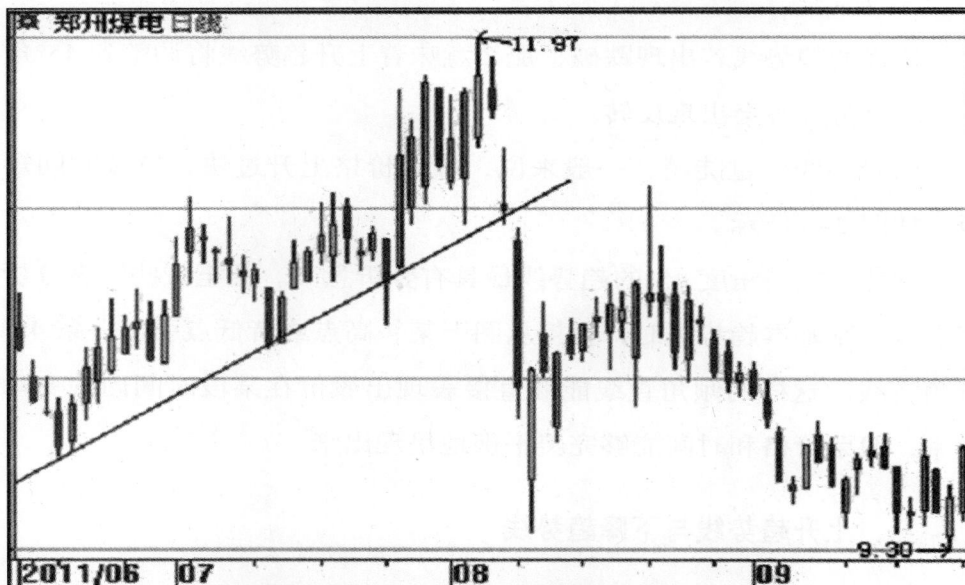

图 2-4　郑州煤电(600121)趋势线示意图

相反，下降趋势线就是把具有代表意义的两个高点连接成向下的斜线，我们可以从这根斜线看出，股价要涨，就要突破向上的压力，如图 2-5 所示。

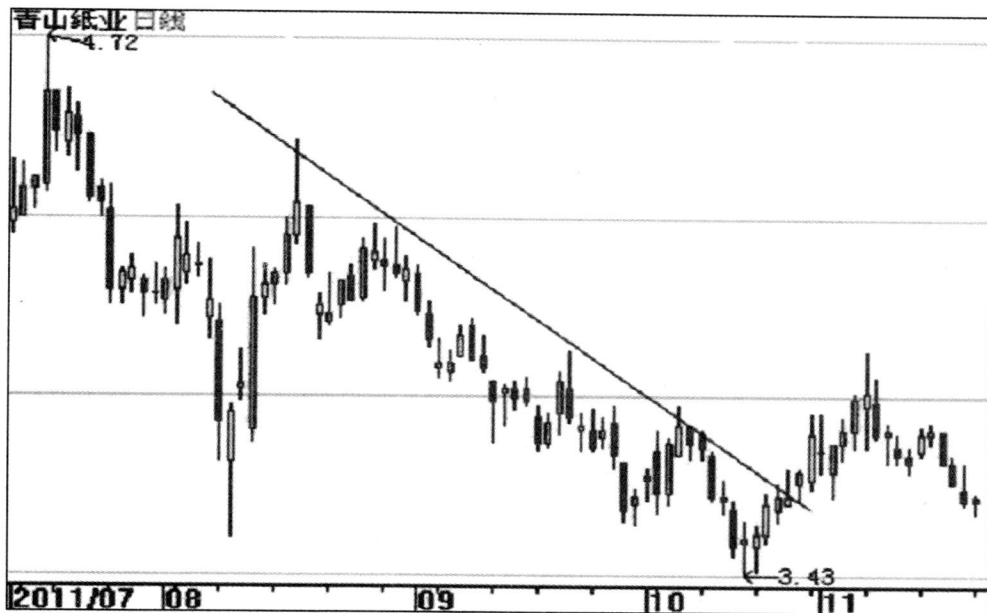

图 2-5　青山纸业(600103)趋势线示意图

四、快速趋势线与慢速趋势线

趋势线里面也分快速趋势线和慢速趋势线。快速趋势线运行的速度比慢速趋势线快。

一般来说，快速趋势线表现的是股价短期内的行情和趋势，是短线投资者的重要参考依据，如图 2-6 所示。

慢速趋势线是稳健型投资者的操作依据，如图 2-7 所示。

不过我们最常用的方法是将快速趋势线和慢速趋势线结合使用，得到快慢趋势线组合来更准确地判断趋势，如图 2-8 所示。

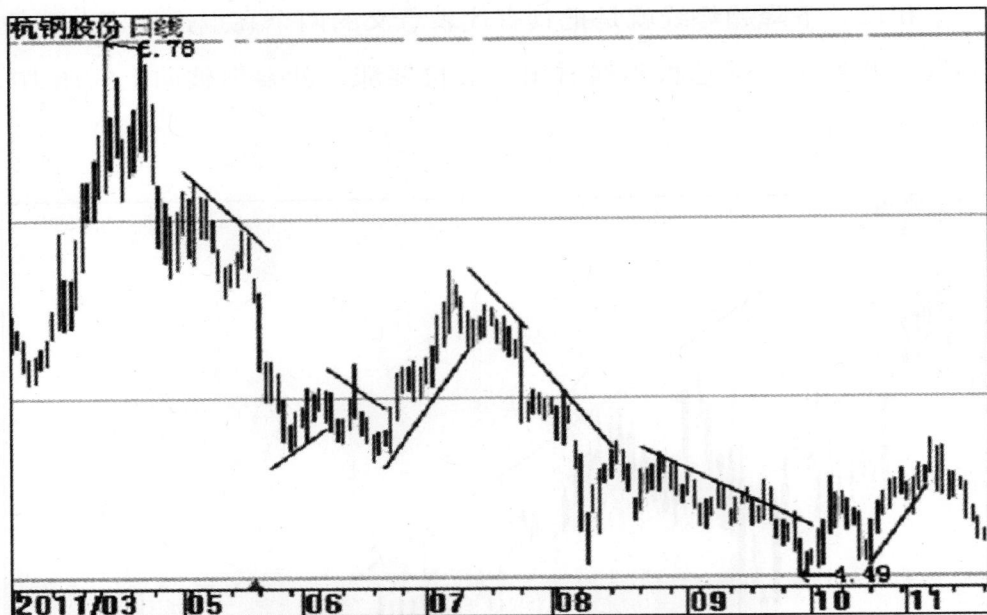

图 2-6　杭钢股份(600126)趋势线示意图

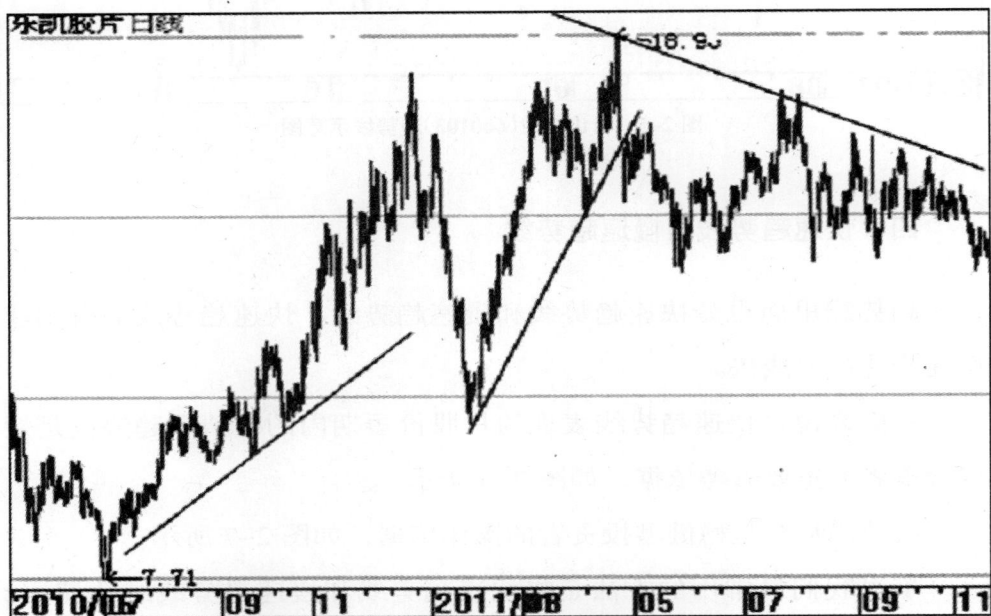

图 2-7　乐凯胶卷(600135)趋势线示意图

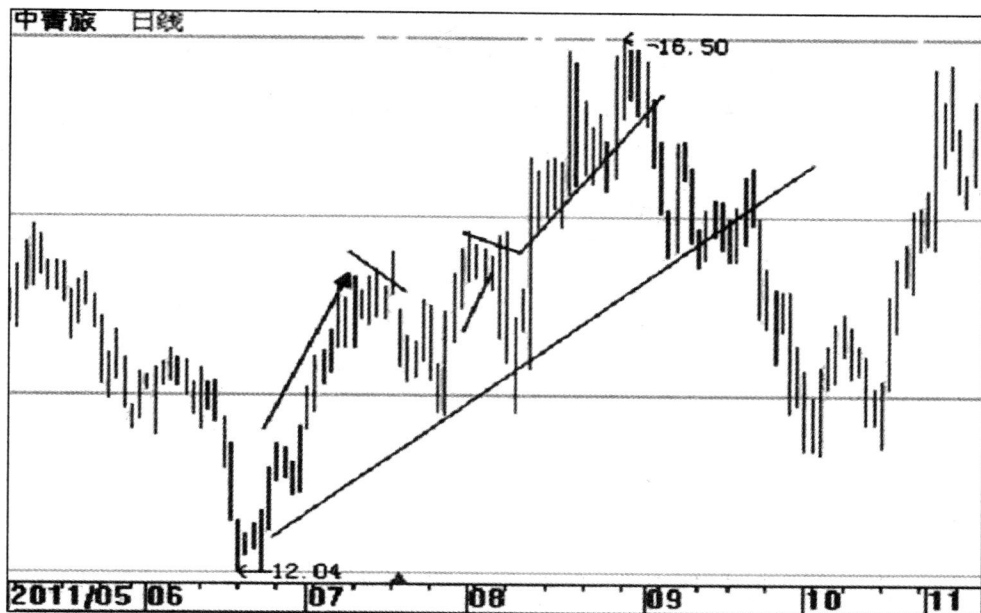

图 2-8　中青旅（600138）趋势线示意图

五、短期趋势线、中期趋势线与长期趋势线

从时间上来说，趋势线可以分为长期趋势线、中期趋势线以及短期趋势线。

长期趋势线连接大的峰顶是谷底的两个点，时间跨度比较长，达几年的周期以上，能够反映出整个长期的趋势，如图 2-9 和图 2-10 所示。

中期趋势线是几个月或者几个星期内的主要点相连得到的斜线，也是投资者最常用到的一种，如图 2-11 所示。

短期的趋势线是几天的周期或者也用在分时图上，反映短期或当日股价的趋势，如图 2-12 所示。

图 2-9　济南钢铁(600022)趋势线示意图

图 2-10　上海梅林(600073)趋势线示意图

图 2-11　ST 金花（600080）趋势线示意图

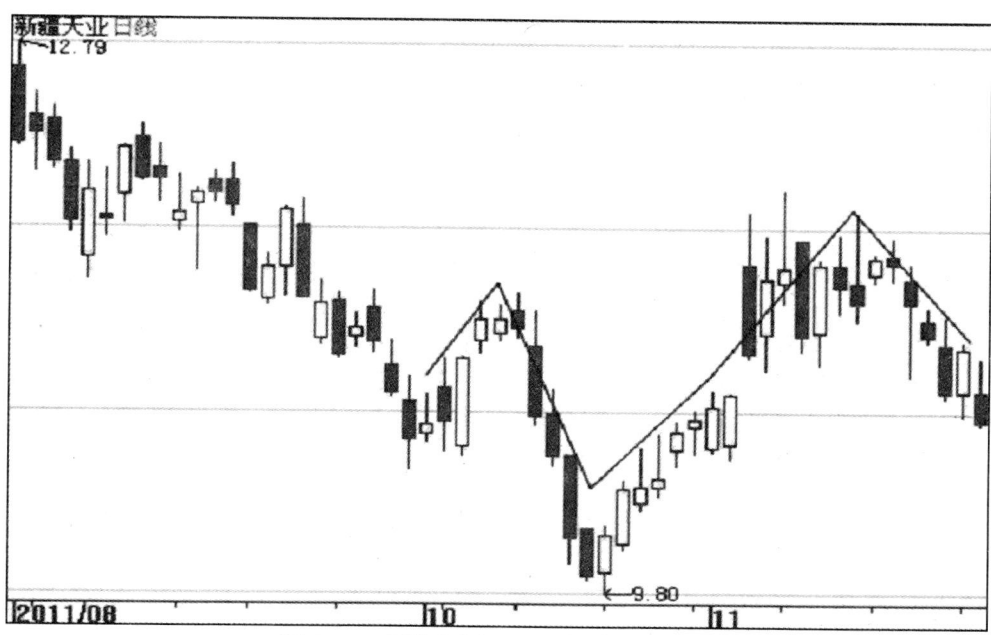

图 2-12　新疆天业（600075）趋势线示意图

第二节 趋势线的画法

一、趋势线的画法

(一) 趋势线的画法

所画的趋势线，必须能够确实表现出趋势的存在，也就是在画出一条上升趋势线时，我们必须至少要有两个高低不同、有效向上的反弹低点，并且前者高于后者，两点连成一条直线。上升趋势线与下降趋势线的画法有所不同。

比较盛行的上升趋势线是：连续的两个最为相近的最低点之间画出的线，前者低于后者。在上升趋势线中，连续的两个相对低点是否向上倾斜，取决于后一条件，如图 2-13 所示。

较为盛行的下跌趋势线是：最近的两个连续的最高点之间的线，前者高于后者。下跌趋势线中，两个连续相对最高点是否向下倾斜取决于后一条件，如图 2-14 所示。

趋势线是很容易在 K 线图上画出的，但画出趋势线并不代表我们能够抓住股票的真正走势。在画出趋势线后，我们还需要根据很多问题来真正地抓住趋势。其中最重要的就是，所画出的趋势线是否具有分析价值；这条趋势线对于市场未来走势的预测是否可靠。当我们在研究并且得到这些问题的答案时，也就能够在众多趋势线中找到并保留其中最具有分析价值而且可靠、有效的趋势线。

一般来说，为了找出并做出恰当的趋势线，投资者需要尝试几条

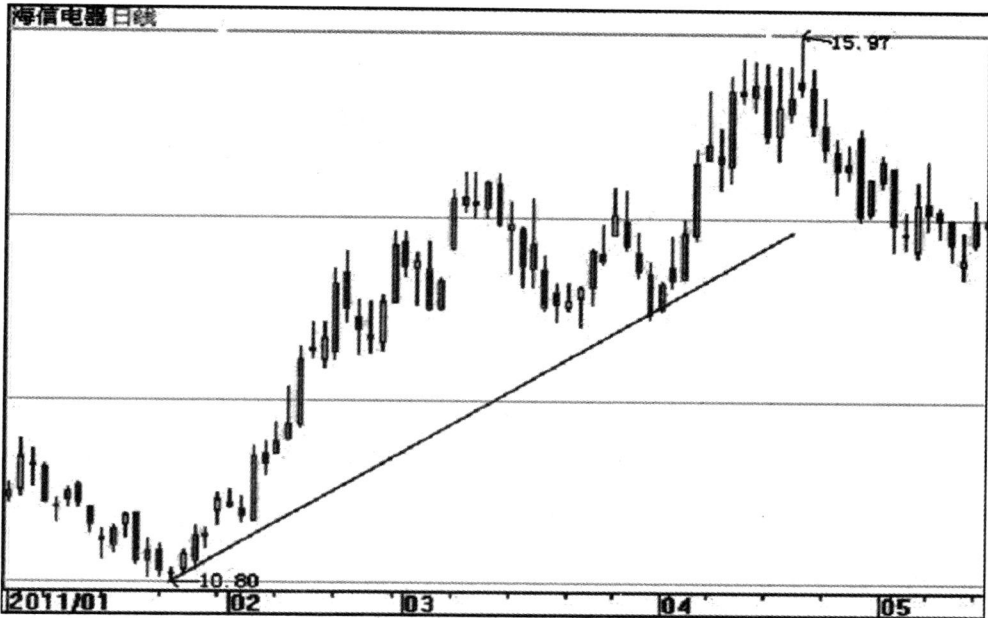

图 2-13　海信电器(600060)趋势线示意图

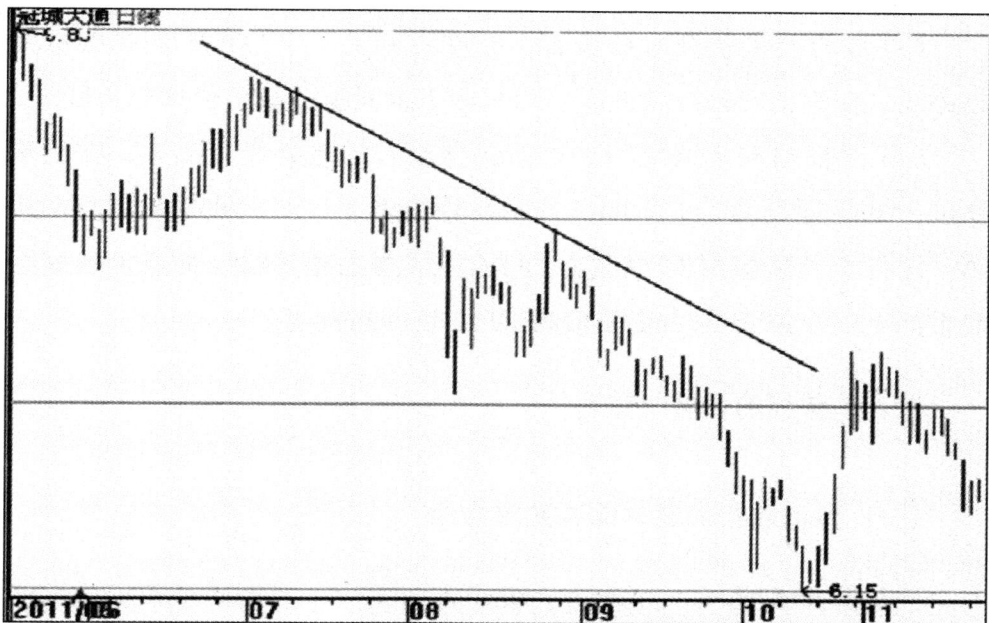

图 2-14　冠城大通(600067)趋势线示意图

不同的直线。在画趋势线的时候，也最好多画几条实验性的趋势线，这样当价格变动一段时间后，就可以保留经过验证能够反映波动趋势、具有分析意义的趋势线。因为在很多时候，一条趋势线起初貌似正确，但最终却不得不重新调整。

总之，经过多方面的验证才能最终确认，才能得到一条真正起作用的趋势线。

（二）绘画普通趋势线的注意事项

（1）绘画普通趋势线非常重要的一点在于需要在对数图中进行绘画，这就是这本介绍趋势线绘画方法和其他书籍所介绍的画法的重要不同处。

（2）上升普通趋势线的画法在于连接各波动的低点，而画下降普通趋势线时，是连接各波动的高点。

（3）具有经验的技术分析者，会在图标上画出各种不同的尝试性趋势线，根据情况验证筛选之后，只留下最具有分析价值的趋势线。

（4）要根据现实情况不断更新调整原有的趋势线。比如，在价格跌破上升趋势线之后又立即反弹回趋势线之上，那么此时就应当在从第一个低点到最新出现的低点之间连接成新的趋势线，抑或是根据第二个低点以及新低点之间重新画出更有效的趋势线。

二、趋势线的调整与重画

（一）根据趋势的变动而调整趋势线

当趋势出现变动，如趋势放缓或者加速时，我们必须根据这些变动来对趋势线进行调整。

如在陡峭的趋势线出现突破后，我们就需要新的相对平缓的趋势

线，如图 2-15 所示；当陡峭的上升趋势 1 被突破，这时必须做一条新的较为平缓的趋势线。另外，还有一点需要注意的是，在趋势减速时，画出的趋势线的基准点要往后移。

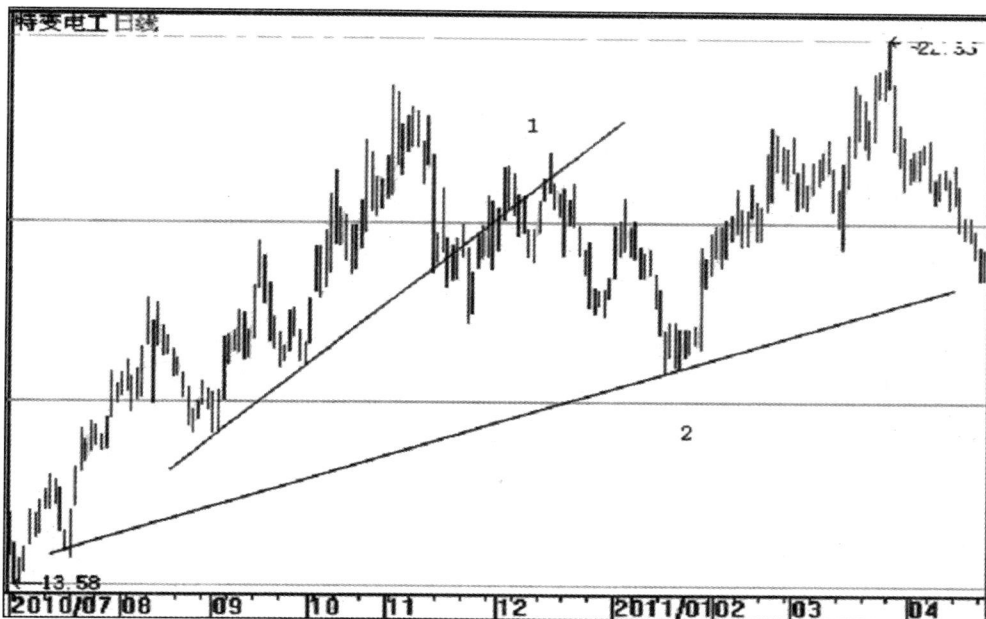

图 2-15　特变电工(600089)趋势线示意图

相反，如果原来的趋势线太过平缓，也就需要画出新的更陡峭的趋势线。如图 2-16 所示，原有上升趋势线 1 太过平缓，不能表现出新的市场行情，这时就需要画出较为陡峭的上升趋势线 2，来表述出新的上升趋势加快的市场行情。此时不同的是，画上升趋势线 2 的时候基准点要后移。

由此我们也得出，如果价格变化只是改变了速度，那就不需要改变趋势线的基准点，只更改趋势线的角度；若是价格速度变化需要一个新的基本点，那么趋势线就需要重新根据新的基准点画出，新的起点可能会出现向前或向后的延伸。

在趋势加速或者减速的情况下，根据情况需要，我们要按角度依

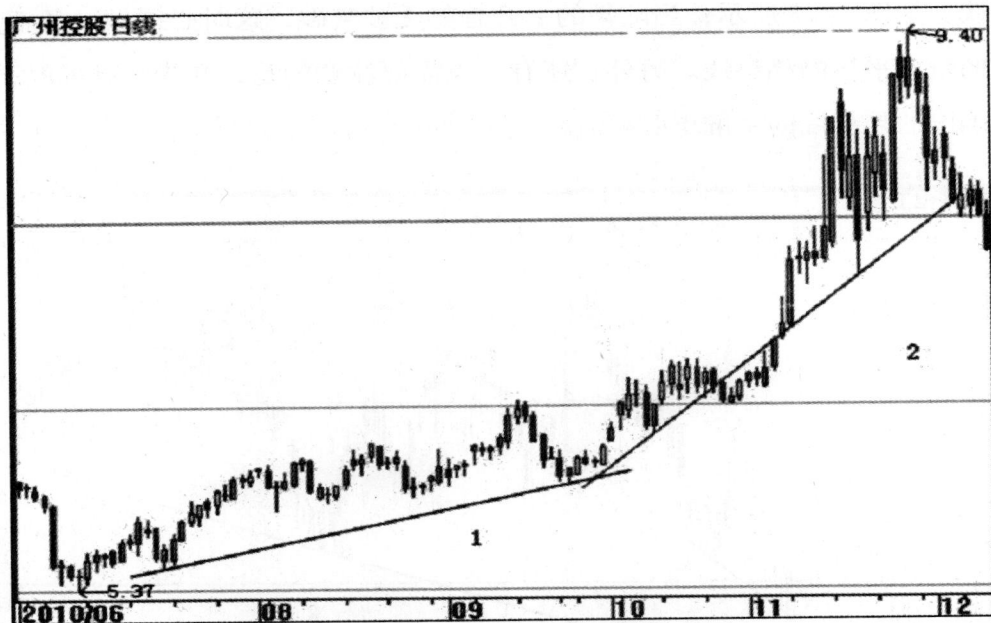

图2-16　广州控股(600098)趋势线示意图

次增加的顺序做出几条趋势线。有的投资者会利用弯曲的趋势线来画出这种情形。在这样的情况下，我们可以采用另一种工具——移动平均线来更好地刻画。移动平均线和弯曲的趋势线殊途同归。在加速趋势的情况中，若用移动平均线来替代趋势线来刻画的话，会更有效，也更具有可靠性。

但是，使用移动平均线这种技术工具时，还需要选择参数。从这种角度来看，利用趋势线来进行分析就更为客观一些。

（二）趋势线的重画

上面我们也了解到了，趋势线并不是一成不变的，由于速度和熊市、牛市的转换，趋势线也在不断地变化和转换当中运行。所以，了解趋势线的如何绘画之后，我们还要了解如何重画和对趋势线进行动态调整。

不过，有一点需要注意的是，我们这里所说的"重画"，并不是删掉之前的趋势线，而是综合新的趋势变动直接调整和重新画制新的趋势线。有时甚至需要连续画出许多条趋势线，使得趋势线处于动态调整的过程。

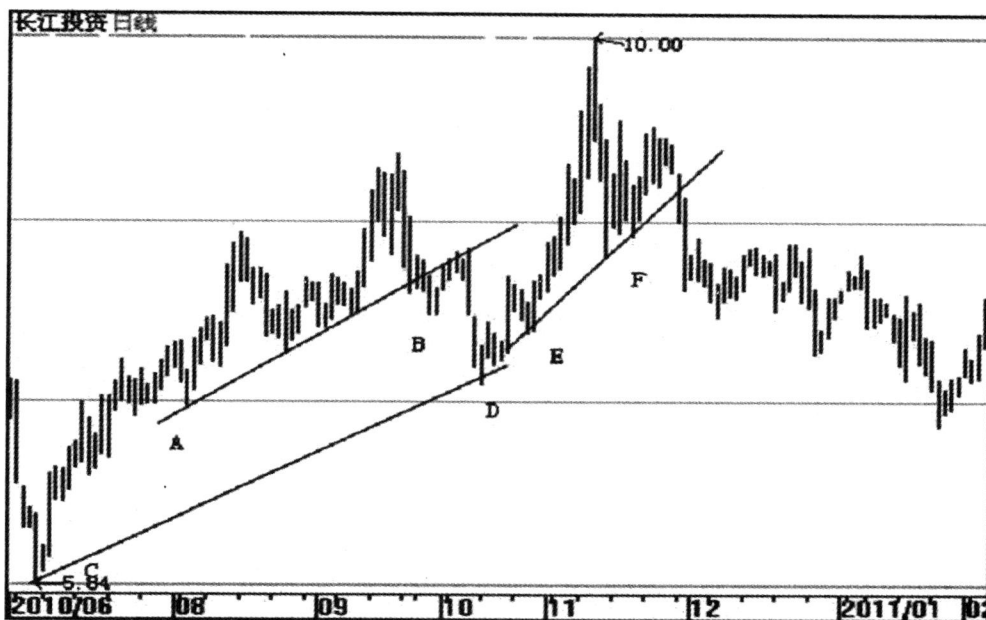

图2-17　长江投资(600119)趋势线示意图

如图2-17中所示的上升趋势线AB被突破之后又重新画了一条上升趋势线CD，随着行情的加速再画一条上升趋势线EF，但随后EF又被跌破。综合观察之后我们发现，上升趋势线AB、CD、EF都被跌破过，上升趋势似乎以后走到了尽头。不过要据此判断未来的趋势，仍需要通过其他指标的配合才能确认。

有时候尽管趋势线上出现的突破提供了趋势反转的信号，然而这种发展只是需要重画趋势线的情况是相当普遍的。这些趋势线虽然被突破，但并没有导致反转，只是需要重画趋势线，这个例子说明趋势线有时不得不重画若干次。这种情况就叫做趋势线的重画或趋势线的调整。

三、趋势线技术图形一览表

趋势线技术图形一览表如表 2-1 所示。

表 2-1　趋势线技术图形一览表

序号	名称	技术图形	特征	技术含义	操作建议	备注
1	上升趋势线		(1) 出现在涨势中； (2) 将最先形成或最具有代表意义的两低点连接而成的一条向上的斜线	揭示趋势是向上的；具有支持股价向上的作用	股价在上升趋势线的上方运行，投资者应看多，并以做多为主	上升趋势线被触及的次数越多，可靠性越强；上升趋势线越往上倾斜，越容易被突破
2	下降趋势线		(1) 出现在跌势中； (2) 将最先形成或最具有代表意义的两个高点连接而成的一条向下的斜线	揭示股价运行的方向是向下的；压制股价上升	股价在下降趋势线的下方运行，投资者应看空并做空	下降趋势线被触及的次数越多越可靠；越往下倾斜越容易被突破
3	慢速上升趋势线		(1) 出现在以慢速上升趋势线为主的快慢趋势线组合中； (2) 维持时间比快速趋势线长	揭示股价运行的中长期趋势是向上的；具有中长期支持股价上升的作用	股价处于慢速上升趋势线上方时应看多；稳健型投资者在股价处于慢速上升趋势线上方时可坚持做多	投资者看多的重要依据；激进型投资者可在看多、做多的大前提下，见短期趋势向淡，进行适时做空；稳健型投资者则不必理会短期趋势如何，坚持持股做多
4	慢速下降趋势线		(1) 出现在以慢速下降趋势线为主的快慢趋势线组合中； (2) 维持时间比快速趋势线长	揭示股价运行的中长期趋势是向下的；具有中长期压制股价上升的作用	投资者在股价处于慢速下降趋势的下方时，应坚持看空，并以做空为主	投资者看空的重要依据；激进型投资者可在看空、做空的大前提下，见短期趋势向好，适时做多；稳健型投资者则不必理会短期趋势如何，坚持持币做空

序号	名称	技术图形	特征	技术含义	操作建议	备注
5	快速上升趋势线		(1) 既可以出现在以慢速上升趋势线为主的快慢速趋势线组合中，又可以出现在以慢速下降趋势线为主的快慢速趋势线组合中；(2) 维持时间比慢速趋势线短	揭示股价运行的短期趋势向上，具有短期支持股价上升的作用	在以慢速上升趋势线为主的快慢速趋势线组合中，投资者在股价处于慢速趋势线的上方时，可看多、做多。	在慢速下降趋势线为主的趋势线组合中，激进型投资者在股价处于快速趋势线的上方时，可在设好止损的前提下，适时做多，而稳健型投资者则坚持看空、做空
6	快速下降趋势线		(1) 既可以出现在以慢速上升趋势线为主的快慢速趋势线组合中，又可以出现在以慢速下降趋势线为主的快慢速趋势线组合中；(2) 维持时间比慢速趋势线短	揭示股价运行的短期趋势向下，具有短期压制股价上升的作用	在以慢速上升趋势线为主的快慢速趋势线组合中，激进型投资者可在总体看多的前提下，在股价处于快速下降趋势线的下方时暂时做空，而稳健型投资者仍应继续看多、做多	在以慢速下降趋势线为主的快慢速趋势线组合中，投资者在股价处于快速下降趋势线的下方时，应坚持看空、做空
7	上升趋势线被有效突破		(1) 出现在涨势中；(2) 股价的收盘与上升趋势线破位处的下跌差幅至少有3%；(3) 股价在上升趋势线的下方收盘的时间在三天以上	(1) 失去了上升趋势线对股价的支撑作用；(2) 上升趋势线由支撑作用转变为压力作用，压制着股价的再度上升	持股投资者应及时止损出局；持币投资者应坚持看空，持币观望	上升趋势线被有效突破后，形势对多方非常不利，所以无论是激进型投资者还是稳健型投资者都应退出观望为佳
8	下降趋势线被有效突破		(1) 出现在跌势中；(2) 股价的收盘与下降趋势线破位处的上涨差幅至少有3%；(3) 股价在下降趋势线上方收盘的时间在3天以上	(1) 失去了下降趋势线对股价的压制作用；(2) 下降趋势线由压制作用转变为支撑作用，阻止股价的再次下降	持股投资者可持股继续观望；持币投资者在上升趋势线形成之前应谨慎看多，不宜马上买进	下降趋势线被有效突破后，形势开始对多方有利，所以投资者应随时做好做多的准备

续表

序号	名称	技术图形	特征	技术含义	操作建议	备注
9	新的上升趋势线		(1) 出现在涨势中； (2) 上升趋势线被向下破位后，不是反转向下而是继续向上并收盘创出新高	多方经过修整后，发动了新一轮的攻势，市场的多头氛围浓厚	持股投资者可继续做多；持币投资者可适量跟进做多	此时，原有的上升趋势线失去了参考价值。投资者应依据新的上升趋势线进行操作
10	新的下降趋势线		(1) 出现在跌势中； (2) 下降趋势线被有效突破后不是反转向上而是继续下降，并创出新低	空方经过修整后反动新一轮反击，市场空方氛围浓厚	持股投资者可暂时撤退，以免更大损失；持币投资者应坚持看空	此时，原有的下降趋势线失去了参考价值，投资者应依据新的趋势线操作

第三节　如何根据趋势线确定买卖时点

一、股价突破此前的下降趋势线——突破日买入

如图 2-18 所示，岷江水电（600131）于 2011 年 1 月 28 日，股价成功突破了之前的下降趋势线。这种现象具有短期的买入意义，表示股价可能会有一段时间的回升。

二、股价回落至上升趋势线处——股价再次回升时买入

如图 2-19 所示，2011 年 4 月 6 日，金宇集团（600201）回落的

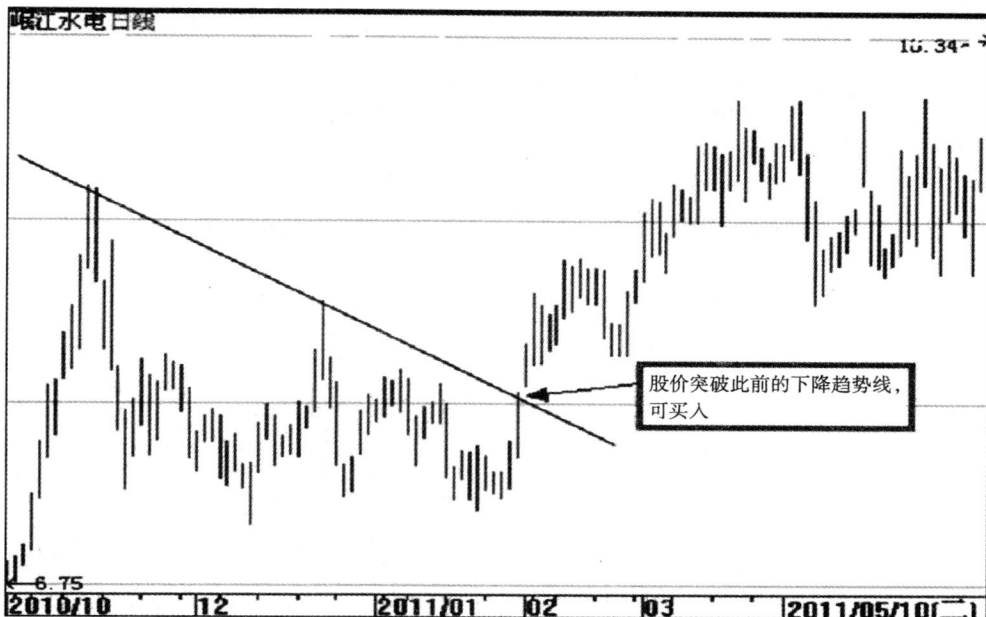

图 2-18　岷江水电（600131）趋势线示意图

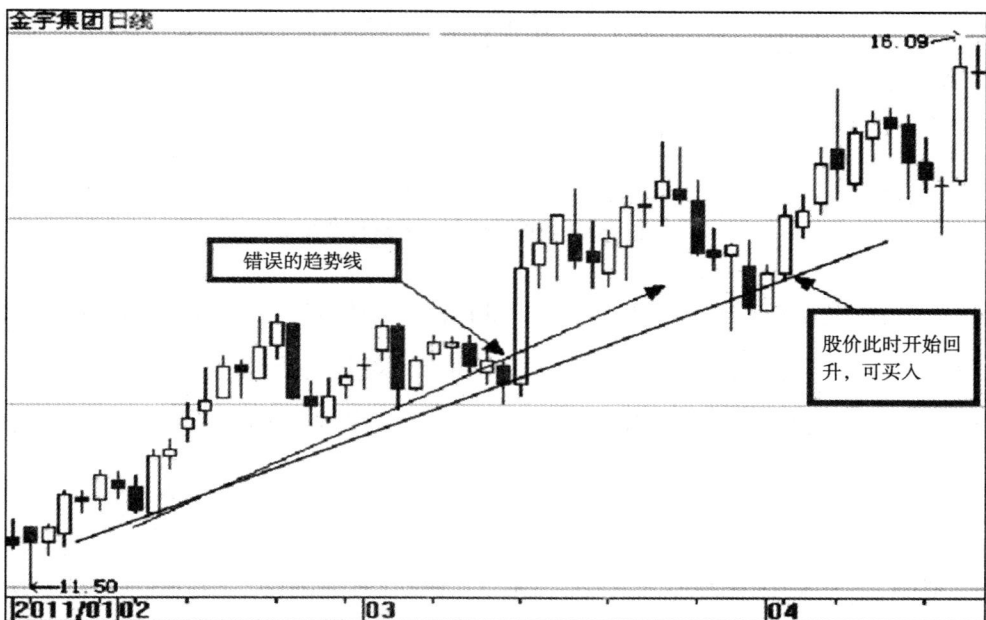

股价突破此前的下降趋势线，可买入

图 2-19　金宇集团（600201）趋势线示意图

错误的趋势线

股价此时开始回升，可买入

股价重新突破了趋势线，意味着股价得到了支撑，有反弹的迹象。这种寻找买点的一个重要基础就是画出正确的趋势线，像图中带箭头的趋势线就是个错误的趋势线，按照错误的趋势线找买点是无法找准确的。

三、股价突破并回抽压力线时——突破和回抽时买入

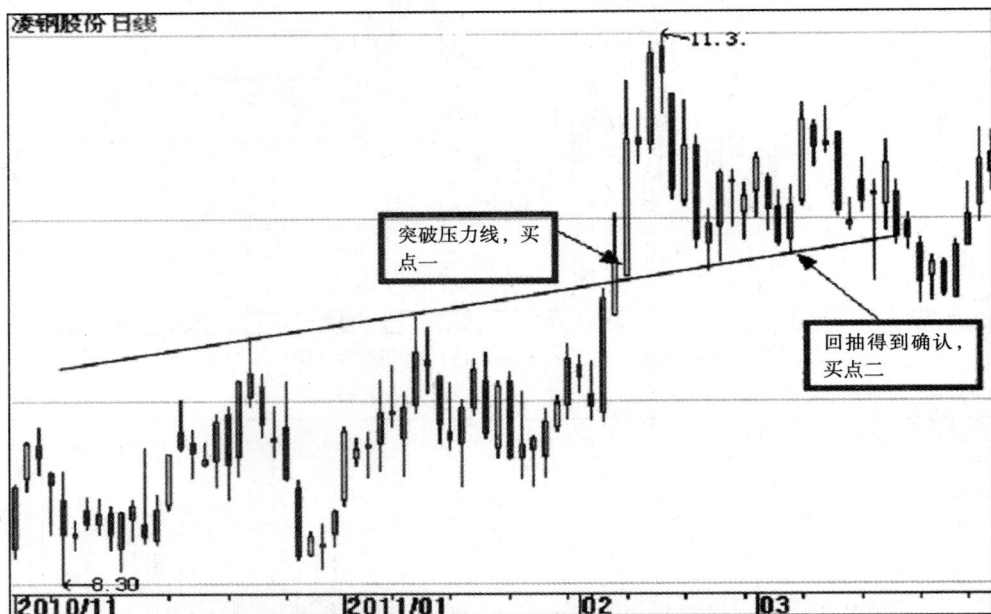

图 2-20 凌钢股份(600231)趋势线示意图

如图 2-20 所示，2011 年 2 月 11 日，凌钢股份（600231）突破压力线，此时可作为第一个买点；之后股价又像压力线靠拢，直到 2011 年 3 月 4 日的时候，股价再次获得支撑，得到短暂的突破，此时可作为第二个买点。

应用这条法则的关键在于，股价对压力线的突破，意味着股价迎来了更为广阔的上升空间，而且相对于买点一来说，买点二得到了两次突破确认，更为可靠、稳妥。

四、股价跌破上升趋势线——跌破日卖出

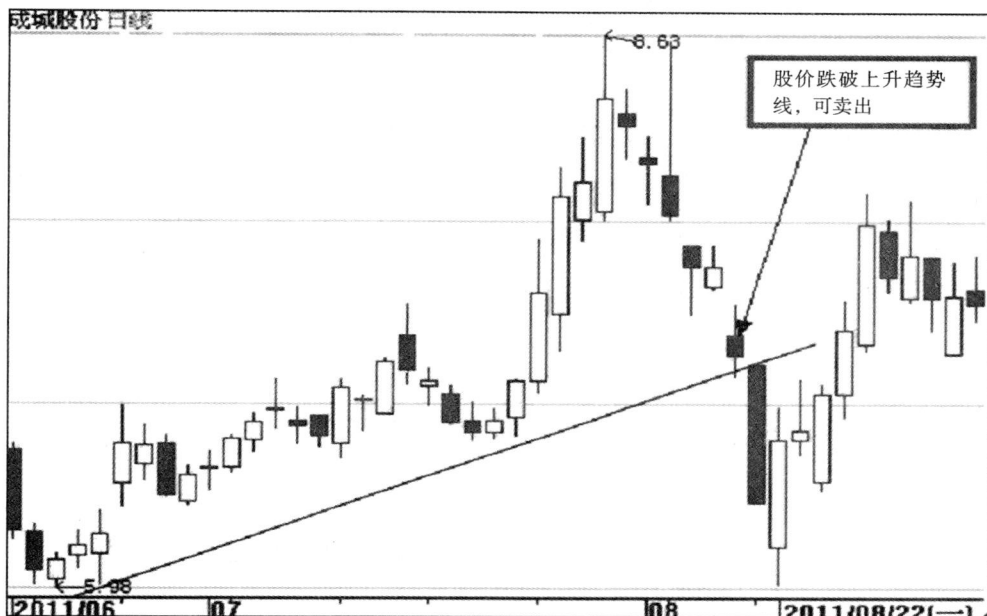

图2-21　成城股份(600247)趋势线示意图

如图 2-21 所示，成城股份（600247）在 2011 年 6 月 21 日到 8 月 5 日，走出了一段上升的趋势。但是在 8 月 5 日的时候，该股股价跌破了这条上升趋势线，意味着该股股价上升空间已经较少，为了规避股市风险，最好立即卖出。

五、股价跌破并回抽支撑线时——跌破和回抽时均可卖出

如图 2-22 所示，2011 年 5 月 19 日，ST 明科 （600091） 的股价跌穿此前的支撑线，此处可视为第一个卖点；7 月 1 日的时候，股价回升到支撑线的时候，受到了支撑线的压力，再次跌破，此时可作为第二个卖点。

这条法则同样适用于下降趋势线当中，并且相对于卖点一来说，卖点二更加可靠。

图 2-22　ST 明科(600091)趋势线示意图

六、股价回升至下降趋势线处——遇阻回落时卖出

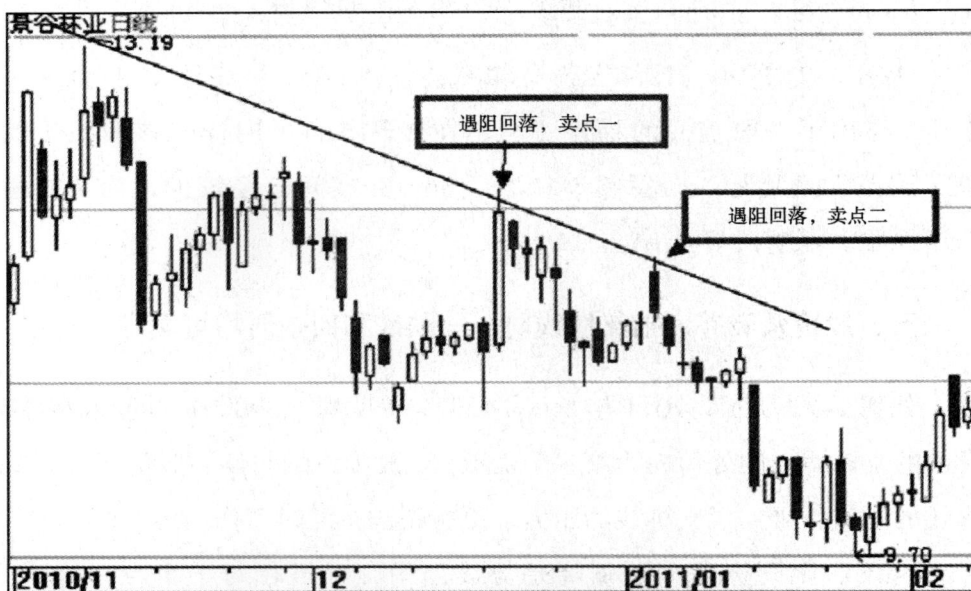

图 2-23　景谷林业(600265)趋势线示意图

如图 2-23 所示，景谷林业（600265）从 2010 年 11 月 8 日起，开启了其长达 4 个月的下降趋势，但是其中不乏反弹上扬的时候，如何能知道什么时候能做短线买入，什么时候需要尽快离场呢？从趋势线和股价的配合中我们就可以知道：2010 年 12 月 21 日，股价拉出了一根大阳线，但是迫于下降趋势线的压力，遇阻回落，第二天的回落点可作为第一个卖点；2011 年 1 月 6 日，股价上升到趋势线附近，但很快也遇阻回落，此时可作为第二个卖点，而且此时的卖点准确性大于第一个卖点。

第四节　趋势线实盘应用

一、用趋势线判断支撑和阻力

在股市中，股价在达到某一水平时，通常不会再继续上涨或下跌，这时在这个价位出现一条对股价有阻拦或者支撑作用的抵抗线，这个抵抗线，也分别被称为阻力线和支撑线。

阻力线也就是股票价格在上涨到某一高度时，成交量薄弱，从而股价上涨趋势受到阻碍。支撑线也就是股票价格下跌到某一高度时，成交量也同样薄弱，因此股价不再继续下跌。从供求关系来看，"阻力"表示集中供给，"支撑"表示集中需求。因此，价格变动的限制，是因为市场供求关系的改变。

图形分析的重要方法之一就是阻力线和支撑线。通常价格在一个区域内上涨或者下跌，并且在这个区域内的成交量密集，那么若价格升破或者跌破这个价格区域，它自然就变成了支撑线或是阻力线。之前出现成交量密集价位的区域，阻力线往往会变成支撑线，或者支撑线变成阻力线；阻力线若被突破，就会成为下跌时的支撑线，反之也是如此。

二、支撑线的原理与应用

在 K 线图中的支撑线是根据股票最低价位在同一微小区间内多次出现，在两个相同最低价位之间延长并连接成的直线，就是支撑线。通过观察支撑线，能够明确地看出价格在某一价位区间中，需求量超过供给量的不平衡状态。若交易价格跌落到这一区间，因买入方需求较大，卖出方供给较少，而使得价位出现回调上升。内在实质是：

在 K 线图上，只要最低价位在同一微小区间多次出现，则连接两个相同最低价位并延长即成一支撑线，它形象地描述了价格在某一价位区间内，需求大于供给的不平衡状态。当交易价位跌进这一区间时，往往会因为人气大增，而导致卖方"惜售"，使得价位又调头回升。

也就是说，是在前期不断出现这一价位区间，成交量得到较大积累，这时行情从上向下接近支撑线时，做空者已获利，再无可打压抛空的筹码；做多者因价位低持币吸筹，形成购买需求；看不清行情被套的投资者，筹码被套不轻易割肉。

在成交密集区，行情若获得短暂支撑后，未来趋势会出现两种可能：一是行情反弹回升；二是持筹者对未来趋势并不看好，纷纷抛出筹码，也就是由多翻空，行情在有效支撑线被突破后开始下跌。

支撑线并不只出现在交易密集区。在行情出现下跌到原上升波的50%时，会出现减缓的现象，在这区间内通常会出现一条支撑线，这条支撑线其实就是广大支撑者心理因素所造成的。这种上升波（下跌

波）向起始点回归在技术分析中也称为对称性原理。另外大部分投资者的心理支撑线通常是阶段性最低价。

三、阻力线的原理与应用

在 K 线图中，最高价们在同一微小区间出现次数较多，那么两个相同的最高点相连并延长就形成一条阻力线。阻力线形象地表述出价格在某一价位区间中供给大于需求不平衡的情况。在交易价位上升到这一区间内，卖方抛出筹码较多，买方却不愿跟进，因此价位受阻回档向下。阻力线的内在实质为：阻力线出现在成交密集区。

因这一区间出现大量累积成交量，因此在交易价位出现在次密集区之下时，表明有较大的浮动亏损面，也就是出现大量套牢者，在此时行情若出现从下向上的回升并接近阻力线时，股票供应因持股者对后势看坏而纷纷解套平仓或获利回吐而增大。这时对后势看好者有两种：第一种为对短线看好，但因价位过高，观望到价位回档再选择建仓，跟进缓慢；第二种为对中长线看好，逢低就买入。

第一种为不坚定需求方，常会因为空方打压而选择由多翻空，加入供应方。

第二种为坚定需求方，当坚定需求方较少，这时即使可能会出现突破，但没有成交量配合，交易价位还会回到阻力线之下。因此若股票需求量较少，自然会频繁出现阻力线，上涨阻力时间持续延长，难以突破。当行情出现从下向上上升并且接近阻力线时，又出现利多消息辅助，那么交易价位在突破阻力线后，在成交量大量配合下，就会出现有效突破阻力线，交易价位上升，这条阻力线也就成为支撑线。

阻力线不只是出现在成交密集区。在行情上升到原来跌破波的50%或 0.618 时，就会出现放缓停止的情况，并出现回档调整。这个停滞阶段就是投资者心理阻力线。另外，投资者难以突破的阻力线通常是阶段性中最高价。

成交密集区是由支撑线和阻力线所形成的，因此在同一成交密集区是行情从下向上上升的阻力区，也是行情从上向下的下跌支撑区。在突破成交密集区后，行情在向上攀升的过程中，常会有高换手率的配合，阻力线就成为支撑线；若在行情出现特大利好消息刺激后，成交密集区被突破就较为容易，获利回吐的压力也变大，价位继续上涨就面临阻力，多头态势常会损失殆尽。支撑线变成阻力线是因为在行情下降时，出现有效突破，换手率并没有较大增长。

小 结

（1）在上升趋势线出现跌破时，是出货信号。在上升趋势线没有跌破之前，是股价的支撑位。

（2）在下降趋势线出现突破时，是入货信号。在下降趋势线没有升破之前，是股价上涨的阻力位。

（3）当一种股票的趋势移动固定并且时间越长，那这种趋势越可靠。

（4）股票价格出现长期上升趋势时，成交量会跟随股价变动而增高，一旦出现非常高的成交量，这时可能会在中期出现变动终了，进而出现下跌趋势。

（5）在中期的变动中短期波动结尾会出现很好的成交量，顶点相较底部成交量更高，但在股票下跌迅猛时底部要比顶点出现更

高的成交量，这时顶点的成交量会因为股票波动较大，散户盲目抢进，而大户抓紧时机脱手而造成的，而底部这时却因为股票下跌迅猛，散户对市场反应惨淡，出现急于卖出的心理，而大户就趁机大量买入出现了很高的成交量。

（6）上升趋势线的每一次出现都需要两个明显的底部，下跌趋势线每一次的出现需要两个顶点。

（7）趋势线和水平形成的角度在短的横向整理时越陡，则越容易被突破；而越平，则研判可靠性越高。

（8）在股价上升趋势末期和下降趋势的末期时，都会出现加速上升或者下跌的现象，所以在市场趋势转变时顶点或者底部会离趋势线较远。

趋势指标三　MACD 平滑异同平均

在股票市场中，投资者获利的大小，取决于风险的大小，如何将投资风险控制在最小的范围之内，这就是 MACD 指标出现的目的。MACD 指标是大部分投资者较为熟悉的技术分析工具，它的特性就在于稳定性以及趋势性。因此，投资者使用 MACD 指标来分析市场行情，能够将投资风险控制在最小的范围之内，实现获利最大化；另外投资者还可以根据 MACD 指标来避免一些技术指标的缺陷所造成的损失，更好、更准确地掌握后市行情的变动，把握市场脉搏。

第一节　MACD 指标简介

一、什么是 MACD 指标

MACD 是 1979 年由查尔德·阿佩尔在移动平均线的基础上延伸创造得出的一种趋势指标，全称为指数平滑异同移动平均线，英文名称为 "Moving Average Convergence and Divergence"。

查尔德·阿佩尔在广泛被应用的移动平均线基础上，用快的移动平均线减去慢的移动平均线，得到的 MACD 值能够较为准确地反映股票

此时的买卖时点。

一般来说，当 MACD 从负数转向正数时，是买入信号；而 MACD 从正数转向负数时，则是卖出信号；当 MACD 以较大角度变化时，说明快的移动平均线和慢的移动平均线的差距进一步拉大，预示趋势将要迎来大的反转。

二、MACD 指标的原理

由于 MACD 是从双移动平均线发展而来的，所以其意义和双移动平均线基本相同。但是与移动平均线不同的是，MACD 克服了移动平均线假信号频繁的缺点，因此受到投资者的青睐。

那么，MACD 如何做到加强买卖点的呢？

在上升行情中，股价指数的短期移动平均线上升的速度很快，而长期移动平均线上升速度较慢，这样下去的结果是：两者的差值会越

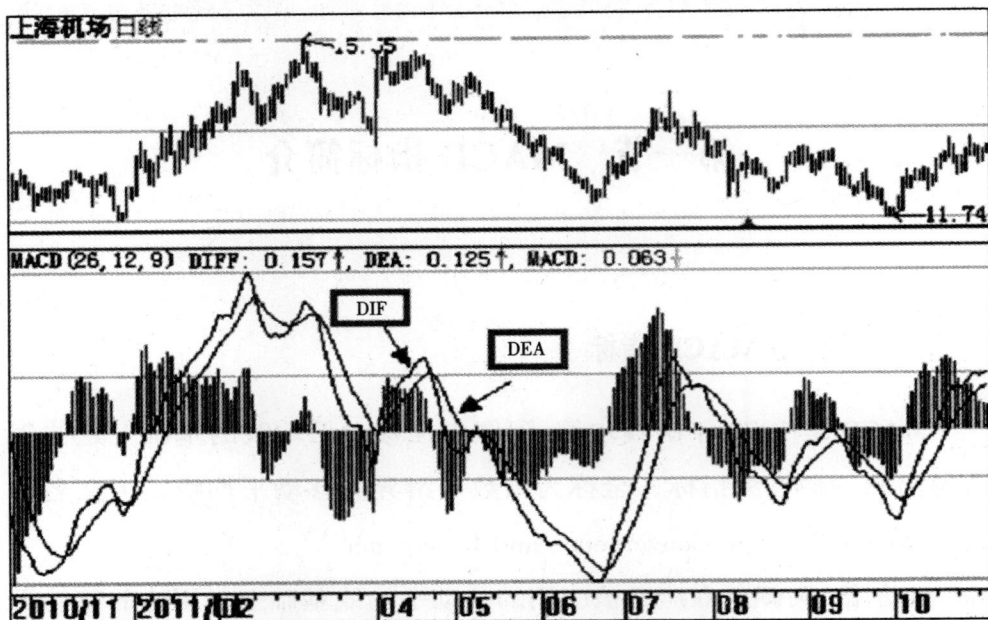

图 3-1　MACD 指标示意图

来越大，当行情出现反转的时候，两条线才会交叉。MACD 就是利用这样两条速度不同的移动平均线，先计算出 MACD 的差值（DIF），再通过 N 天的差值计算出 MACD 值，如此经过双重平滑运算，便可以过滤出移动平均线中隐藏的假信号，留下真正的买卖点信息。

图 3-1 为 MACD 指标示意图，从图中可以看出，MACD 由两部分组成，即差离值（DIF）和异同平均数（DEA）。其中，DEA 是辅助，DIF 是核心元素。在股票分析软件中，常把快速平滑移动平均线（DEA1）的参数设置为 12，慢速平滑移动平均线（DEA2）的参数设置为 26。

三、MACD 技术图形一览表

MACD 技术图形一览表如表 3-1 所示。

表 3-1　MACD 技术图形一览表

说明：•••••表示 DIFF　——表示 DEA　——表示股价

序号	名称	技术图形	特征	技术含义	操作建议	备注
1	DEA 上穿 0 轴		DEA 由负值变为正值	表示股价或指数的走势开始进入强势	投资者在看多之后可跟进做多	投资者看多的依据
2	DEA 下穿 0 轴		DEA 由正值变为负值	表示股价或指数的走势开始进入弱势	投资者在看空之后应及时退出观望	投资者看空的依据
3	DEA 调头向上，黄金交叉		(1) 既可以出现在正值区域，又可以出现在负值区域；(2) 向下移动的 DEA 转为向上移动；(3) DIF 从下往上穿 DEA 产生黄金交叉	(1) 在 0 轴之上出现表示后市看好，为做多信号；(2) 在 0 轴之下出现，表示反弹开始，为短线买进信号	(1) 在正值区域出现，激进型投资者可跟进做多，稳健型投资者可继续持股；(2) 在负值区域出现，激进型投资者可在设好止损的前提下适时抢反弹，稳健型投资者应看空、做空	黄金交叉在 0 轴之上通常表示回档结束，新一轮升势开始；黄金交叉在 0 轴之下，通常表示反弹行情出现，但并不说明空头行情已结束，反弹随时可能夭折

序号	名称	技术图形	特征	技术含义	操作建议	备注
4	DEA 调头向下，死亡交叉		(1) 既可以出现在正值区域，又可以出现在负值区域； (2) 向上移动的 DEA 转为向下移动； (3) DIF 从上往下穿 DEA 产生死亡交叉	(1) 在 0 轴之上出现表示短期回调开始，后市谨慎看多； (2) 在 0 轴之下出现，表示要继续下跌，后市看淡	(1) 在正值区域出现，激进型投资者可暂时退出观望，稳健型投资者可继续持股观望； (2) 在负值区域出现，投资者应看空、做空	死亡交叉在 0 轴之上通常表示短期回调开始，但中长期走势可继续看多；死亡交叉在 0 轴之下，通常表示反弹结束，中长期走势继续看淡
5	DEA 与股价底背离		(1) 出现在跌势中； (2) 股价逐波下行，而 DIF 和 DEA 逐波上升	股价跌势将尽，短期内可能止跌	(1) 持筹者不宜再看空； (2) 持币者应做好做多的准备	如果此时 DIF 由下往上穿 DEA 形成黄金交叉的次数越多，见底回升可能性越大
6	DEA 与股价顶背离		(1) 出现在涨势中； (2) 股价逐波走高，但 DIF 和 DEA 逐步下降	股价升势将尽，短期内可能见顶回落	(1) 持筹者逐步减磅以致退出； (2) 持币者应耐心观望	此时 DIF 由上往下穿 DEA 成死亡交叉次数越多股价下跌可能性越大

四、MACD 指标的计算方法

（一）计算平滑系数

MACD 指标进行了两次平滑的计算，也因此得到了更为准确的买卖点，所以在计算指数平均值（EMA）前，投资者应该首先计算出平滑系数。

这里所指的平滑系数，就是移动平均周期的单位数，如几天、几周、几月等。

公式为：

平滑系数 = 2 ÷（周期单位数+1）

如 12 日 EMA 的平滑系数 = 2 ÷（12 + 1）= 0.1538；

26 日 EMA 的平滑系数 = 2 ÷ 27 = 0.0741。

（二）计算指数平均数（EMA）值

公式为：

当天的指数平均值（EMA）= 平滑系数 ×（今天收盘指数 − 昨天的指数平均值）+ 昨天的指数平均值

如 12 日的 EMA 的计算公式就是：

12 日 EMA = 2 ÷ 13 ×（今天收盘指数 − 昨天的指数平均值）+ 昨天的指数平均值 =（2 ÷ 13）× 今天收盘指数 +（11 ÷ 13）× 昨天的指数平均值

26 日 EMA 的计算公式即为：

26 日 EMA =（2 ÷ 27）× 今天收盘指数 + 昨天收盘指数 +（25 ÷ 27）× 昨天的指数平均值

（三）计算 MACD 指标

第一步，求这两条指数平滑移动平均线的差：

EMA 分为短期 EMA（SHORT）和长期 EMA（LONG）值。

DIF = EMA（SHORT）− EMA（LONG）

第二步，计算 DIF 的 M 日指数平滑移动平均值，得到 DEA，公式为：

今日 DEA（MACD）= 2 ÷ 10 × 今日 DIF + 8 ÷ 10 × 昨日 DEA

MACD = DIF − DEA

第二节　如何根据 MACD 指标确定买卖时点

一、日 MACD 指标的买入技巧

从图 3-1 中我们可以看到，MACD 中也有红绿柱之分，在研判买卖点的时候，我们就可以通过红绿柱以及金叉情况来找到买点。

（1）当 MACD 中的绿柱由放大转为收缩时，说明该股趋于稳定，可以当做该股的一个买入点，不过此买入点不太可靠，如果没有其他指标的买入信号相配合，则以谨慎为好。不过，如果当 MACD 指标中的绿柱即将消失，且红柱马上出现时，说明该股即将开始一段上升行情，可以作为一个可靠的买入信号，适合投资者做短线投资，如图 3-2 所示。

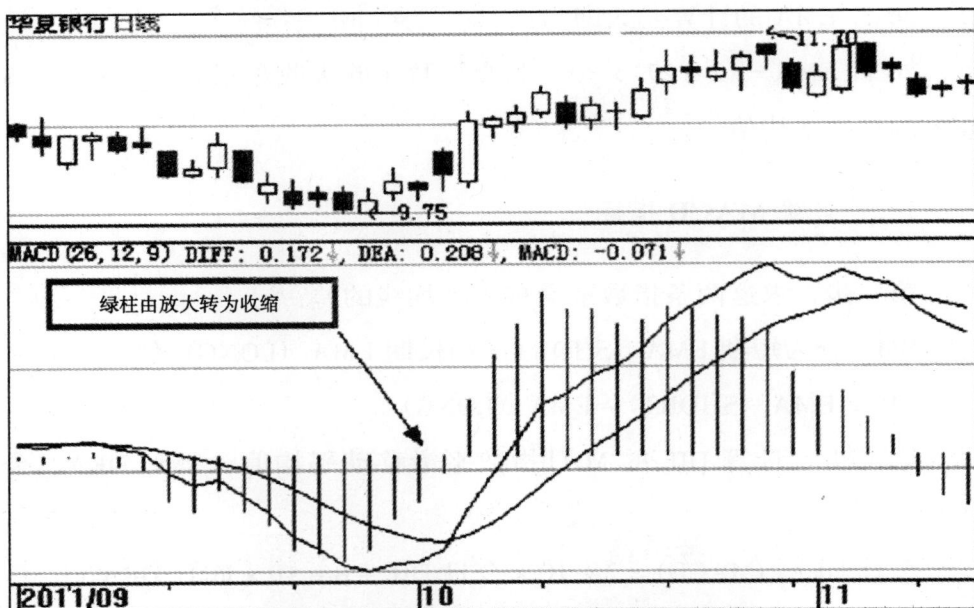

图 3-2　华夏银行（600015）MACD 示意图

（2）当 DIF 值向上运行并且突破 MACD 时，则形成了该指标的黄金交叉。这说明该股即将展开一段上升行情，适合投资者进行中短线投资信号，如图 3-3 所示。

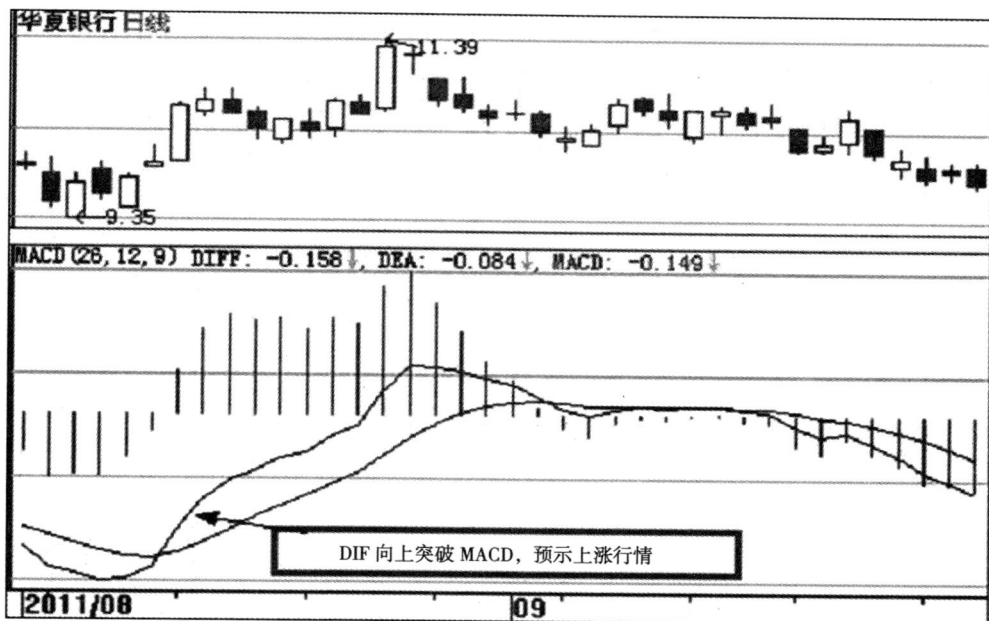

图 3-3　华夏银行（600015）MACD 示意图

二、日 MACD 指标金叉与均线相结合的买入技巧

使用日 MACD 指标研判行情时，如果投资者可以把日 MACD 指标金叉与股价向上突破 120 日均线结合分析，则更容易得到安全可靠的分析结果。

（1）若 120 日均线被股价 K 线向上突破后，未来该股的中短期上升趋势将会形成，投资者此时需要仔细地观察 MACD 指标走势。如果此时该股日 MACD 出现黄金交叉，则表明该股的中短期走势可能将出现强势上涨趋势，这时 MACD 指标所显示为买入信号，投资者进行中短线操作，如图 3-4 所示。

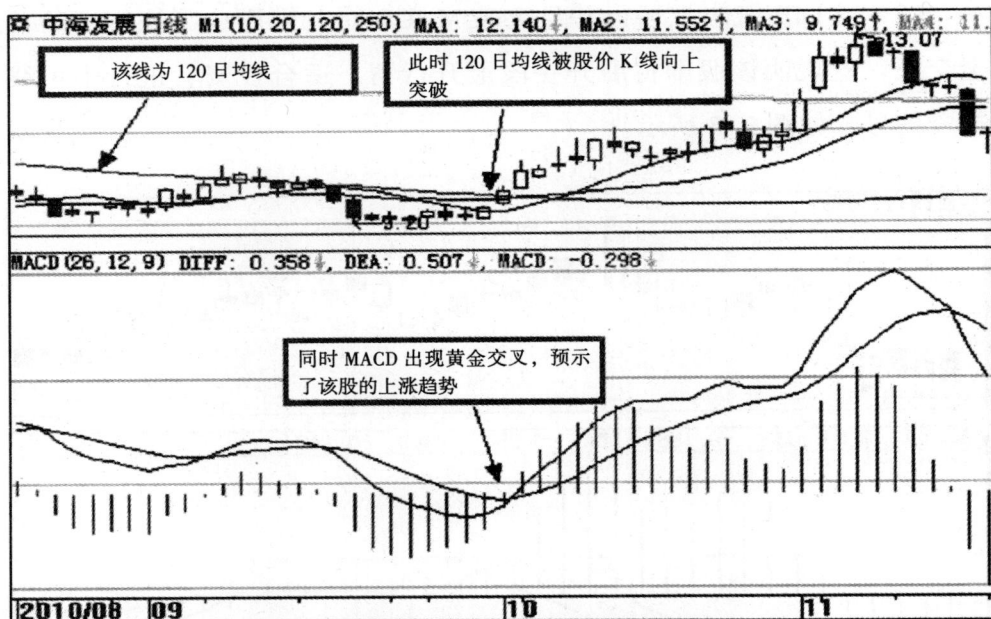

图 3-4　中海发展(600026)MACD 示意图

（2）如果股价出现向上突破 120 日均线并且日 MACD 指标出现黄金交叉的当天，成交量也出现较大放大配合时，表明有新资金入场。而且，这两种技术分析相结合得出的买入信号是可靠并且更为准确的，如图 3-5 所示。

三、日 MACD 指标的卖出技巧

与日 MACD 指标的买入技巧一样，我们同样可以利用该指标的红绿柱以及死叉情况来寻找卖出点。

（1）若当日 MACD 日指标红柱不能继续放大并出现缩小时，表明该股短线上升行情结束，将会出现下跌或盘整行情，这是日 MACD 表现出的卖出信号，投资者在此时可短线获利离场，如果是短期涨幅巨大的股票，应当及时卖出，避免损失，如图 3-6 所示。

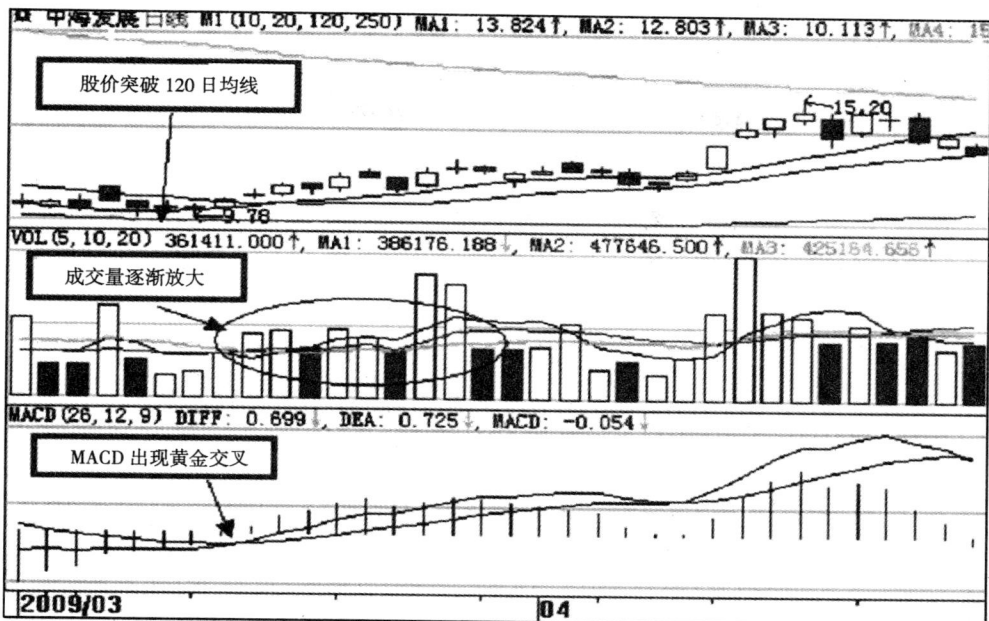

图 3-5　中海发展（600026）MACD 示意图

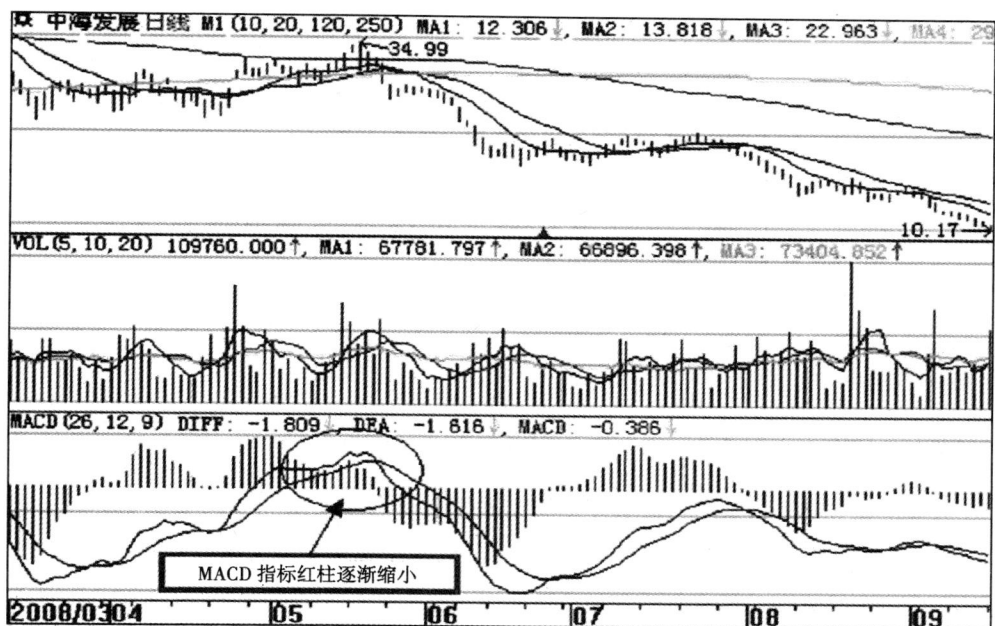

图 3-6　中海发展（600026）MACD 示意图

（2）紧随其后的是出现死亡谷交叉，也就是在 DIF 线离开 0 轴线高位，向下突破 MACD 线，这表明形成了短期下跌行情，是中短线卖出信号。投资者可在此时中短线卖出了结，如图 3-7 所示。

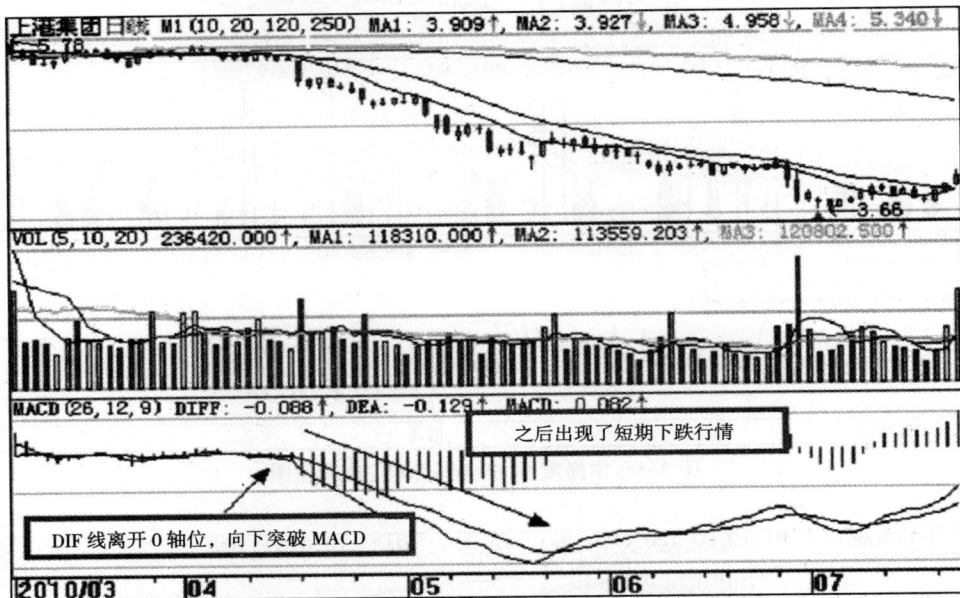

图 3-7　上港集团（600018）MACD 示意图

（3）在 MACD 指标的绿柱开始出现红柱消失时，表明该股的前期上涨趋势基本结束，股价将会出现中期下跌行情，是一个中线卖出信号，如图 3-8 所示。

四、日 MACD 指标死叉与均线相结合的卖出技巧

同样，投资者在研究日 MACD 指标卖出技巧时，还可以将均线和指标的死叉相结合来综合分析得出卖出信号，主要有以下几种情况：

（1）投资者在 MACD 指标高位出现死亡交叉信号之后，该股股价 K 线在没有跌破 20 日均线时，应当谨慎持股，并且密切注意股价短线走势。在之后几天股价 K 线跌破 20 日均线时，投资者应当及时短线卖出，如图 3-9 所示。

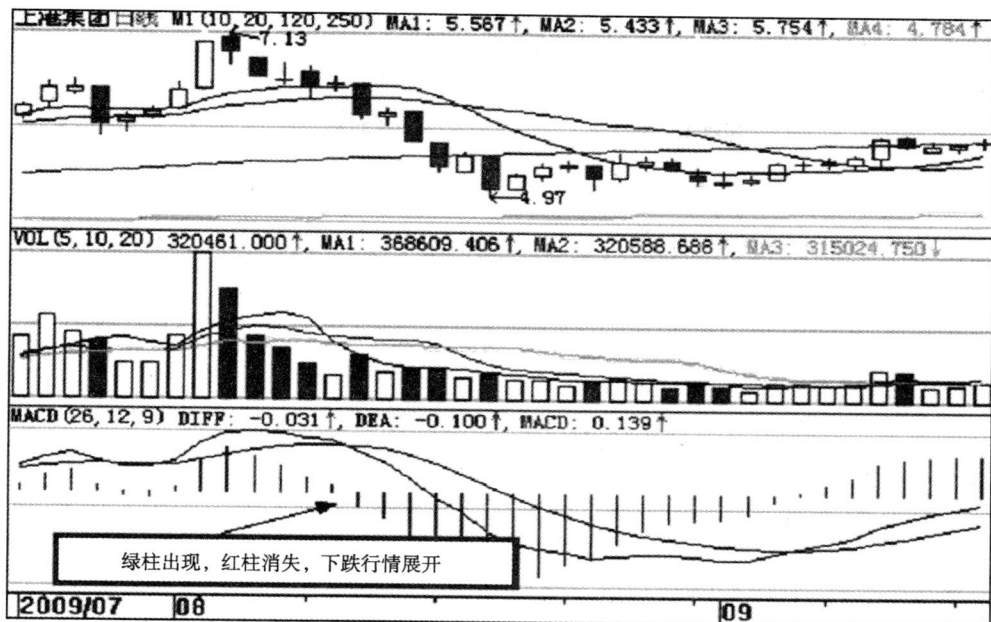

图 3-8　上港集团(600018)MACD 示意图

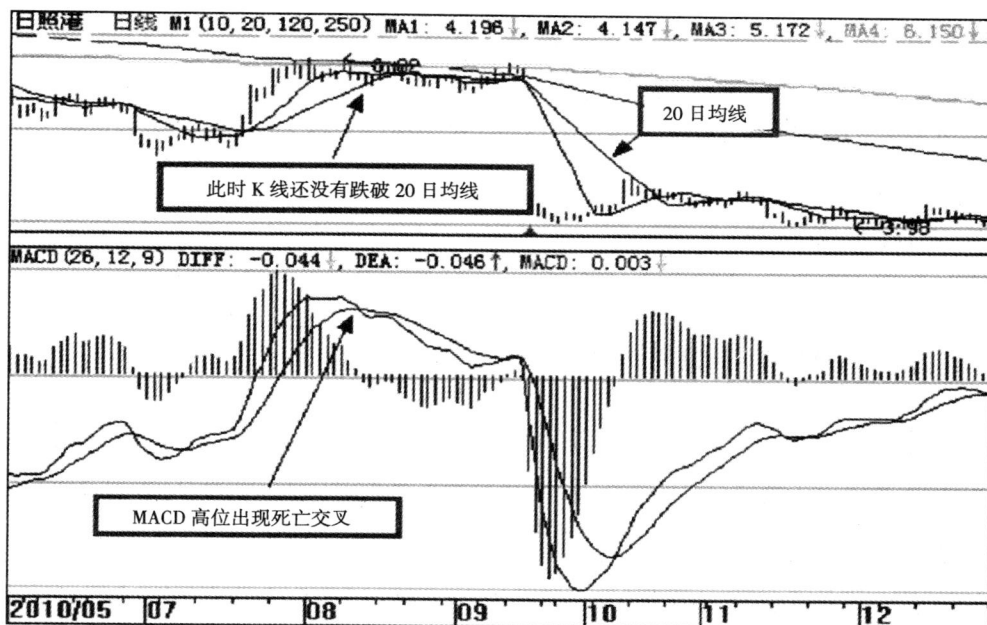

图 3-9　日照港(600017)MACD 示意图

（2）投资者在股价 K 线向下跌破 20 日均线后，在谨慎持股同时密切关注 MACD 指标动态。如果在这几天内遇到该股 MACD 指标出现高位死叉时，应当及时短线卖出。当 MACD 指标出现高位死叉并且股价 K 线也出现跌破 20 日均线时，这就是日 MACD 与日均线同时发出卖出信号。投资者可根据这两种更为可靠准确的卖出信号，进行中短线卖出股票操作，如图 3-10 所示。

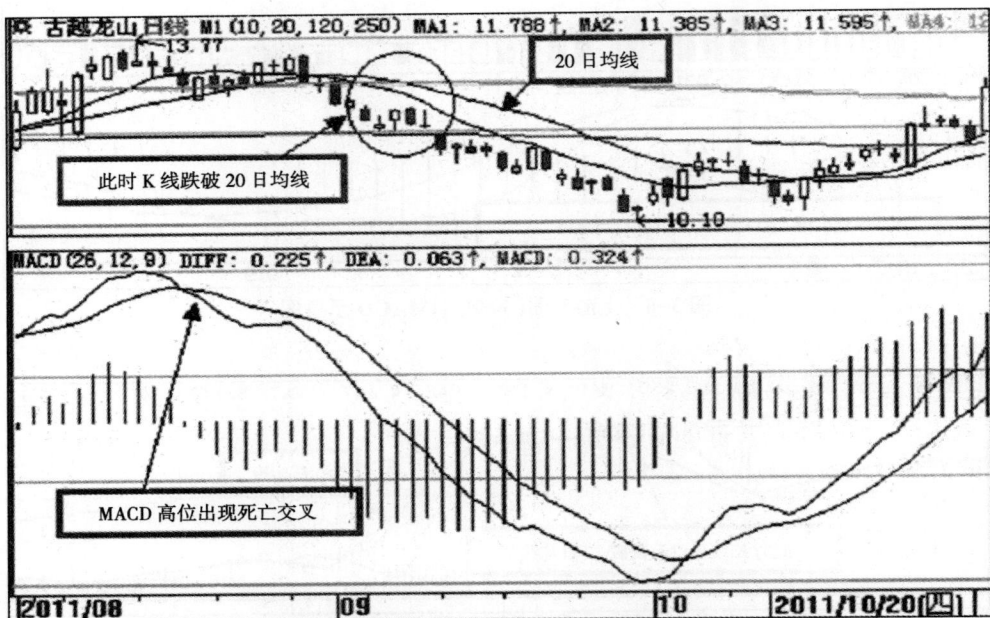

图 3-10　古越龙山（600059）MACD 示意图

五、MACD 与 DIF 的值及线的位置

在 DIF 以及 MACD 都小于 0 并且向下运行，也就是在图形上表现为两者都处于零线以下并且向下移动时，通常表明股市处在空头行情阶段，这时可进行观望或者卖出股票，如图 3-11 所示。

在 DIF 以及 MACD 都大于 0 并且向上运行，也就是在图形上表现为两者都处于零线之上并且向上移动时，通常表明股市处于多头行情阶段，这时可进行买入或持股，如图 3-12 所示。

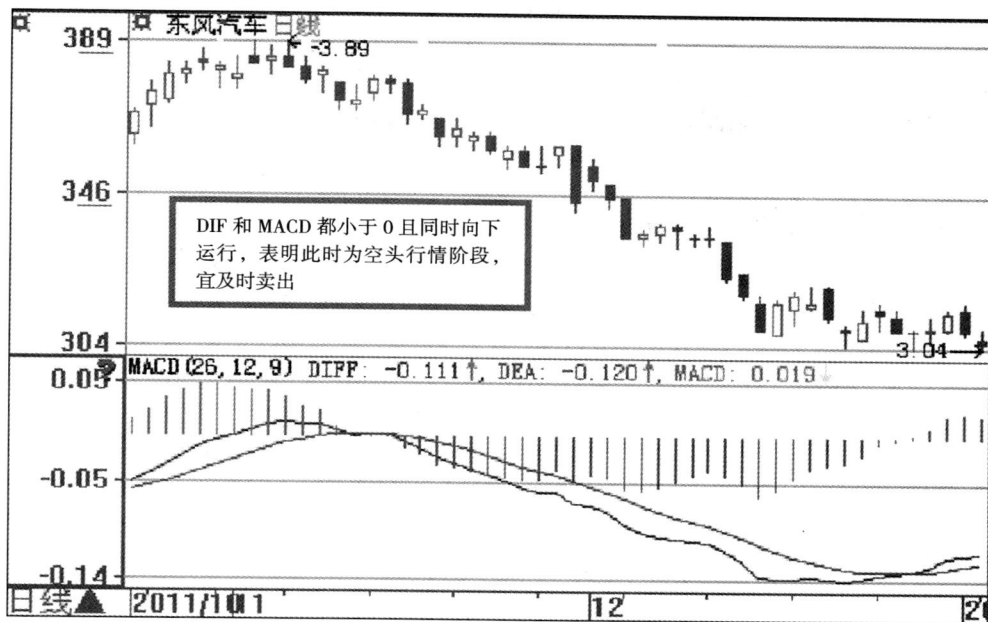

DIF 和 MACD 都小于 0 且同时向下运行，表明此时为空头行情阶段，宜及时卖出

图 3-11　东风汽车(600006)MACD 示意图

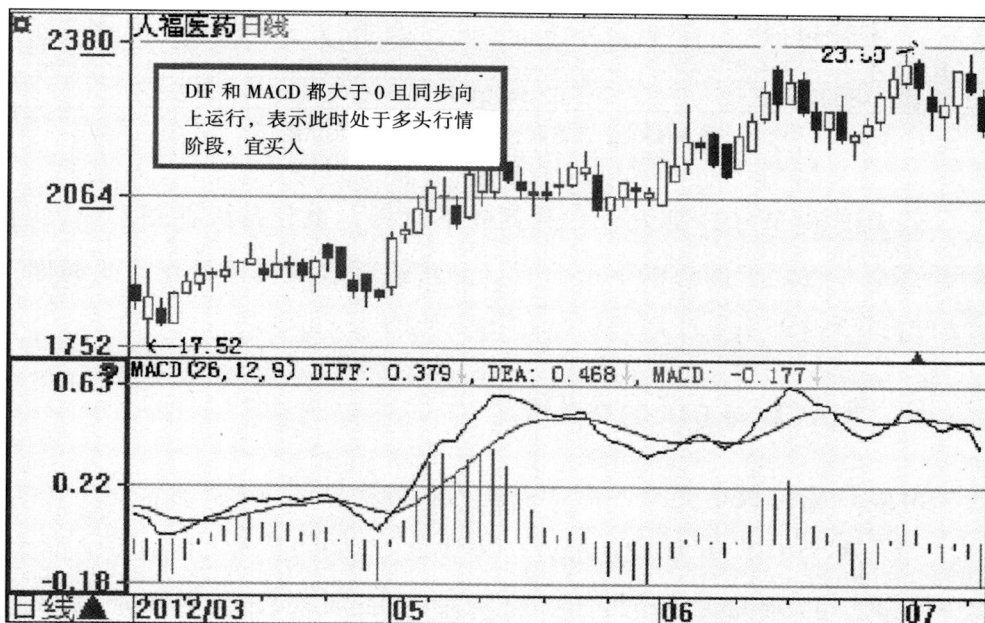

DIF 和 MACD 都大于 0 且同步向上运行，表示此时处于多头行情阶段，宜买入

图 3-12　人福医药(600079)MACD 示意图

当 DIF 和 MACD 都小于 0 但向上运行，也就是在图形中表现为两者都处于零线之下但向上运行时，通常说明上涨行情即将开始，这时可进行买进操作或持股待涨，如图 3-13 所示。

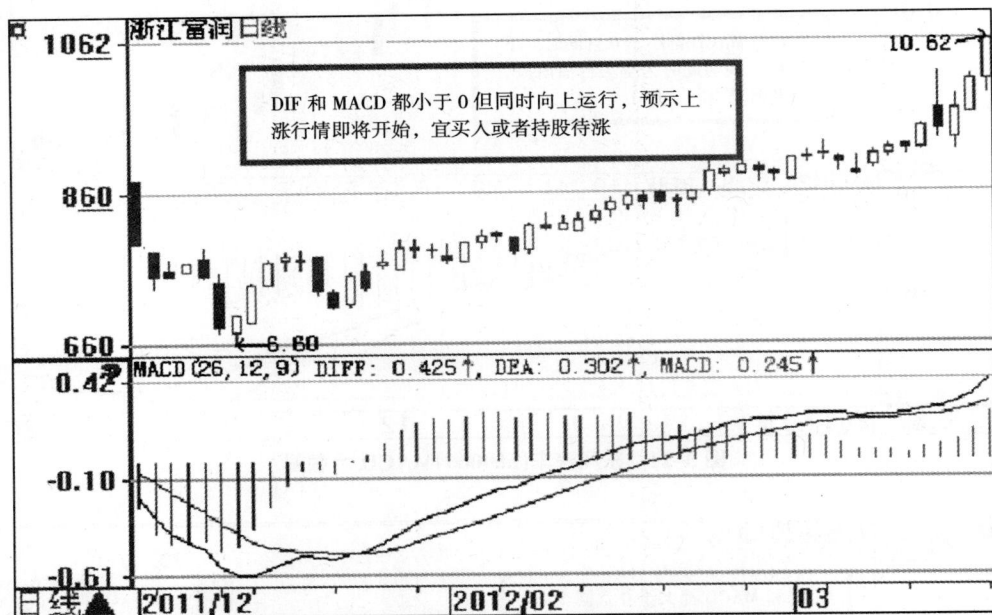

图 3-13　浙江富润 (600070)MACD 示意图

若 DIF 和 MACD 都大于 0 并且向下运行，也就是说在图形上表明两者都在零线之上但都向下运行时，通常说明股市行情处在空头时期，这时可以进行卖出操作或者保持观望，如图 3-14 所示。

六、MACD 与 DIF 的交叉情况

MACD 指标黄金交叉的形式表现为两种：

第一种为 DIF 和 MACD 都处于零线之上，并且 MACD 被 DIF 向上突破之时，也就说明股市处于强势阶段，将会再次出现股价上涨，这时可买进股票或持股待涨，如图 3-15 所示。

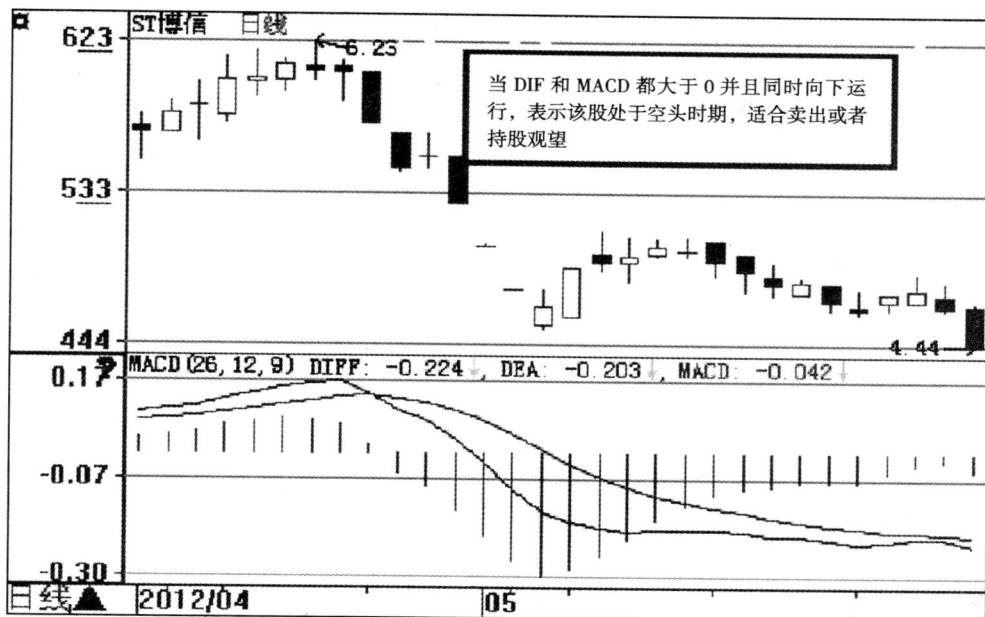

当 DIF 和 MACD 都大于 0 并且同时向下运行，表示该股处于空头时期，适合卖出或者持股观望

图 3-14　ST 博信（600083）MACD 示意图

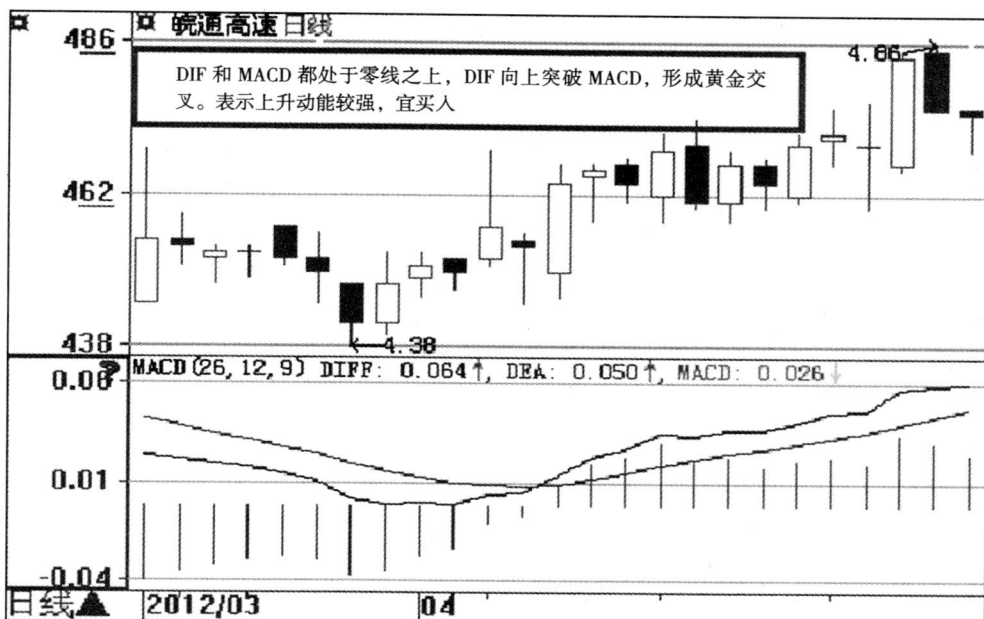

DIF 和 MACD 都处于零线之上，DIF 向上突破 MACD，形成黄金交叉。表示上升动能较强，宜买入

图 3-15　皖通高速（600012）MACD 示意图

第二种为 DIF 和 MACD 都处在零线之下，当 MACD 被 DIF 向上突破时，说明股市将会出现强势上涨，股价将会出现止跌向上的趋势，这时应当买进股票或持股，如图 3-16 所示。

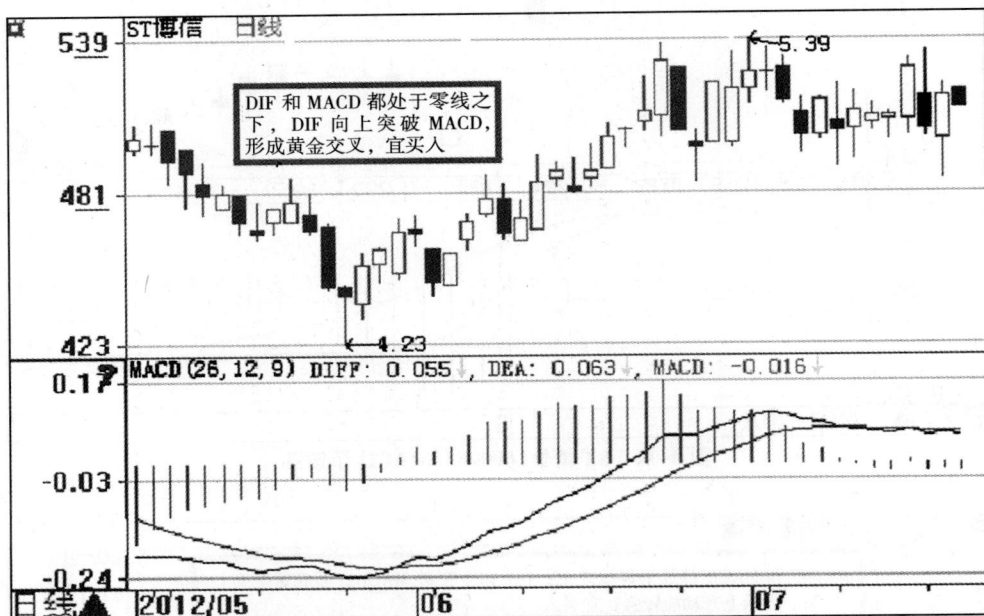

图 3-16　ST 博信（600083）MACD 示意图

MACD 指标的死亡交叉也有两种表现形式：

第一种是 DIF 和 MACD 都处在零线之上，但是 MACD 却被 DIF 向下突破，如图 3-17 所示。

第二种为 DIF 和 MACD 都处在零线之下，但 MACD 却被 DIF 向下突破，这说明股市将会再次出现极度下跌趋势，股价将会持续下跌，这时投资者可卖出股票或者观望，如图 3-18 所示。

七、MACD 指标中的柱状图分析

股市分析软件通常会使用 DIF 值减 DEA 值来绘制成柱状图，也就是利用 DIF 值减 MACD 和 DEM 值来绘制柱状图。

铁龙物流 日线

1016

10.16

916

DIF 和 MACD 都处在零线之上，但
是 DIF 下穿 MACD，形成死亡金叉，
宜卖出

818

8.18

MACD (26, 12, 9) DIFF: -0.258 , DEA: -0.143 , MACD: -0.231↑

0.18

-0.06

-0.30

日线▲ 2012/05　　　　　　　　06

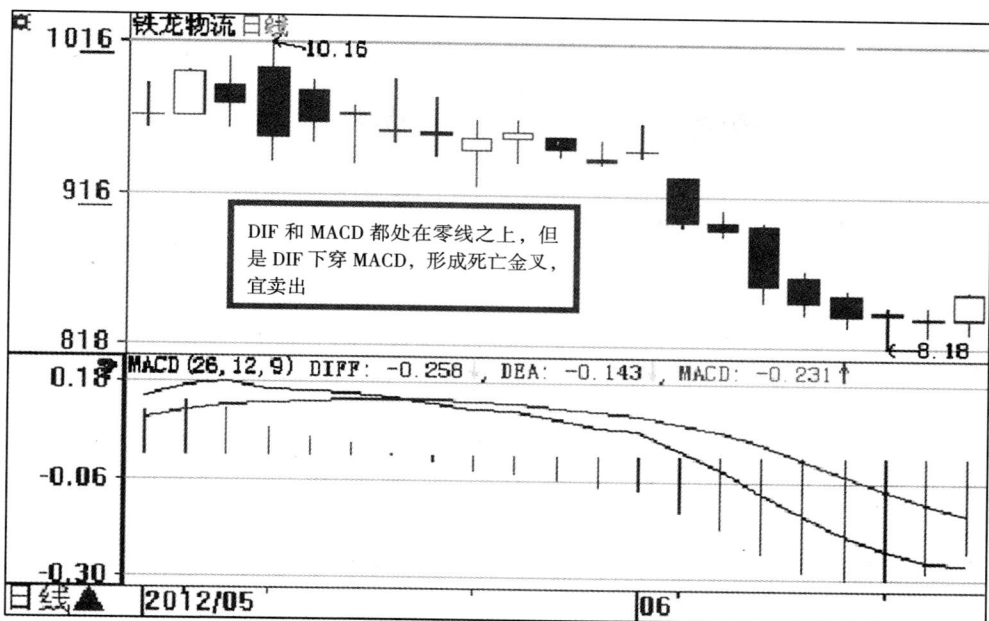

图 3-17　铁龙物流(600125)MACD 示意图

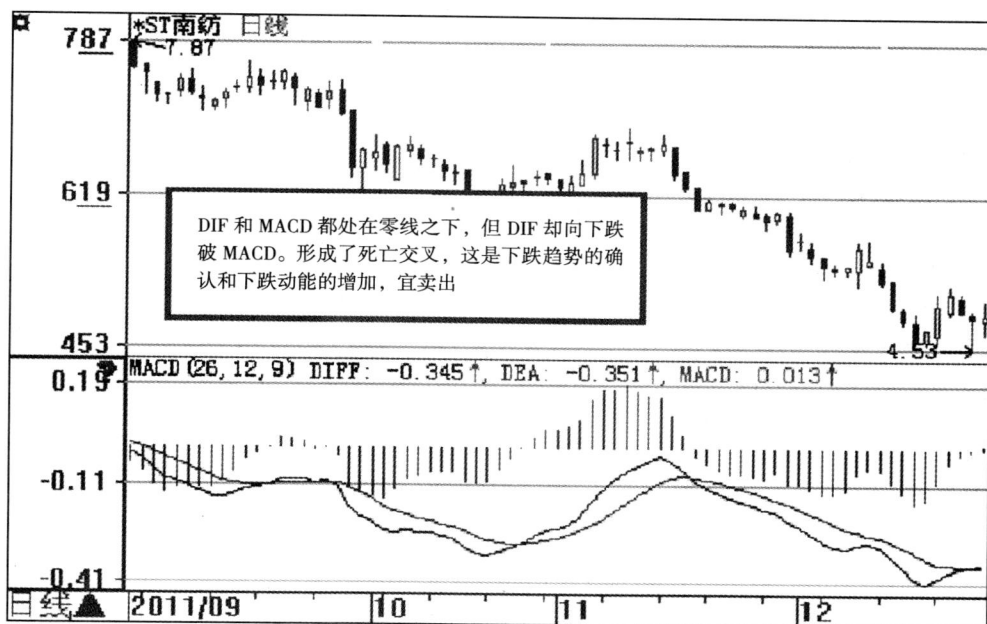

*ST南纺　日线

787

7.87

619

DIF 和 MACD 都处在零线之下，但 DIF 却向下跌
破 MACD。形成了死亡交叉，这是下跌趋势的确
认和下跌动能的增加，宜卖出

453

4.53

MACD (26, 12, 9) DIFF: -0.345↑, DEA: -0.351↑, MACD: 0.013↑

0.19

-0.11

-0.41

日线▲ 2011/09　　　10　　　11　　　12

图 3-18　*ST 南纺(600250)MACD 示意图

在柱状图中，红柱状代表正值，绿柱状代表负值。在利用红绿柱状来分析行情时更可靠也更直观，如图 3-19 所示。

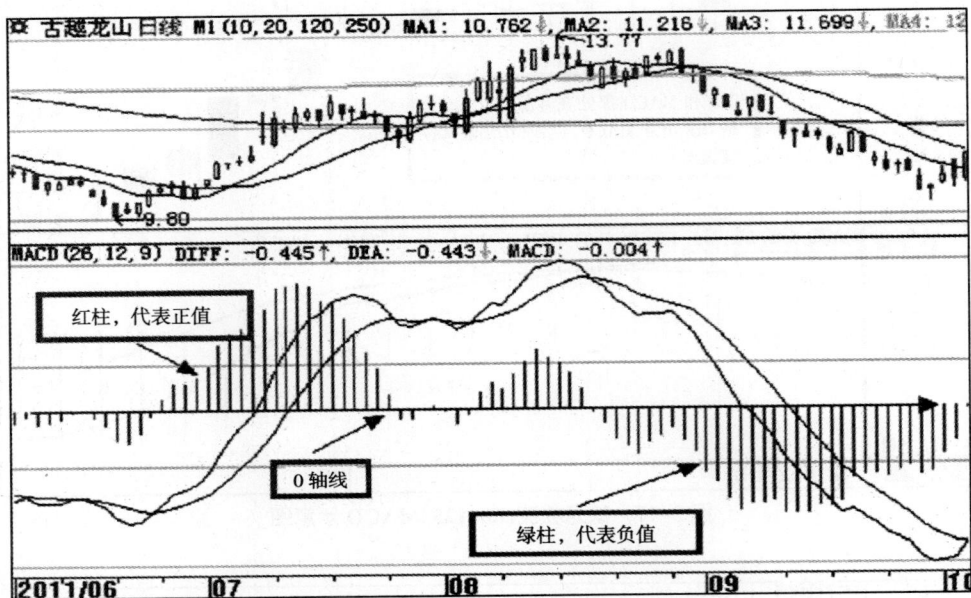

图 3-19　古越龙山(600059)MACD 示意图

在红柱状持续放大时，说明股市行情处于牛市当中，股价将会出现持续上涨，这时投资者应当持股待涨或者短线买入，待到红柱放大完毕再选择卖出。在绿柱状持续放大时，表示股市行情处于熊市当中，这时投资者应当持币观望或者进行卖出操作，待到绿柱放大完毕时，再选择少量买入，如图 3-20 所示。

在红柱状出现缩小时，表示股市牛市行情将要结束或者是行情进入调整期，这时股价将会出现大跌，投资者在这时应当卖出股票，不适宜进行买入。在绿柱状出现收缩时，表明股市下跌行情将要结束，股价将会反弹上升或是进入盘整，这时投资者可选择少量买进长期战略建仓，不要轻易卖出。在绿柱出现，红柱消失时，是股市一种反转信号，说明股市上涨或高位盘整行情将要结束，股价要出现快速下跌时期，这时投资者需要卖出股票而非买入，如图 3-21 所示。

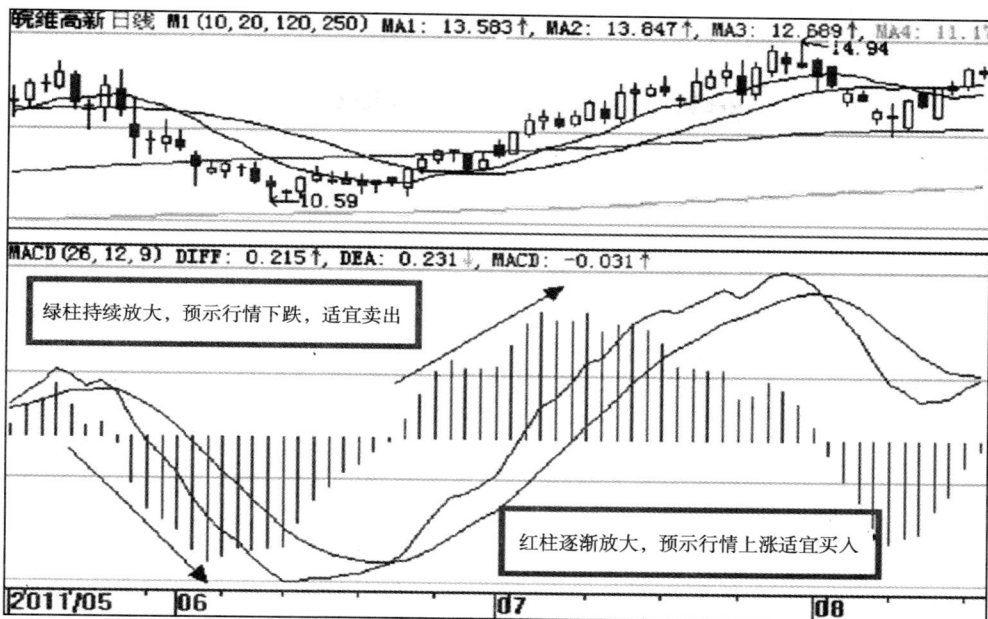

图 3-20　皖维高新(600063)MACD 示意图

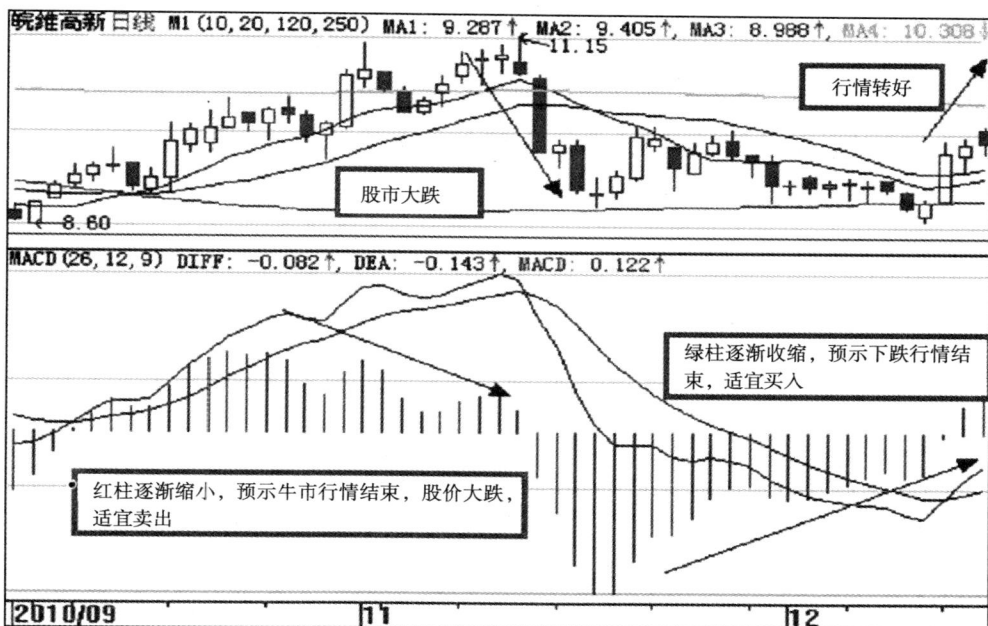

图 3-21　皖维高新(600063)MACD 示意图

在红柱出现，绿柱消失时，是股市行情反转信号之一，说明股市行情从跌转涨，下跌行情或者低位盘整行情将要结束，股价将要快速上升，这时投资者应当买入操作或是持股待涨，如图3-22所示。

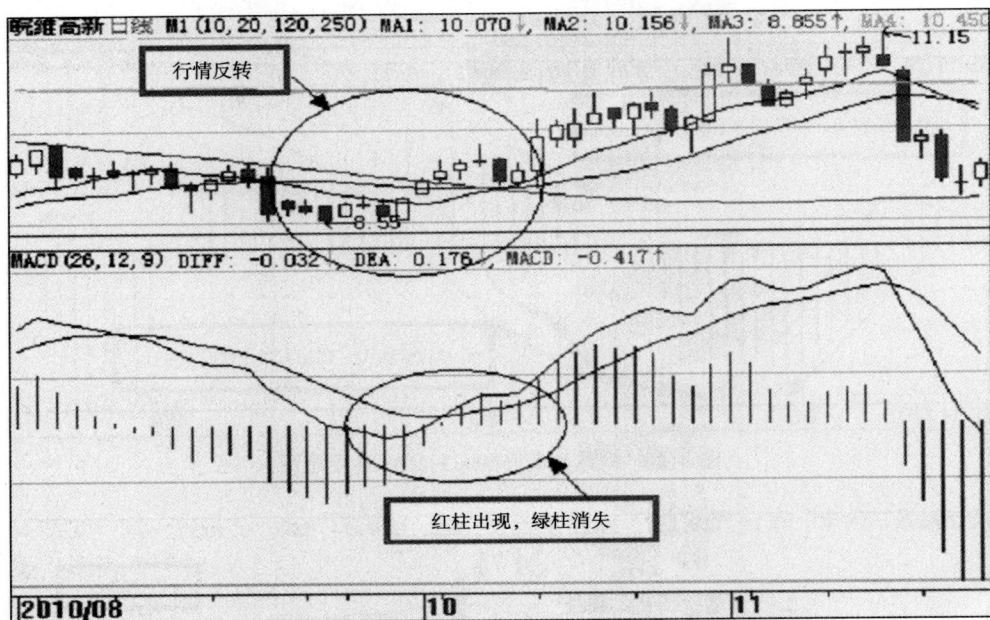

图3-22　皖维高新(600063)MACD 示意图

第三节　MACD 指标"探底器"背驰抄底方法

一、底背驰三大常性

(一)事不过三

在行情大跌趋势中，底背驰低点之后若连续出现两次顺次背驰时，

基本确定下跌行情即将结束。这时通常是空头力量顽强抵抗时期，常会出现向下假突破，指标也配合其突破，即使可能会打穿前两次背驰底部，也就是说被击穿的前两次背驰的底部并未形成，但其和最一开始的背驰点形成了背驰形态，并且是第三次背驰。投资者在此时可以大胆操作，反手抄底。

一般来说，三背驰之后的反转行情幅度都是较大的，安全性也比较高，在暴涨后期需要持续成交量的支持。

（二）对称原理

在股市中，MACD 的背驰现象也具有对称原理。通常来说，在底背驰出现后，若还有多次背驰出现后的行情见顶较多表现为成交量顶背驰或者股价顶背驰结束，这是因为底背驰代表能量过于集中，在反弹行情开始后，过于集中的能力常会出现报复行情，在强大惯性的作用中，常会出现顶背驰的形态。

（三）形态分析

MACD 是趋势性指标，很多传统形态分析也是根据趋势理论逐步总结而出的，所以两者有着较大的共同点。这一点决定了 MACD 底背驰也可以使用一般形态理论来进行分析，比如，头肩底、双底、三底、圆弧底、平台扎底等，这种形态分析时常用的量度幅度、阻力以及支持位等评判理论同样适用，顶背驰需要相反运用。

二、寻找弹幅最大的底背驰

背驰理论的优点在于，它具有提前性预知趋势反转的可能。从本质看来，背驰说明了股价超常运动，而反转力量的产生原因则是因为正常水平回归的自然性，若发生反转力量集中到可以反抗原有趋势力

量时，反转就会出现。因此，在背驰形态中，积聚反转能量的大小是反转行情潜力的最重要因素。

股市中，成交量和幅度的合力代表着运动能量的大小。股市未来反弹行情中成交量较难预测，所以在判断底背驰反弹潜力时需要着重观察背驰过程中振幅大小。通常来说，需要积极寻找反弹幅度最大的为底背驰，也就是说，在股价大跌时产生了背驰原点后，股价有所企稳或者反弹使得指标大幅度反弹，但之后股价依然持续大幅下跌，并突破最低点，使得指标再一次回到原点水平，形成了反弹幅度大的背驰形态。

指标反弹幅度大就像弹性好的弹簧，在背驰时一时受到压力，一旦失去压力，自然还会继续爆发弹性，还有因为弹簧开始弹动时不需要借助外力就能够完成，因此这类底背驰后的反弹行情开始时期常是缩量开始的。相反，在相对高位再放出量，这时说明有抛压的出现，弹簧运动在反力量压力之下，顶部将会出现。

三、背驰扎底放量反弹

扎底背驰出现的机会较少，但因为它出现之后的反弹行情常可观而需要关注。

扎底背驰的现象产生特征为：

（1）在个股前期上升趋势中已经出现了多次顶背驰，如果正式见顶将导致股价出现连续大幅的下跌。

（2）在股价出现跳水之后的盘跌过程中，底背驰形态形成，由于背驰过程振幅极小，因此形成扎底形态。

（3）扎底形态末期若出现放量，这就是正式反弹信号，反弹将具有持续性强、幅度大的特点。

（4）高位反弹在成交大幅度缩小时，反弹顶部即将形成。

MACD 背驰的产生，本质在于逆反能量的积存。就以扎底背驰为例子来说，在它之前上升趋势中肯定背驰次数较多并且积存空头能量巨大，即便出现暴跌，也难以在一次释放中放空动力。因此指标即使出现见底并且背驰原点，但依然在强大空方压力之下进行窄幅震荡，这时底背驰积存的多头能量就像弹簧被压制一样，一旦空头能量释放完成，并且多头能量再出现首次放大量进攻时，就相当于弹簧失去压制一样，积存能量的多头动力将出现大幅度的反弹，形成了连续反弹行情。

因此，我们可以看出，背驰扎底放量反弹操作最重要的关键点在于，在弹簧失去压制时，首次大放量的信号出现。之后的反弹成交也就是多头能量酝酿完毕的证明。根据以上可得知弹簧动能的原理，在反弹过程中成交应当逐渐缩小的。若在高位成交明显缩减时，表明弹簧反弹动能基本释放完成，顶部将会出现。

第四节　MACD 指标最基本的逃顶方法

MACD 指标不仅仅只有抄底也就是背离抄底、捕捉"洗盘结束点"也就是上下背离买入、捕捉极强势上涨点也就是 MACD 连续两次翻红买入这些功能，投资者还可以使用它来成功逃顶，找到最佳卖点。使用 MACD 找到最佳卖点的方法有以下几点：

首先，调整好 MACD 相关参数。在 MACD 的快速 EMA 参数设定成 8，慢速 EMA 参数设定为 13，DIF 参数设定为 9。移动平均线参数分别设定为 5、10、30。其次，寻找卖点。股票卖点有很多，在这里我们只介绍两种最常用有效的方法：

1. 第一卖点或称相对顶

它的含义也就是股价在大幅度上涨之后出现横盘所形成的一个相对高点，投资者特别是投资资金较大的投资者，必须在第一卖点出现时出货或者选择减仓。判断第一卖点形成的技巧是指在股价横盘，MACD 死叉时卖出，也就是在股价经过连续上涨之后出现横盘时，5 日、10 日移动平均线还没有出现死叉，但是 MACD 线先出现死叉时，也就是第一卖点形成的时间，这时应当果断出货或减仓，如图 3-23 所示。

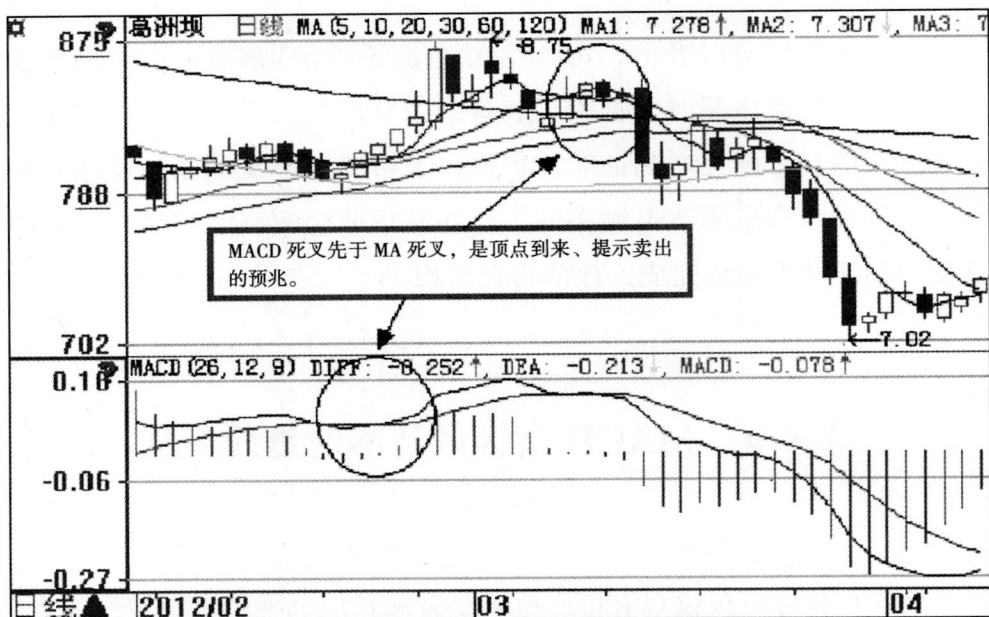

MACD 死叉先于 MA 死叉，是顶点到来、提示卖出的预兆。

图 3-23　葛洲坝（600068）MACD 示意图 1

2. 虚浪卖点或称绝对顶

在形成了第一卖点之后，有一部分股票并未出现大跌，却在回调之后为了出货而制造向上突破的假象，这时多头力量在出货前最后一次拉升，也称为虚浪拉升。这时形成的高点常是一波牛市中的最高点，也称为绝对顶点，若投资者在这时还没有顺利出货离场的话，将会出现非常严重的后果，如图 3-24 所示。

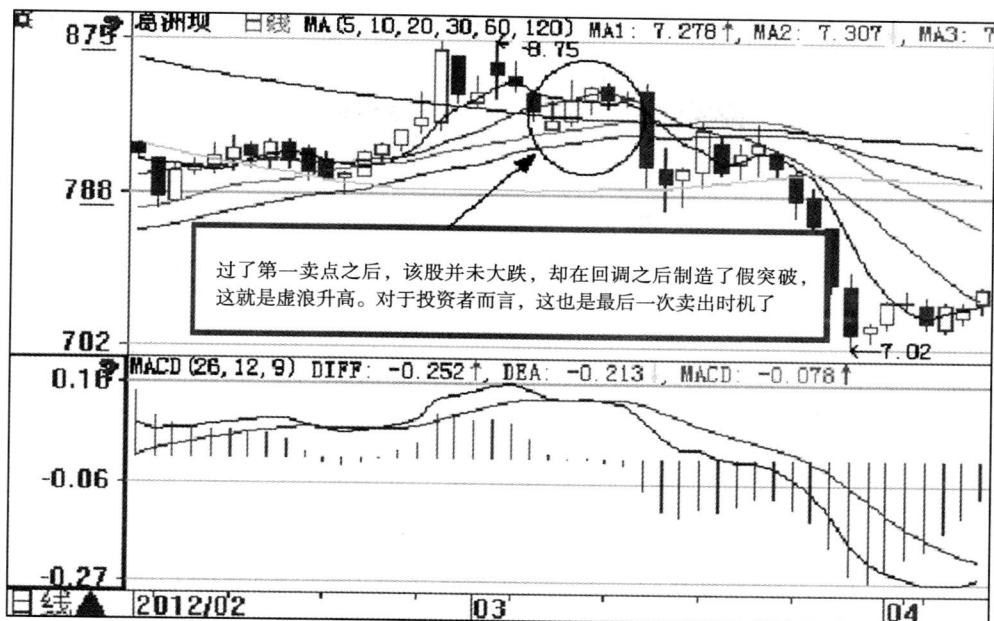

图 3-24　葛洲坝(600068)MACD 示意图 2

　　绝对顶点的判断技巧就是价格、MACD 背离卖出，也就是在股价运行到虚浪拉升创造出最高价格时，MACD 指标却不能够配合创出新高，两者之间走势出现背离。这也就是股票见顶的一个明显信号。这就说明，投资者要在绝对顶点时卖出股票，绝对不能等到 MACD 出现死叉时再出货，若选择在 MACD 死叉时出货，股价已经进行下跌，并且下跌较多。若在虚浪见顶时出货，必须参考 K 线组合。

　　通常，若虚浪急拉过程中出现了"高开低走阴线"或者"长下影线涨停阳线"时，也就是卖出的最佳时机。最后需要投资者注意的就是，因为 MACD 指标有滞后性，因此在使用 MACD 寻找最佳卖点时，应当选择适用于大幅拉升之后做平台头的股票，对于那些暴涨暴跌的股票并不适用。还有在以上两点都出现在行情大涨之后时，也就说明在股票主升浪之后，若一只股票还没有出现大幅涨幅，不定期没有出现过主升浪，也就不要使用以上方法来判断。

第五节　应用 MACD 指标的注意事项

一、MACD 指标背驰陷阱

所有技术工具都具有各自独特的优势，但有时这种优势也会变成缺陷。庄家常会利用这些技术工具的缺陷骗线制造陷阱。

在实际应用中，虽然 MACD 的成功率很高，但是还是会出现背驰陷阱的可能。主要表现为：在连续出现暴跌后底背驰原点形成，指标出现斜向上形成底背驰，股价却并没有出现反弹迹象，只是盘平或者盘跌，并且在指标盘升到压力位置时被向下突破，形成了底背驰陷阱，这时需要注意：

背驰陷阱出现之后再次出现指标高级别底背驰时，也就是真正的底部。

例如，2009 年 8 月到 9 月大盘暴跌之后的市场在大量投资者企稳反弹的情况下，指数依旧出现盘滑，并且 MACD 指标出现盘升，但是还是持续暴跌到 2010 年年初才再次出现指标高级别底背驰，中期底部出现。同样，股价在持续暴涨之后也非常可能出现顶背驰陷阱，如图 3-25 所示。

其实，这主要是因为能量级别和指标反应程度难以配合。MACD运行的主要特点就是稳健性，但在暴涨暴跌的行情中就显现出较大的缺陷，也就是说在这种行情中，积聚的能量是不能在一次性背驰中释放完全，并且需要出现多次背驰或者出现更高级别背驰之后，才能得到有效的反转信号。因此，投资者要在股价出现连续暴涨暴跌行情并且 MACD 也出现大开口突破时，不应当马上利用一般背驰原理得出的

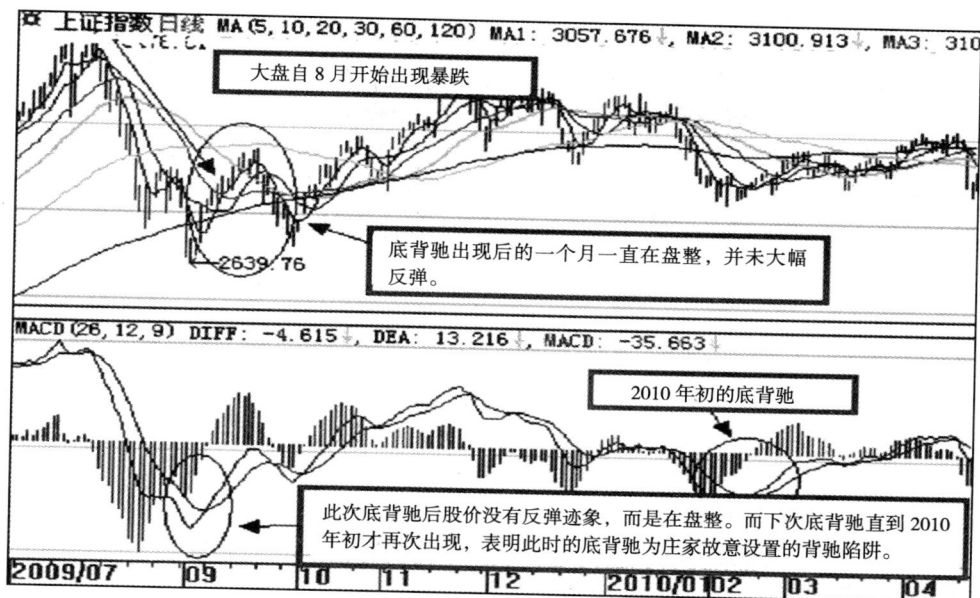

图 3-25 上证指数(000001)MACD 示意图

反转信号才进行操作，最好是在出现多次背驰或者出现高级别背驰之后再进行操作更为可靠安全。

二、股票软件上的 MACD 指标参数设定与修改

在各类网上分析软件上，关于 MACD 指标参数的修正方法比较相近，下面就以大智慧软件为例，介绍一下 MACD 指标参数修改方法。这种修改方法较为简单，通过鼠标右键来进行操作即可。具体修改步骤为：

（1）进入某只股票 K 线图后点击工具栏中的"画面"，如图 3-26 所示。

（2）在"画面"的技术指标对话框中，找到趋向指标中的 MACD 指标，如图 3-27 所示。

（3）点击该技术指标参数设定，这里将短期平滑移动平均值设置为 12 天，长期平滑移动平均值设置为 26 天，点击确定就可以完成设定了，如图 3-28 所示。

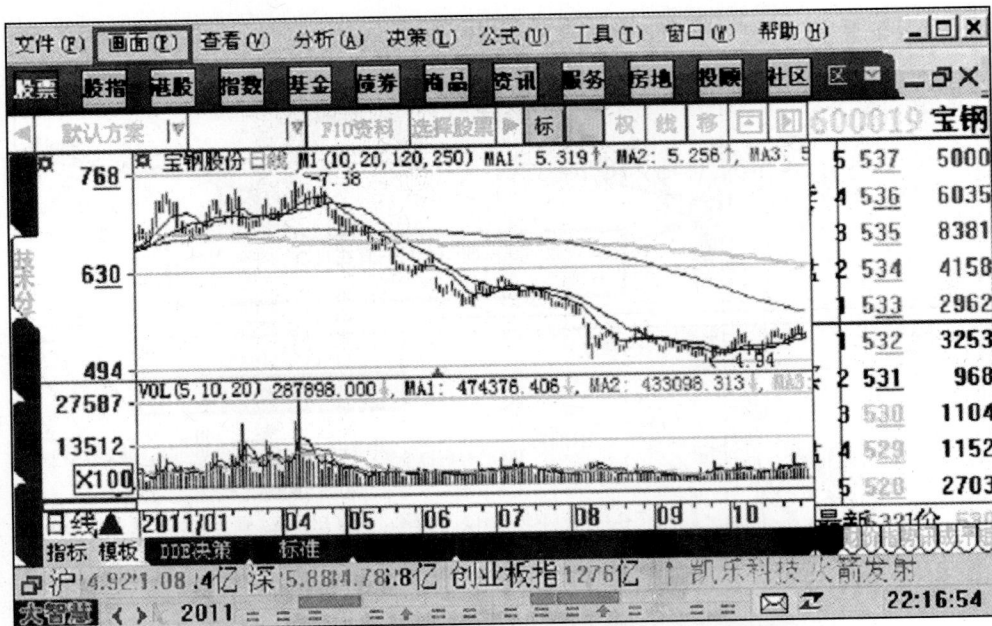

图 3-26　宝钢股份(600019)在大智慧软件中 K 线截面图

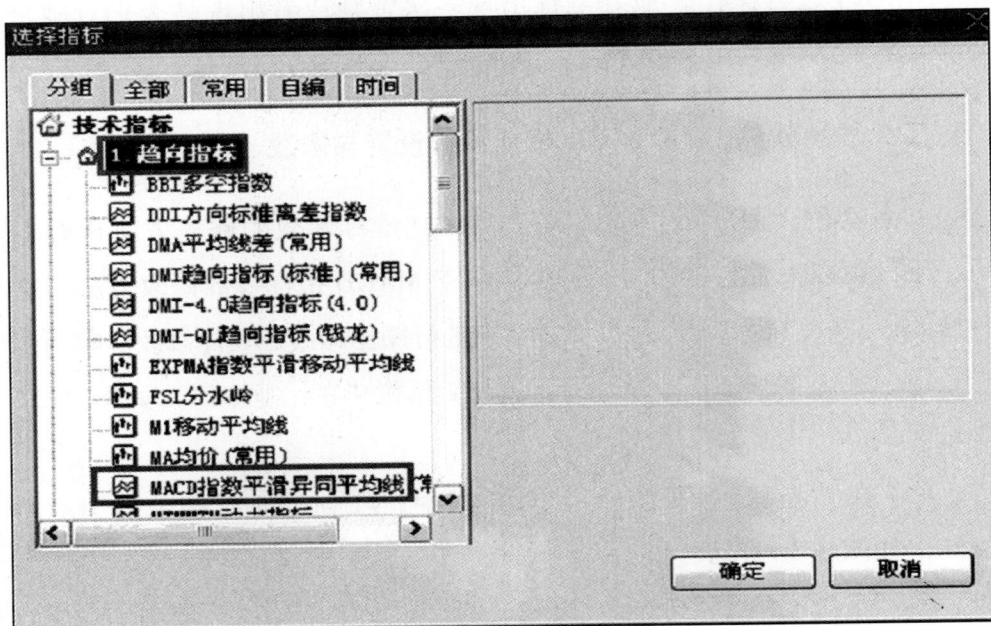

图 3-27　MACD "选择指标" 对话框

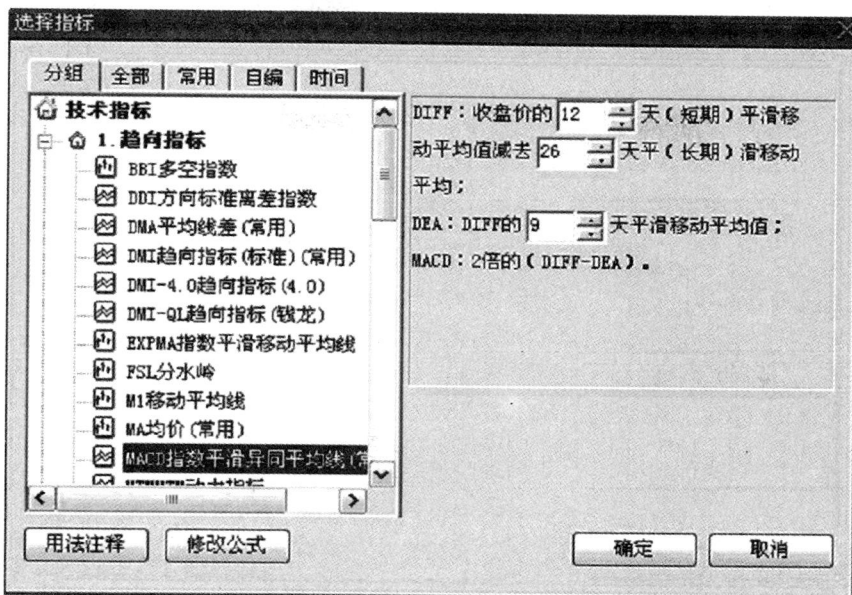

图 3-28　MACD "选择指标"对话框

（4）修改天数可以利用上述方法自由选择，如果要修改该指标的生成公式，可以点击上图中的修改公式一项，进行高级设定，如图 3-29 所示。

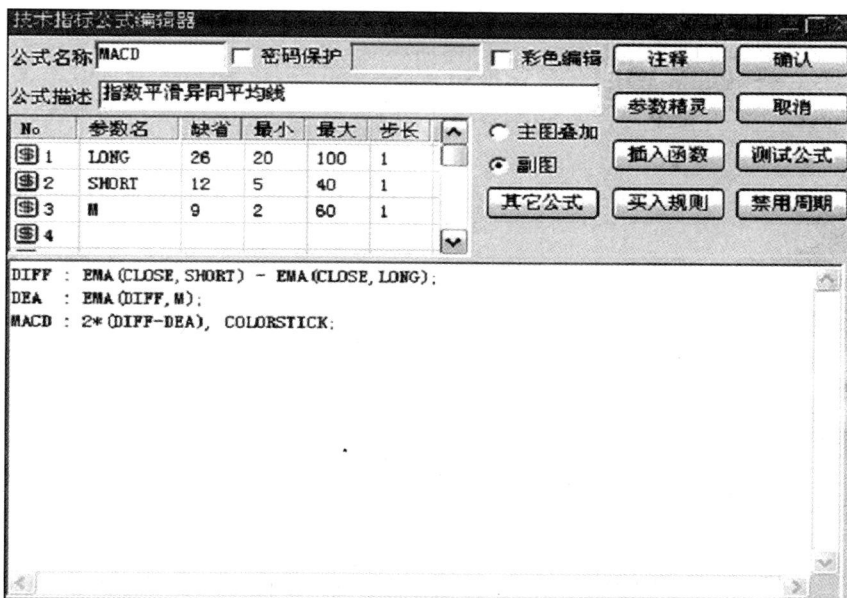

图 3-29　MACD 技术指标公式编辑器

小 结

（1）MACD 金叉：当 DIF 由下向上突破 DEA 形成 MACD 金叉，为买入信号。

（2）MACD 死叉：当 DIF 由上向下突破 DEA 形成 MACD 死叉，为卖出信号。

（3）MACD 绿转红：当 MACD 由负变正，股市由空头转为多头。

（4）MACD 红转绿：当 MACD 由正变负，股市由多头转为空头。

（5）当 DIF 与 DEA 都在 0 轴线以上，即都为正值时，大势属多头市场，DIF 向上突破 DEA，这时即可买入。

（6）当 DIF 与 DEA 都在 0 轴线以下时，即均为负值时，大势属空头市场，DIF 向下突破 DEA，这时即可卖出。

（7）当 DEA 与 K 线趋势发生背离时，一般为趋势反转信号。

（8）DEA 在盘整局面时的失误率非常高，这时可以配合 RSI 及 KDJ 指标，可适当弥补其缺点。

（9）MACD 也有日线、周线之分，周线中的 MACD 指标分析结果往往比日线的 MACD 指标结果要可靠。

（10）MACD 指标在停牌或涨跌停期间容易失效，因此最好在复权价位下运用。

趋势指标四 BOLL 通道

对于投资者来说，了解当前市场的变化才能够更好地预测出后市的变化，紧密地跟踪市场变化才能及时改变市场操作从而获利。投资者怎么才能够紧密地跟踪市场的变化呢？这就需要使用 BOLL 通道指标。BOLL 指标的特点就是跟踪股市的趋势从而使投资者更为清晰地了解市场趋势，进行更为可靠的股市操作。BOLL 指标不仅能够清楚地反映出当前市场的趋势变化；同时，也是一种简便、有效的操作方法。

第一节 BOLL 指标简介

一、什么是 BOLL 指标

BOLL 指标也就是布林线指标，英文全称为 "Bolinger Bands" 布林线（BOLL），它是约翰·布林先生利用统计原理得出的股价标准差和股价信赖区间，以此来确定股价波动范围和未来走势。

股票价格安全的高低是利用波带来表现出来的，也被称为布林带。它的上限以及下限周围并不固定，伴随着股价波动而变化。布林指标和麦克指标都属于路径指标，股价波动处于上限和下限之间区域时，

这条带状区宽窄跟随着股价波动而改变宽窄，股价波动较大时，带状区变宽；股票波动较小时，带状区变窄。

在大智慧股票分析软件中，BOLL 指标总共是通过四条线组成的，也就是上轨线 UP、中轨线 MID、下轨线 LOW 以及价格线所组成。其中这四条线都使用不同颜色的线条来表示，分别为：蓝色线、赭石色线、白色线、紫色线，如图 4-1 所示。

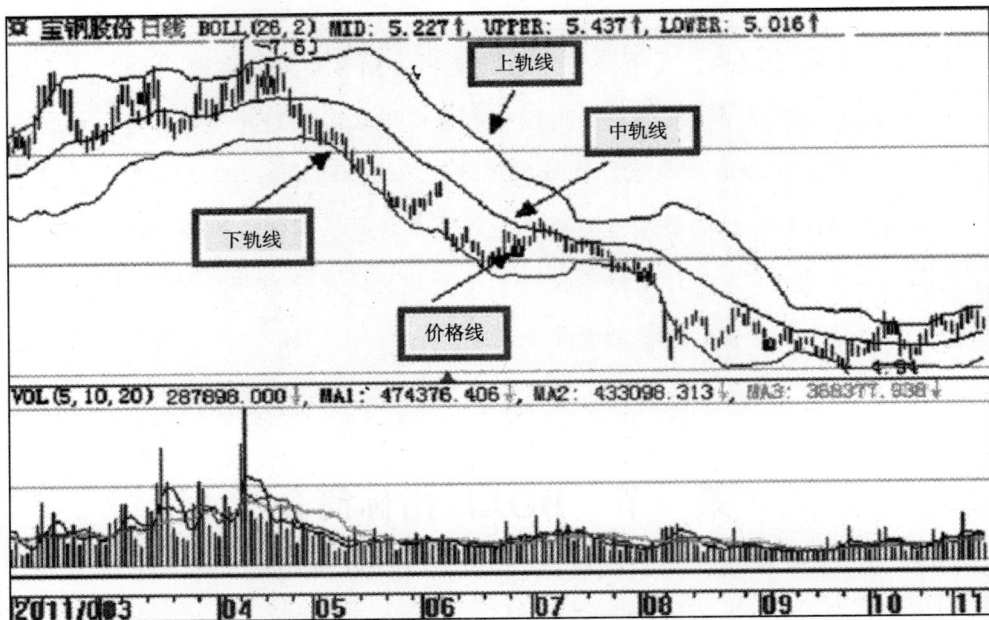

图 4-1　宝钢股份（600019）BOLL 指标示意图

在实战中，BOLL 指标和其他大部分技术指标相同，需要了解 BOLL 指标的计算方法以及过程，才可以更加深入地从实质上了解 BOLL，为指标分析做基础。

二、BOLL 技术图形中上轨、中轨、下轨的意义和关系

如图 4-2 所示，BOLL 指标中的上轨就是布林线中最上方运行的线路；中轨就是中间运行的线路；下轨就是在最下方运行的线路。

　　我们应用 BOLL 技术指标，其中最简单易行的一项就是观察上轨、中轨、下轨线路的走势以及三者形成的态势关系，以此来判断该股的基本走势以及买卖信号。这里我们分为五种情况说明：

　　（1）在布林线上中下轨线同时出现向上运行时，说明股价强势特征极其明显，股价在未来短期将还会持续上涨，投资者应当持股待涨或是逢低买进。

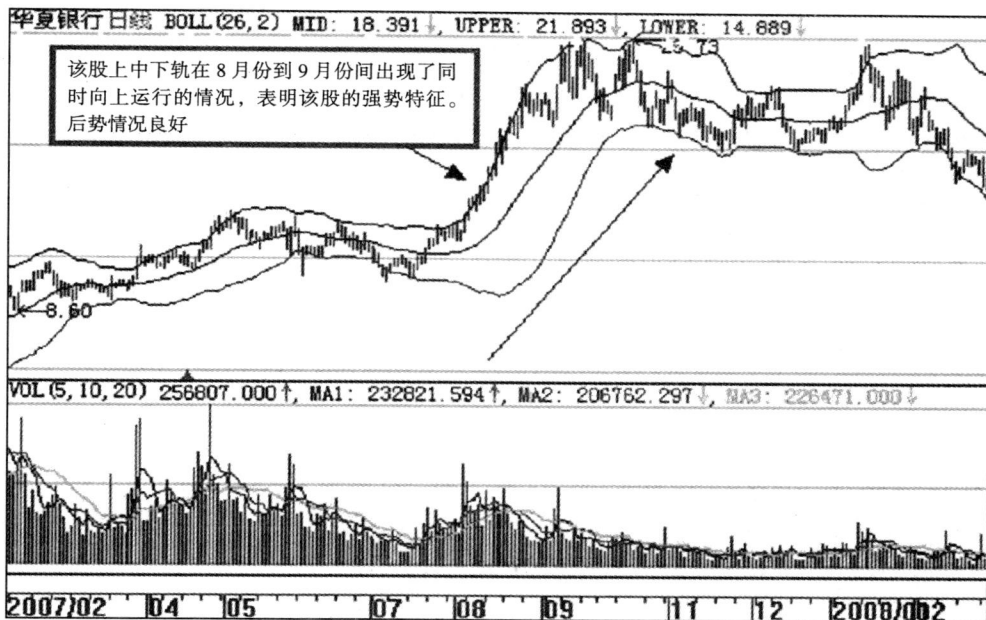

图 4-2　华夏银行（600015）BOLL 示意图

　　（2）在布林线上中下轨线同时出现向下运行时，说明股价弱势特征极其明显，股价将会在未来短期内持续下跌，投资者应当持币观望或逢高出货，如图 4-3 所示。

　　（3）在布林线上轨线出现向下运行时，中轨线以及下轨线却依旧向上运行，这表明股价正在整理态势中。若股价处于长期持续上涨时期中，那就说明股价是上涨期间出现强势整理，投资者应当持股观望或是逢低短线买入，如图 4-4 所示。

华电国际日线 BOLL(26,2) MID: 2.918↑ UPPER: 3.261↑ LOWER: 2.574↑

该股在 2011 年 4~10 月，上中下三条线同时向下运行，表明了该股的出货态势，投资者宜及时出货

VOL(5,10,20) 32071.000↑ MA1: 97588.000↓ MA2: 151604.797↓ MA3: 122605.953

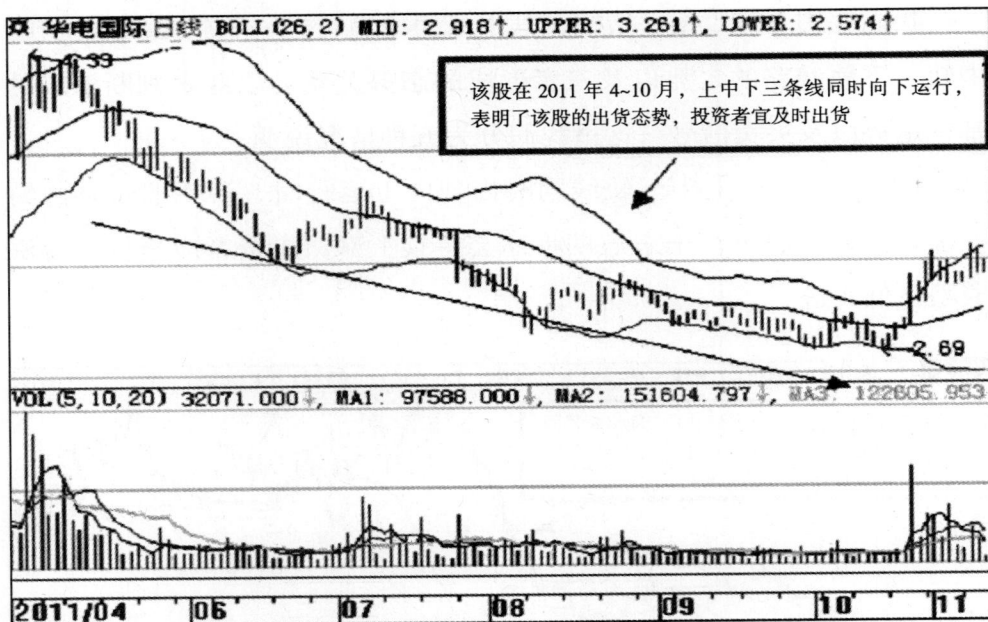

图 4-3 华电国际(600027)BOLL 示意图

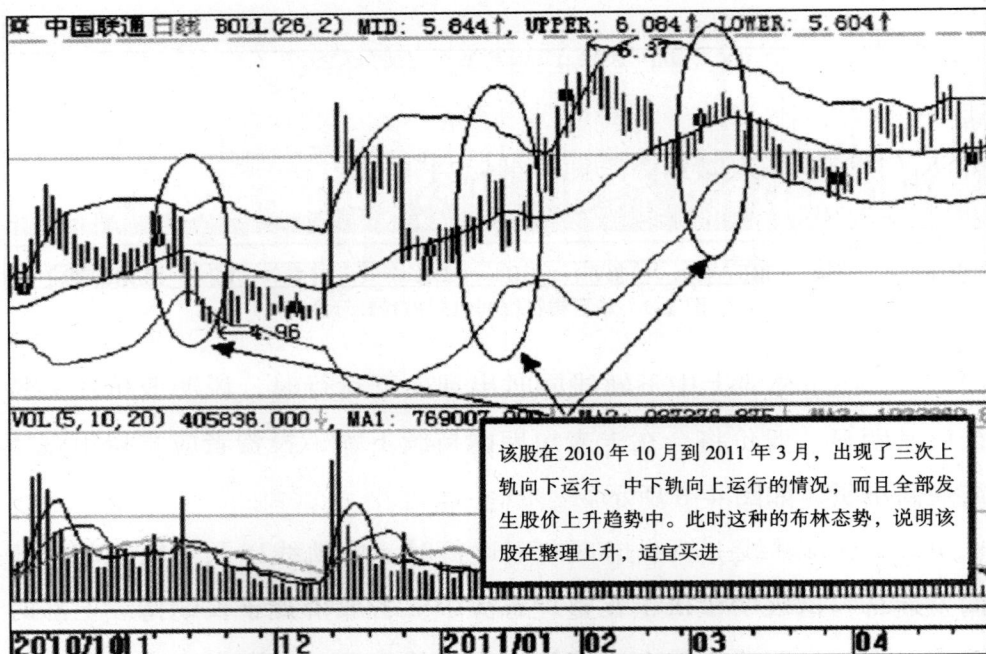

中国联通日线 BOLL(26,2) MID: 5.844↑ UPPER: 6.084↑ LOWER: 5.604↑

VOL(5,10,20) 405836.000↑ MA1: 769007.000

该股在 2010 年 10 月到 2011 年 3 月，出现了三次上轨向下运行、中下轨向上运行的情况，而且全部发生股价上升趋势中。此时这种的布林态势，说明该股在整理上升，适宜买进

图 4-4 中国联通(600050)BOLL 示意图

若股价处在长期持续下跌时期，就说明股价是下跌过程中的弱势整理，投资者应当持币观望或者逢高减仓，如图 4-5 所示。

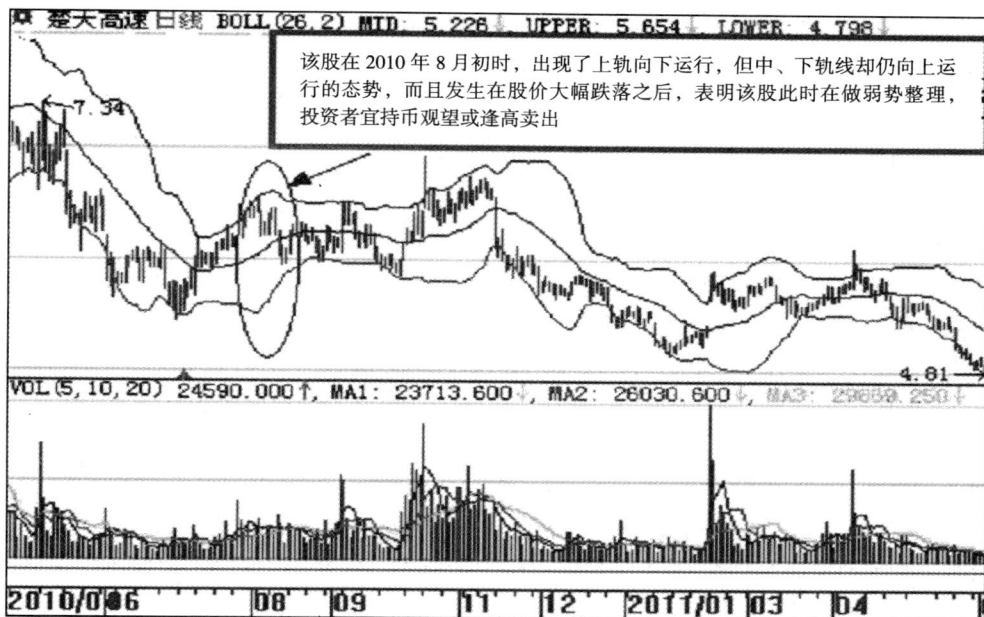

图 4-5　楚天高速(600035)BOLL 示意图

（4）布林线上轨线出现向上运行的趋势时，中轨线以及下轨线同时向下运行的可能性较小。

（5）在布林线的上中下轨线基本同时出现在水平方向横向运行时，需要看股价目前走势的情况来判断。

三、布林带宽

布林带宽其实是在 BOLL 指标基础上延伸形成的一个新指标，在这里我们主要应用其震荡幅度的原理来阐释如何用 BOLL 上中下轨道线来判断股价走势。

我们首先需要了解的一点是：不仅是上中下轨道线的走势上涨幅度能够给我们提供走势信息，还有每两条线间的距离大小以及震荡幅

度大小都是我们研判走势的工具。

也就是说，布林线上下两线间的距离反映了近期股价的平均震荡程度，布林线距离越宽震荡越剧烈，距离越窄震荡越小。

作为投资者，我们就可以利用平均震荡幅度的大小做出下一步的举动。比如，当震荡幅度较大时，做短线会提高判断的准确性，得到更多的获利机会；反之，如果振幅很小的话，就不太适合做短线投资了。

这样的判断我们用 BOLL 指标的三条线就可以看出来，但是如果想要得到更为精确的宽度和震荡幅度，我们就可以在使用 BOLL 通道指标的同时，结合布林带宽指标（布林带宽就是把布林线中线到上轨或下轨的距离作为一个指标画成）一起应用。

第二节　BOLL 指标的原理和计算方法

一、BOLL 指标的原理

BOLL 指标的创始人是股市分析家约翰·布林。他利用统计学的标准差原理创造出这种非常简单实用的技术分析指标。通常，股价的运动是以某一价值中枢如均线、成本线等为中心，围绕其在一定范围内所出现的价格变动。

布林线的指标也就是依据以上条件为基础，并且加入了股价信道的概念，其认为股价信道随着股价上下波动而出现宽窄的变化，股价信道还具有变异性，股价信道根据股价变化而出现自动调整。投资者因为它具有灵活性、直观性以及趋势性的特点，而成为股票市场中应用最广泛的指标之一。

　　在各种技术分析指标当中，BOLL 属于较为特殊类的指标之一。很多技术分析指标通常是利用数量方法制造出来的，其本身并不需要依赖趋势分析以及形态分析，而 BOLL 指标并非如此，它和股价形态以及趋势有着密不可分的关系。BOLL 指标的"股价信道"概念就是趋势理论的直接表现形式。

　　BOLL 是根据股价信道来表现股价所处的价位，在股价波动小，处于盘整时，股价信道也会变窄，表明股价处于暂时平静期；在股价波动处于狭窄股价信道上轨时，预示着股价将会出现相当激烈的上涨趋势；当股价波动超过狭窄股价信道下轨时，也就预示着股价将会出现激烈的下跌趋势。

　　投资者通常能够遇到的两种交易陷阱：第一种是买低陷阱，第二种是卖高陷阱。买低陷阱也就是投资者在所谓的低价买进股票之后，股价并没有出现止跌上涨，反而依然持续下跌；卖高陷阱也就是投资者在所谓的高点卖出之后，股价却依然持续上涨。

　　布林线认为市场间是存在互动的，市场内外的变化都是具有相对性的，并不存在绝对性，股价高低也是相对的，股价处于上轨线之上或是下轨线之下都只是反映股价相对较高或较低，投资者在实际操作之前还应该综合参考其他技术指标进行具体判断。例如，价量配合、心理类指标、类比指标、市场间的关联数据等技术指标。

　　总而言之，BOLL 指标的股价信道对于股市行情走势的预测还是具有相当重要的参考作用的，BOLL 指标的股价信道也是 BOLL 指标独特的分析手段。

二、BOLL 指标的计算方法

　　与其他的趋势指标相比，BOLL 指标的计算方法可以算是最复杂的计算方法之一。BOLL 指标的计算引进了统计学中的标准差概念，同时

还要兼顾中轨线（MB）、上轨线（UP）和下轨线（DN）的计算。

另外，和其他指标的计算一样，由于选用的计算周期的不同，BOLL 指标也包括日 BOLL 指标、周 BOLL 指标、月 BOLL 指标、年 BOLL 指标以及分钟 BOLL 指标等各种类型。投资者经常使用的是日 BOLL 指标和周 BOLL 指标。因为时间参数不同，所以它们在计算时的取值也有所不同，不过基本的计算方法都是一样的。

以日 BOLL 指标计算为例，其计算方法如下：

日 BOLL 指标的计算公式为：

中轨线 = N 日的移动平均线

上轨线 = 中轨线 + 两倍的标准差

下轨线 = 中轨线 − 两倍的标准差

日 BOLL 指标的计算过程：

（1）计算 MA。

MA = N 日内的收盘价之和 ÷ N

（2）计算标准差 MD。

MD = 平方根（N − 1）日的（C − MA）的两次方之和除以 N

（3）计算 MB、UP、DN 线。

MB =（N − 1）日的 MA

UP = MB + k × MD

DN=MB−k×MD

（k 为参数，可根据股票的特性来做相应的调整，一般默认为 2）

第三节　如何根据 BOLL 指标确定买卖时点

一、BOLL 上行态势分析

BOLL 指标上行态势中，有一个很重要的现象就是：股价运行在 BOLL 指标中轨的上方，即使有回落的趋势也会被中轨支撑起来。这对投资者来说是个很好的研判信息。下面我们列举几个例子来说明。

1. 长城电工（600192）

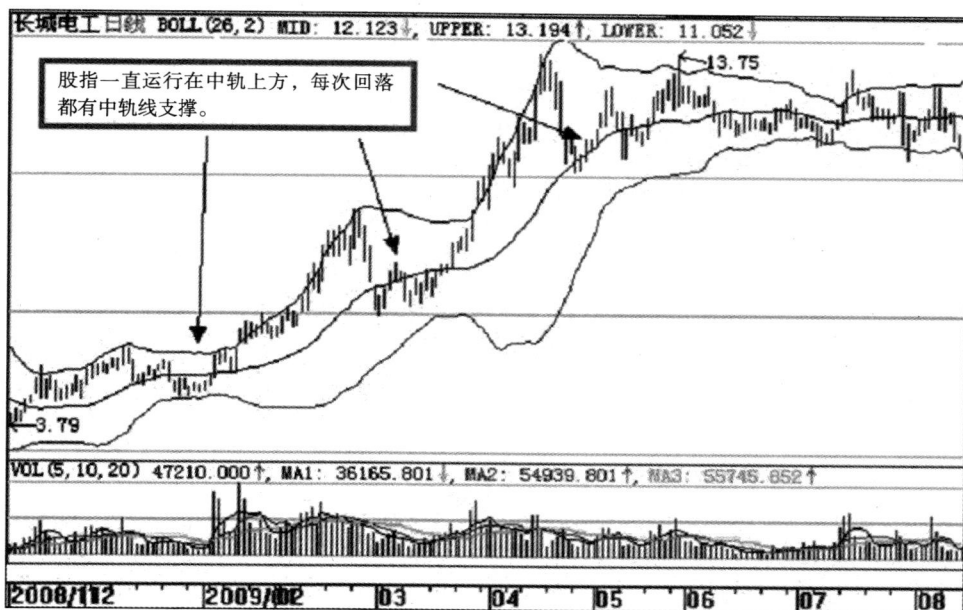

图 4-6　长城电工（600192）BOLL 示意图

从 2008 年 11 月 5 日一直到 2009 年 6 月 1 日，股指一直运行在 BOLL 中轨的上方，每次回落（图 4-6 中箭头所指处）也均受到 BOLL

中轨的支撑。从 2008 年 11 月 5 日一直到 2009 年 6 月 1 日，该股股价
涨幅高达 400% 左右。

2. 中纺投资（600061）

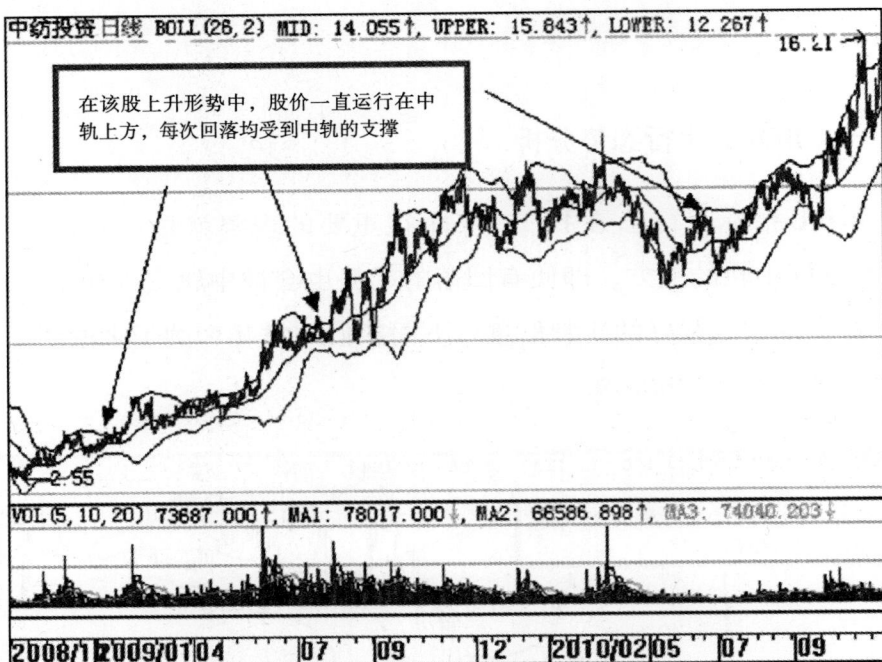

图 4-7 中纺投资（600061）BOLL 示意图

从 2008 年 10 月 30 日到 2010 年 9 月 23 日，长达两年的时间里，
该股股价一直运行在 BOLL 中轨的上方，每次回落（图 4-7 中箭头所
指处）均受到中轨的支持。从 2008 年 10 月 30 日到 2010 年 9 月 23
日，该股股价上升 60 倍之多。

3. 海信电器（600060）

从 2008 年 10 月 31 日一直到 2010 年 1 月 20 日，海信电器一直运
行在 BOLL 中轨的上方，每次回落（图 4-8 中箭头所指处）均受到中
轨的支持。从 2008 年 10 月 31 日一直到 2010 年 1 月 20 日，该股股价
上升将近 30 倍。

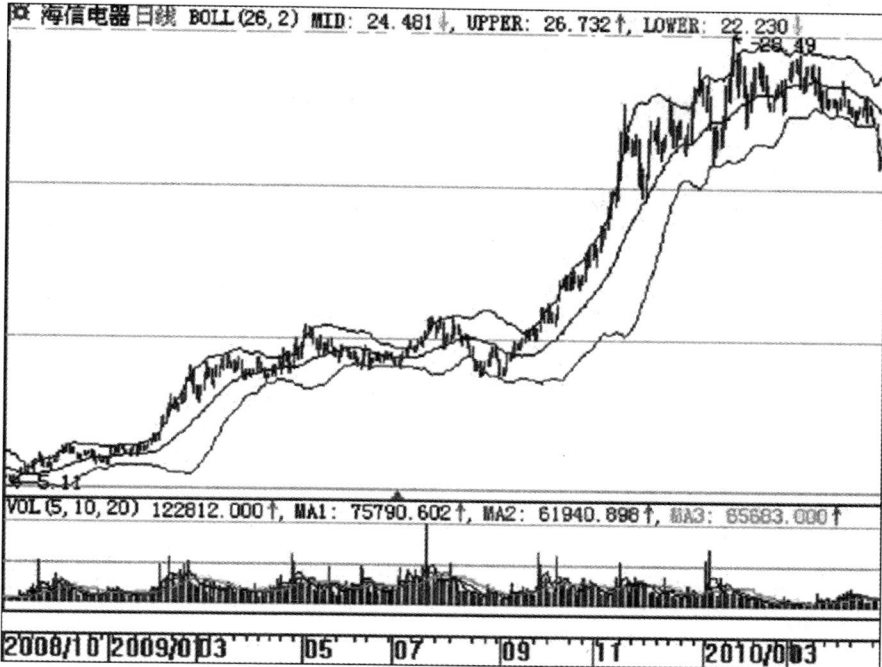

图 4-8　海信电器(600060)BOLL 示意图

二、BOLL 下行态势分析

BOLL 下行态势中，也有一个非常重要的现象，即个股在下行态势中，股价基本上在 BOLL 中轨的下方运行，即使有反弹迹象，也会被中轨线压制回去。对于投资者来说，这同样是个非常重要的研判信息。下面我们就详细研究如何从趋势和 BOLL 指标来寻找卖点。

1. 保利地产（600046）

保利地产（600048）于 2009 年 7 月 24 日至 2010 年 5 月 18 日，长达一年多的时间内，一直处于下跌状态，且在此状态内，该股股价一直运行于 BOLL 指标的中轨线之下，每次反弹都会受到中轨线的压制（图 4-9 中箭头所指处），转而又向下运行。从 2009 年 7 月 24 日至 2010 年 5 月 18 日这段时间内，该股跌幅达 11%。

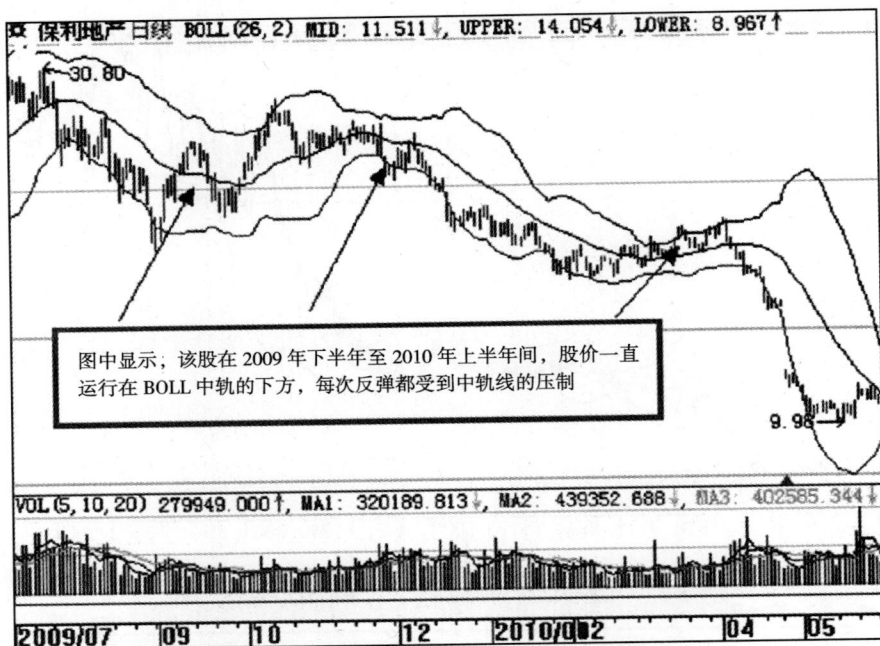

图中显示：该股在 2009 年下半年至 2010 年上半年间，股价一直
运行在 BOLL 中轨的下方，每次反弹都受到中轨线的压制

图 4-9　保利地产(600048)BOLL 示意图

2. 百科集团 （600077）

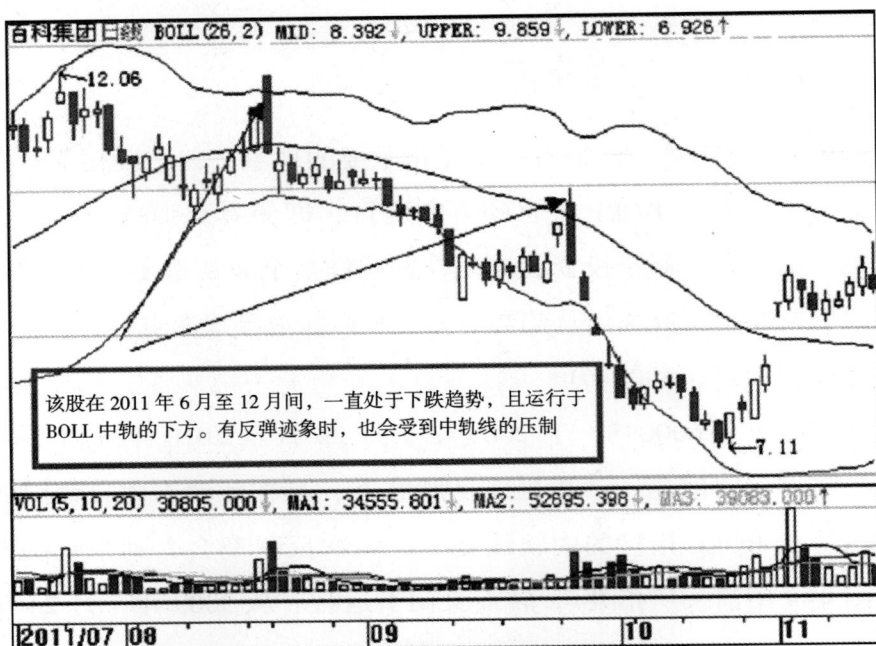

该股在 2011 年 6 月至 12 月间，一直处于下跌趋势，且运行于
BOLL 中轨的下方。有反弹迹象时，也会受到中轨线的压制

图 4-10　百科集团(600077)BOLL 示意图

百科集团（600077）于 2011 年 6 月至 12 月间，一直处于下跌状态，且在此状态内，该股股价一直运行于 BOLL 指标的中轨线之下，每次反弹都会受到中轨线的压制（图 4-10 中箭头所指处），转而又向下运行。从 2011 年 6 月至 12 月这段时间内，该股跌幅达 60%。

3. 中船股份（600072）

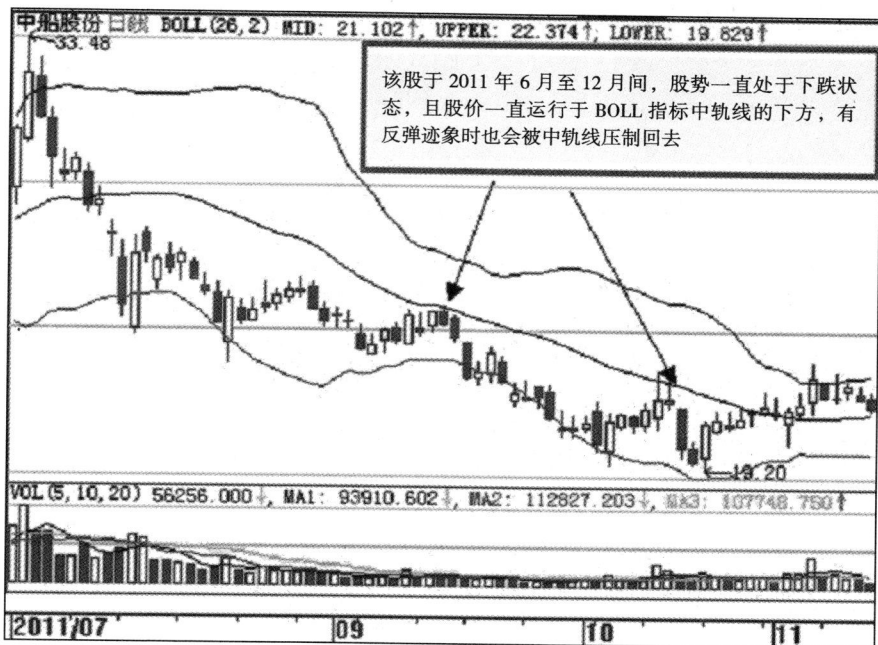

图 4-11　中船股份(600072)BOLL 示意图

中船股份（600072）于 2011 年 6 月至 12 月间，一直处于下跌状态，且在此状态内，该股股价一直运行于 BOLL 指标的中轨线之下，每次反弹都会受到中轨线的压制（图 4-11 中箭头所指处），转而又向下运行。从 2011 年 6 月至 12 月这段时间内，该股跌幅达 62%。

三、BOLL 上轨的高抛技巧

布林线的上轨是研判卖点的重要信号，在实战应用中，一般有以下三种情况：一是股价突破中轨时，但是遇到来自上轨压力的时候，构成卖点；二是 BOLL 线走平，股价跌破中轨时，构成卖点；三是当股价短暂突破上轨的时候，旋即又跌破上轨时也构成卖点。

1. 股价突破中轨，遭遇到上轨压力

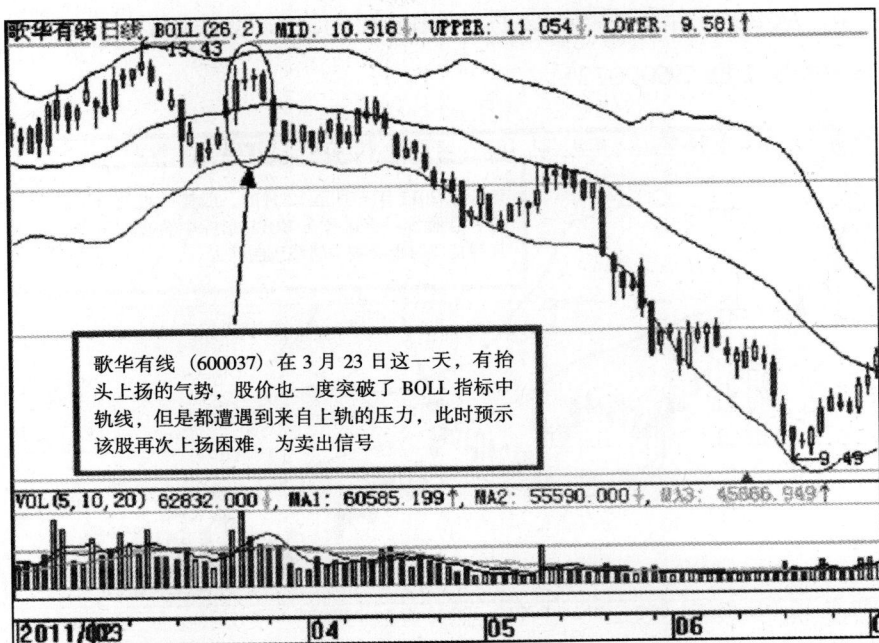

图 4-12　歌华有线（600037）BOLL 指标示意图

歌华有线（600037）在 2011 年初时，BOLL 指标逐渐走平且显露出逐渐下跌的趋势，再加上股价在突破中轨线却被上轨线阻拦回去的情况，可以看出，该股股价在近期内难以拔高。

2. BOLL 线走平，股价跌破中轨

黄山旅游（600054）与上面的歌华有线（600037）有个相同的地方，就是当股价难再上涨之后，BOLL 指标就会逐渐走平，其实这本身对于投资者来说就是个重要的研判信号。此时，如果遇到股价跌破BOLL 中轨线的话，则要立即卖出止损。

3. 股价短暂突破上轨的时候，旋即又跌破上轨

南京高科（600064）同样是在 BOLL 线走平的情况下，虽然在

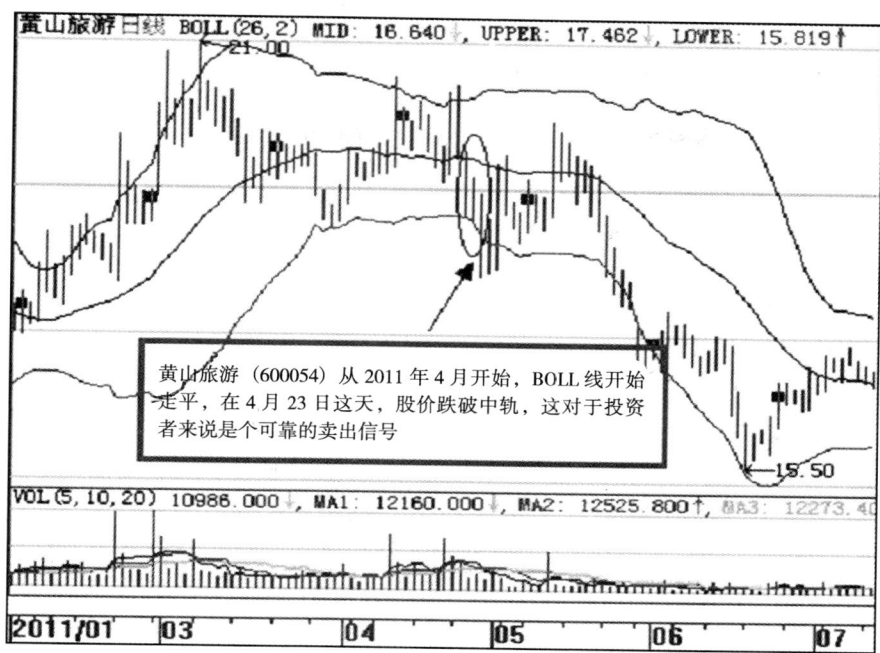

图 4-13　黄山旅游(600054)BOLL 指标示意图

黄山旅游（600054）从 2011 年 4 月开始，BOLL 线开始走平，在 4 月 23 日这天，股价跌破中轨，这对于投资者来说是个可靠的卖出信号

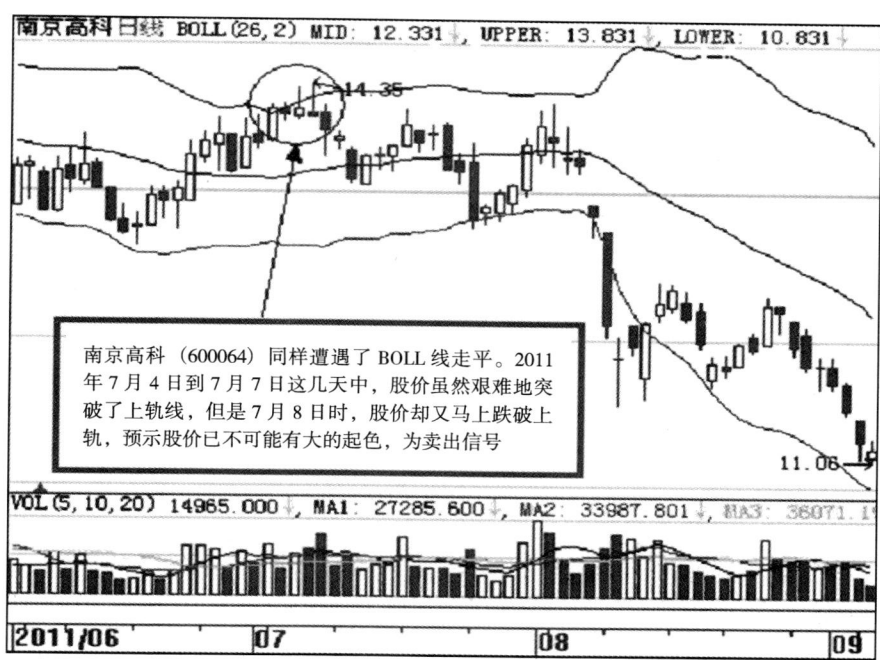

图 4-14　南京高科(600064)BOLL 指标示意图

南京高科（600064）同样遭遇了 BOLL 线走平。2011年 7 月 4 日到 7 月 7 日这几天中，股价虽然艰难地突破了上轨线，但是 7 月 8 日时，股价却又马上跌破上轨，预示股价已不可能有大的起色，为卖出信号

2011 年 7 月 4 日到 7 月 7 日连续突破了上轨线，股价有所上扬，但是由于上轨的压力，并没有掀起大的波澜，旋即又跌破上轨，此时需及时卖出止损。

四、BOLL 中轨的买卖信号

布林线中轨既可以告诉投资者买入信息，也可以提供卖出信号。不过看中轨还不够，还要结合喇叭口的开合，才能得到比较准确的买卖时机。所谓喇叭口，指的是布林线上轨、中轨、下轨三条线共同构成的形态如同一个喇叭一样，其中彼此距离较大的一侧就像一个喇叭口（这点在后面的章节还会详细说明）。一般来说，当布林线喇叭口敞开的时候，同时中轨上涨，投资者能够得到一个明确的买入信息——喇叭口敞开时买入；当布林线喇叭口敞开的时候，同时中轨下跌，则预示卖出时机。

1. 当布林线喇叭口敞开的时候，同时伴随中轨上涨——在喇叭口敞开时买入

从图 4-15 我们可以看出，三一重工（600031）在 2011 年 1 月 27 日，BOLL 指标出现了喇叭口形态，同时中轨线表现了出了上扬趋势，此时投资者可以做出大胆的买入，该股未来的上涨空间很大。

2. 当布林线喇叭口敞开的时候，同时伴随中轨下跌——在喇叭口敞开时卖出

从图 4-16 我们可以看出，招商银行（600036）在 2011 年 7 月 21 日当天，BOLL 指标出现了喇叭口形态，同时中轨线又出现了轻微的下跌，代表当前市场处于下跌的行情中，未来上涨的空间不大，投资者需要尽快将手中的股票卖出。

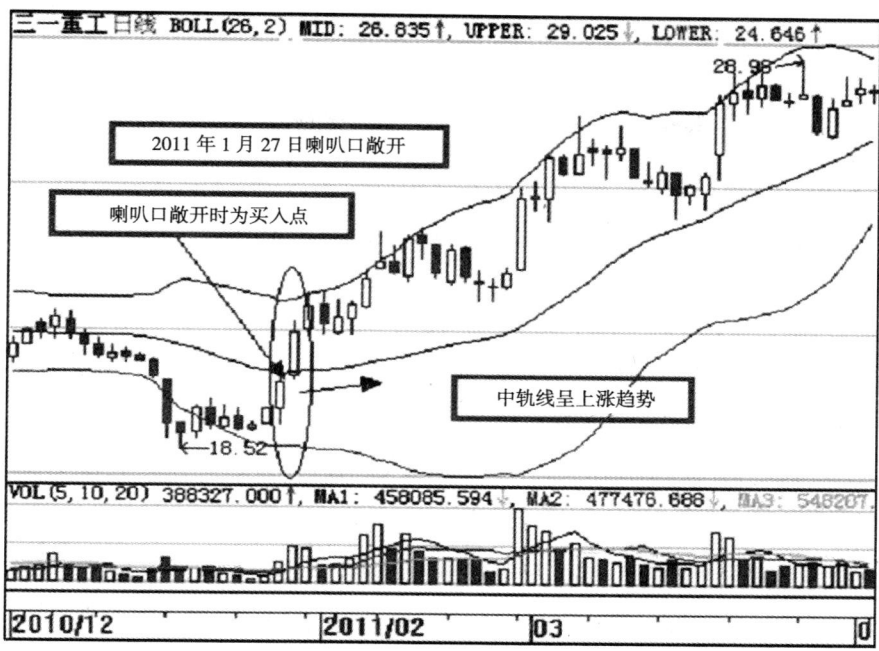

图 4-15　三一重工(600031)BOLL 指标示意图

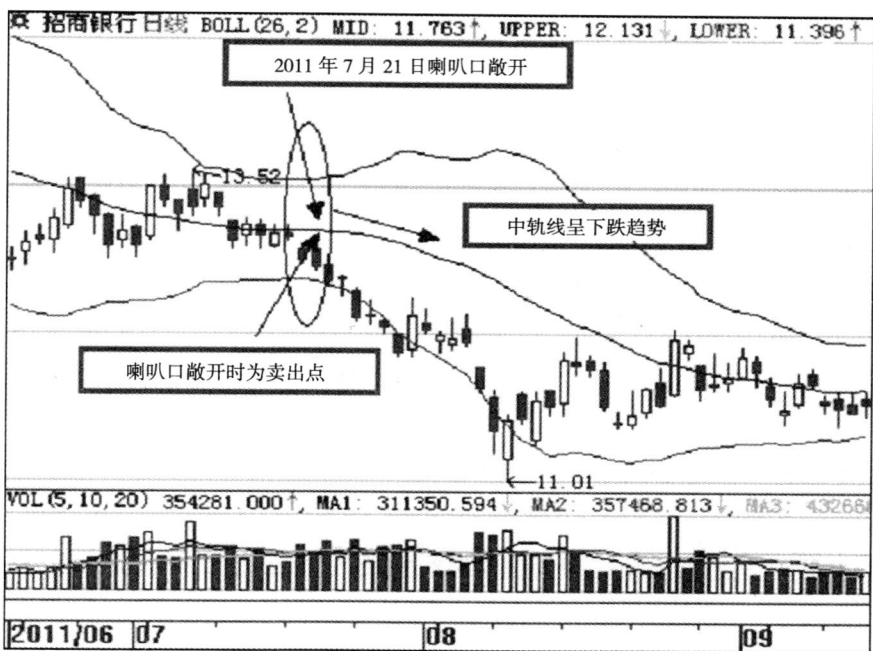

图 4-16　招商银行(600036)BOLL 指标示意图

五、BOLL 下轨的抄底技巧

下轨同样可以给投资者带来买入卖出信号。在观察下轨时，投资者首先要明白下轨相对于上轨对股价的特殊影响作用。前面我们说过，上轨对股价有抑制、压制的作用，而下轨则相反，对股价往往有支撑作用。我们利用上轨最常做的动作是卖出，而看到下轨时我们最常做的动作则是买入，因为当股价运行到底端，出现下轨时，往往是买入抄底的最好时机。

这里同样分两种情况说明：一是当下轨对股价构成明显的支撑作用时，投资者需要在这种支撑作用生效时买入该股；二是股价突破下轨线后，再次回到布林通道内时，可以买入。

1. 当下轨对股价构成明显的支撑作用，支撑作用生效时买入

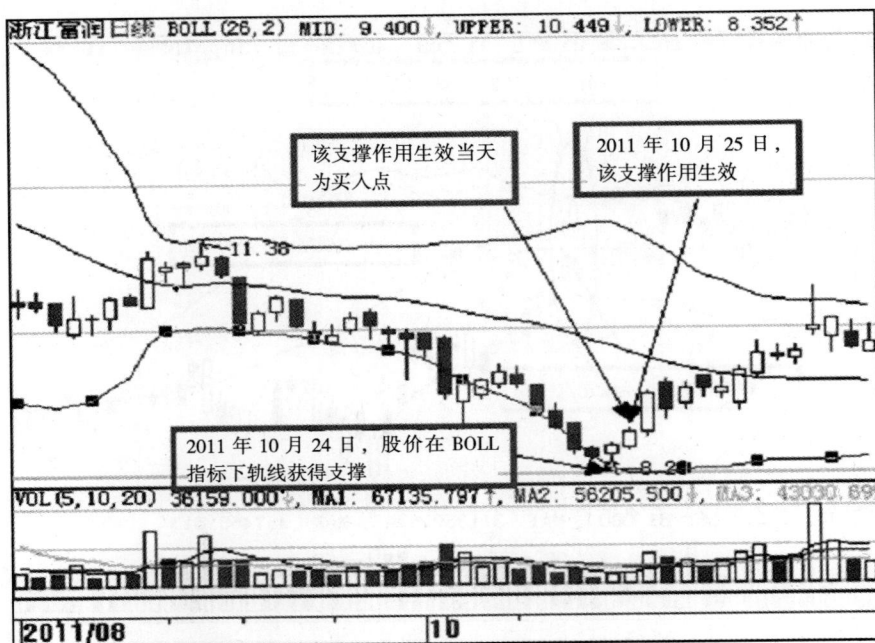

图 4-17　浙江富润(600070)BOLL 指标示意图

114

从图 4-17 浙江富润（600070）2011 年 10 月 24 日的 K 线图看，该股股价遇到了 BOLL 指标的下轨线，且获得了支撑。而第二天，这种支撑力量起到了作用，推动了股价的上涨，预示该股行情的扭转，支撑作用生效当天即可买入。

2. 股价突破下轨线后，再次回到布林通道内时，可以买入

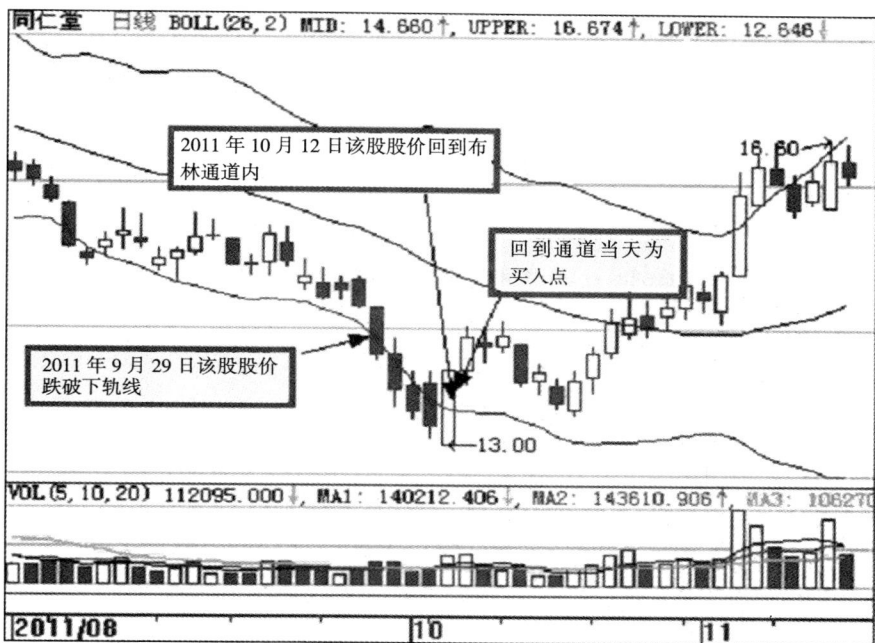

图 4-18　同仁堂（600085）BOLL 指标示意图

与浙江富润的例子不同，同仁堂（600085）的股价虽然没有得到下轨线的支撑，而且一度突破了下轨线，跑到了布林通道之外，表现了此时行情的不稳定甚至恐慌状态，但是短短十几天之后，股价就回到了通道内，则预示了底部的形成，此时买入，是抄底的好时机。

第四节 BOLL 指标开缩口的意义

一、布林线开口的意义

布林线的开口大小和形状，对于投资者来说都具有特殊的意义：

（1）当股价由低位向高位经过数次上升后，布林线最上方的压力线和最下方的支撑线开口达到了最大程度，同时开口不能继续放大转为收缩时，为卖出信号。通常股价紧跟着是一轮大幅下跌或调整行情，如图 4-19 所示。

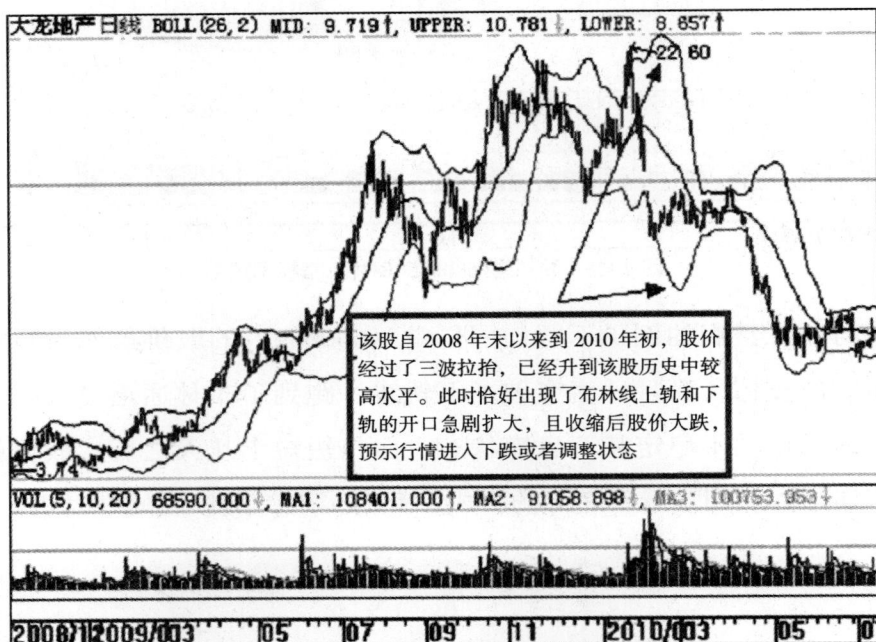

图 4-19 大龙地产（600159）BOLL 指标示意图

（2）当股价经过数次大幅下跌，布林线上限和下限的开口无法继续放大，布林线上限压力线提前由上向下缩口，等到布林线下限支撑线随后由下向上缩口时，一轮跌势行情就即将结束了，如图 4-20 所示。

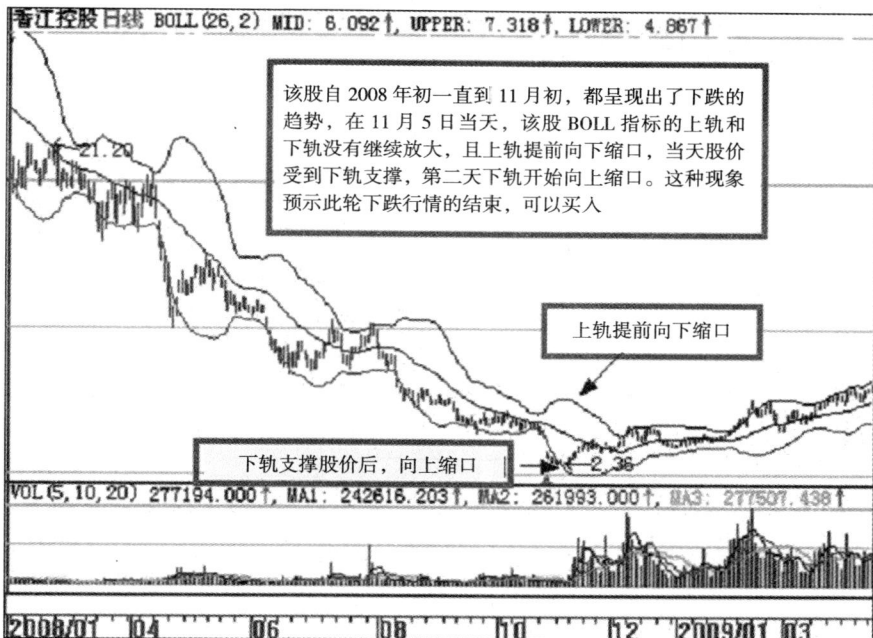

图 4-20　香江控股（600162）BOLL 指标示意图

二、布林线缩口的意义

（1）股价在数波下跌之后，通常紧接着将出现长时间窄幅整理时期，这时我们看到布林线上限以及下线空间极小，越来越近、越来越窄。在盘中的股价最高价和最低价之间相差很小，短线没有利润空间，常会连手续费都挣不到。

（2）若布林线在高位开口极其窄小，这时股价向下破位，布林线开口增大，那么将会开始一轮下跌趋势。

哈空调 日线 BOLL(26,2) MID: 8.520↑ UPPER: 8.970↑ LOWER: 8.070↑

该股自 2009 年开始下跌，一直到 2011 年 10 月，这种态势都没有改变。从布林线的走势上我们可以看出，越是到下跌和整理的后期，布林线的开口越小，股价相差越小，这预示投资者再无观望等待的必要，后面的短期行情已经没有利润空间

VOL(5,10,20) 31337.000↓ MA1: 45141.398↓ MA2: 48294.699↓ MA3: 59391.898↓

2009/12 2010/005 07 09 12 2011/004 06 08 10

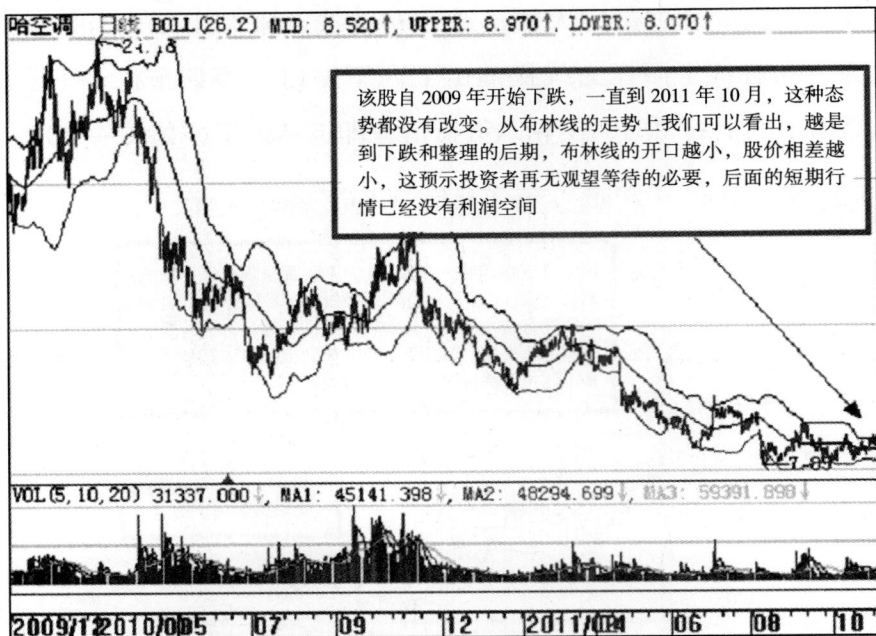

图 4-21　哈空调(600202)BOLL 指标示意图

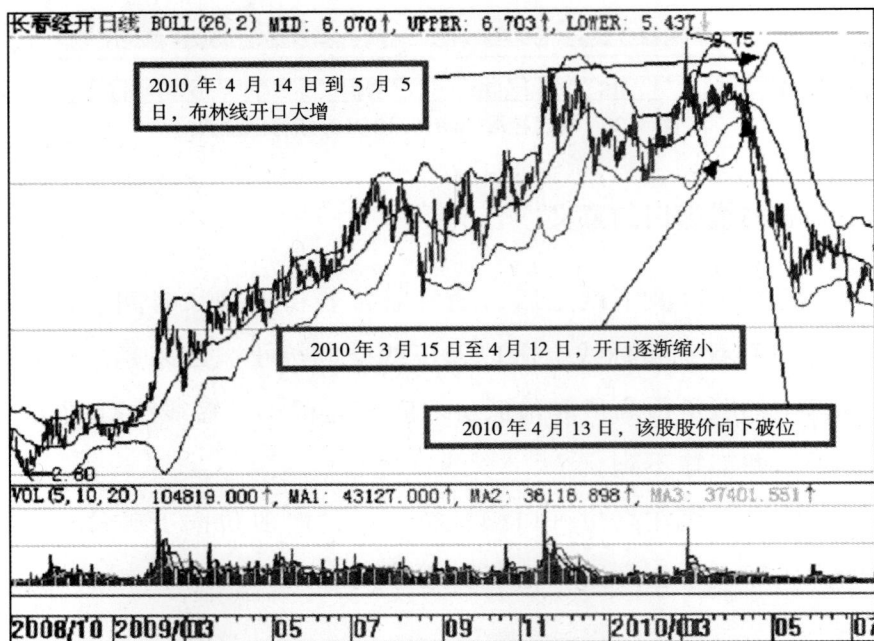

长春经开 日线 BOLL(26,2) MID: 6.070↑ UPPER: 6.703↑ LOWER: 5.437↓

2010 年 4 月 14 日到 5 月 5 日，布林线开口大增

2010 年 3 月 15 日至 4 月 12 日，开口逐渐缩小

2010 年 4 月 13 日，该股股价向下破位

VOL(5,10,20) 104819.000↑ MA1: 43127.000↑ MA2: 36116.898↑ MA3: 37401.551↑

2008/10 2009/003 05 07 09 11 2010/003 05 07

图 4-22　长春经开(600215)BOLL 指标示意图

第五节　布林指标"喇叭口"判断法

布林线"喇叭口"的研判是 BOLL 指标所独有的研判手段。

所谓布林线"喇叭口"是指在股价运行的过程中，布林线的上轨线和下轨线分别从两个相反的方向与中轨线大幅扩张或靠拢而形成的类似于喇叭口的特殊形状。

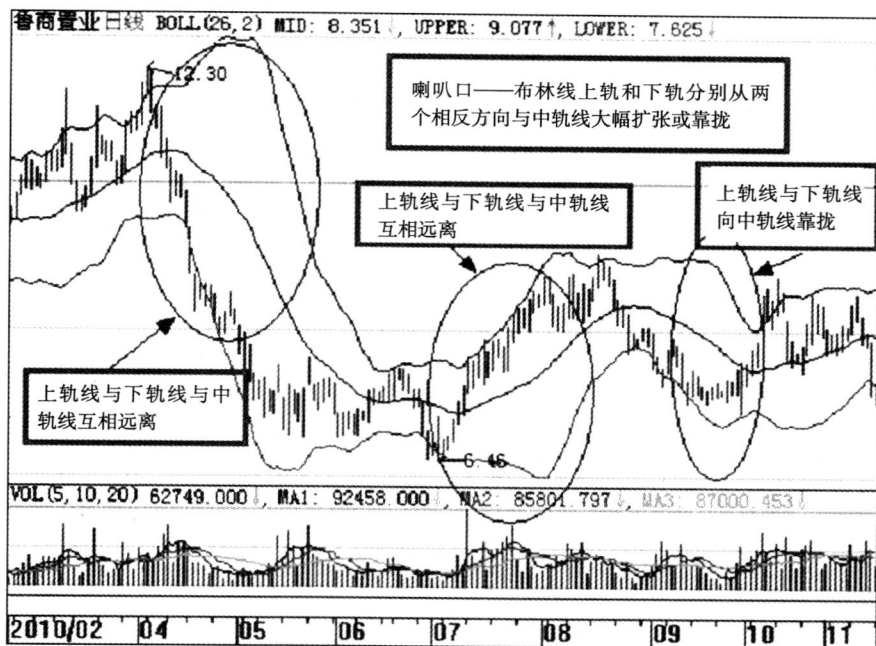

图 4-23　鲁商置业(600223)BOLL 指标示意图

如图 4-23 所示，根据布林线上轨线和下轨线运行方向和所处的位置，我们可以将"喇叭口"分为开口型喇叭口、收口型喇叭口和紧口型喇叭口三种类型。

一般来说，开口型喇叭口形态常出现在股票短期内暴涨行情的初

期；而收口型喇叭口形态则常出现在股票暴跌行情的初期；紧口型喇叭口形态则常出现在股价大幅下跌的末期。

一、开口型喇叭口

股价在长时期底部整理以后，布林线上下轨线之间逐步收缩，上下轨线之间距离逐渐减小，成交量逐渐配合增大，股价猛然开始向上急速上涨的行情，这时布林线上轨线也出现急速上升，下轨线则向下加速运行，这样的布林线上下轨道形成了一个和大喇叭相似的形态，我们把布林线这种大喇叭口称为开口型喇叭口。

开口型喇叭口是一种表现股价短线出现大幅度向上突破的形态，它是根据股价长时间低位横盘筑底后，即将向上变盘时呈现的一种走势，布林线上下轨线出现相反方向、力度很大的走势，表明多头力量正在增强，空头力量开始逐渐衰退，股价即将出现大幅度上涨行情。

开口型喇叭口的形态形成需要具备以下两个条件：第一个条件是股价在长时间中低位横盘整理，整理时间长导致上下轨之间距离小，以及未来行情上涨的幅度大；第二个条件就是布林线开始开口时，需要明显的成交量配合，如图 4-24 所示。

开口型喇叭口形态确认是根据美国线或者 K 线向上突破上轨线、股价带量向上突破中长期均线为标准，如果投资者可以在开口型喇叭口形态出现时，及时进行短线买入，将获得颇为理想的利润。

二、收口型喇叭口

在股价经历了短时间大幅度上涨之后，布林线上下轨线逐渐增长。上下轨线之间距离越大，成交量也就配合着逐渐减少，股价将在高位出现快速下跌行情，这时布林线上轨线出现了快速掉头向下，但是下

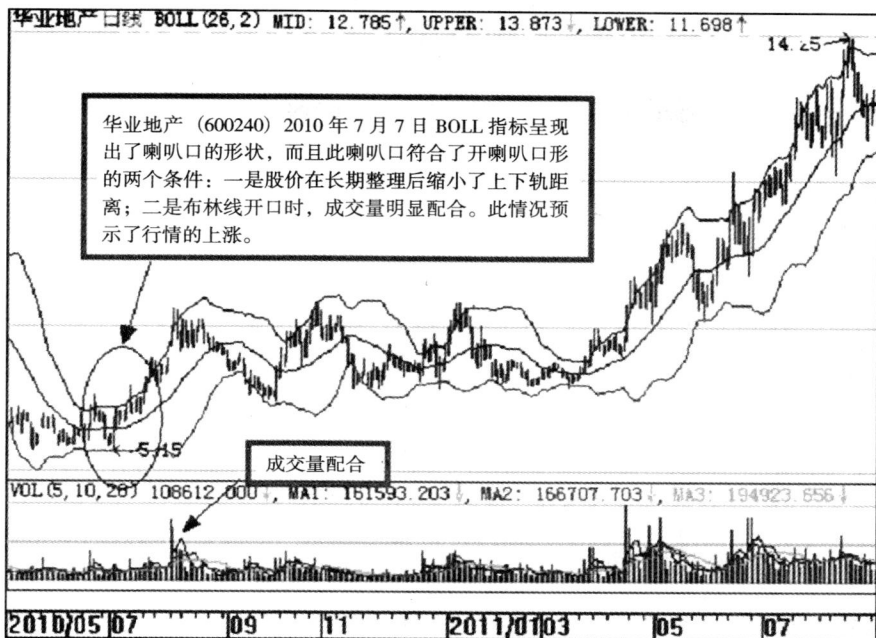

华业地产（600240）2010 年 7 月 7 日 BOLL 指标呈现出了喇叭口的形状，而且此喇叭口符合了开喇叭口形的两个条件：一是股价在长期整理后缩小了上下轨距离；二是布林线开口时，成交量明显配合。此情况预示了行情的上涨。

成交量配合

图 4-24　华业地产（600240）BOLL 指标示意图

轨线依旧加速上升，这样形成的布林道上下轨道之间的形状也就是收口型喇叭口。

收口型喇叭口是表示股价短线出现大幅度向下突破的形态。它是根据股价在短期内大幅度拉升之后，再向下变盘时所形成的一种走势。布林线的上下轨线出现方向相反但力度很强的走势，表明未来空头力量逐渐增强，多头力量逐渐减弱，股价将会出现短期下跌行情。

收口型喇叭形态对于成交量并不要求，但这种形态的构成必须具备一个条件，也就是股价在前期大幅度短期上涨，上涨幅度的大小影响着布林线上下轨之间的距离，以及未来下跌的幅度，如图 4-25 所示。

收口型喇叭口确定形态根据股价的上轨线以及股价开始出现掉头向下突破短期均线为确认条件。收口型喇叭口形态出现时，投资者需要及时卖出股票，才能够避免较大损失。

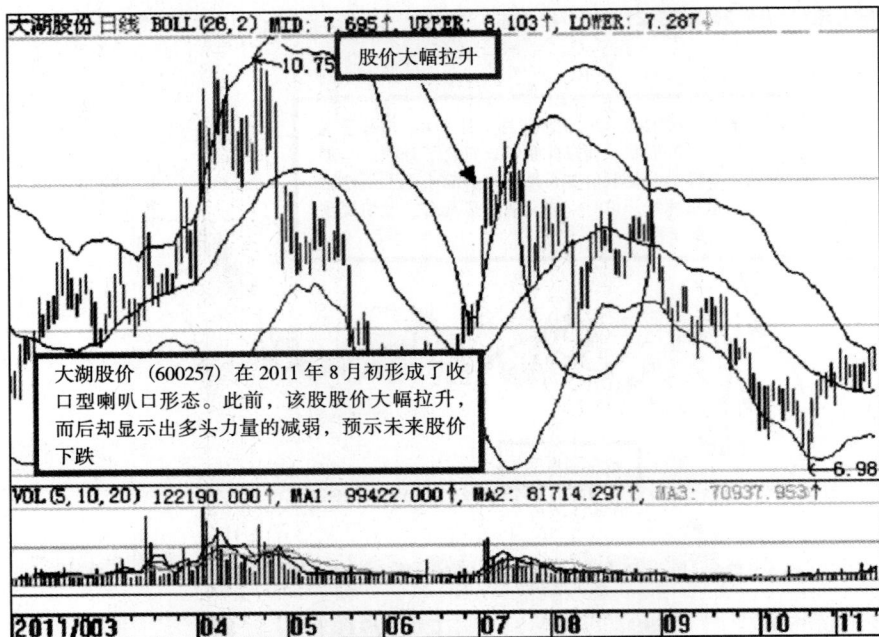

图 4-25　大湖股份(600257)BOLL 指标示意图

三、紧口型喇叭口

当股价在长时间下跌行情之后，布林线上下轨往中轨逐步接近，上下轨之间距离逐渐减小，成交量也配合逐渐减小，股价在低位出现反复震荡，这时布林线的上轨依然向下运动，但下轨线却出现逐渐上升，此时布林线上下轨之间形成了一个类似于颠倒的小喇叭的形态，这种布林线喇叭口也就是紧口型喇叭口。

紧口型喇叭口是一种表明股价将在长时期内出现小幅盘整筑底的形态。它是以股价在长期大幅下跌后出现的长时间调整的趋势而形成的。布林线上下轨线在逐渐靠拢，表明多空两种力量逐渐相平衡，股价将在长时间处于横盘整理行情中。

紧口型喇叭形态形成条件以及确认条件都不是十分严格，只需要股价在经历过长期大幅度下跌行情后，成交量也伴随极度萎缩，上下

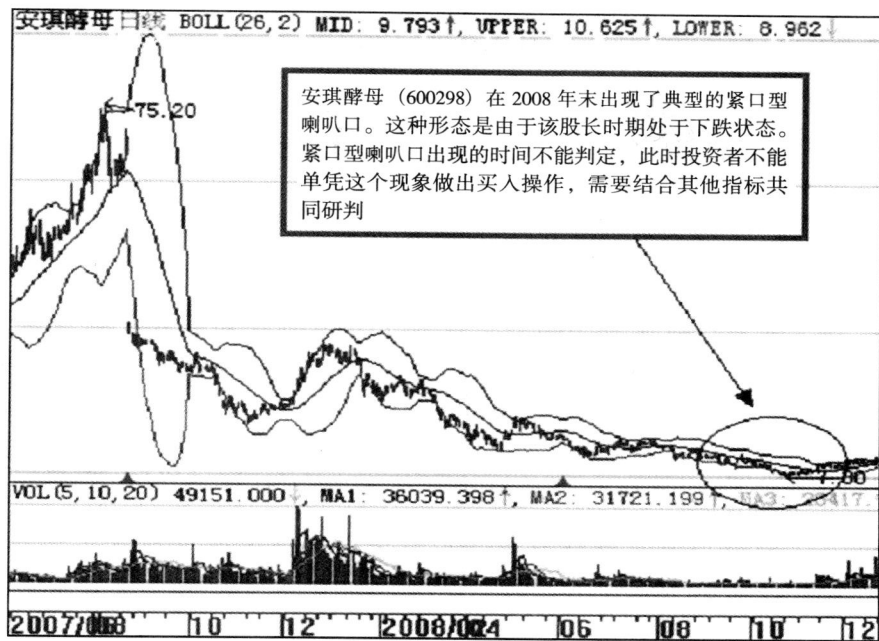

图 4-26　安琪酵母(600298)BOLL 指标示意图

轨的距离逐渐减小时，也就是紧口型喇叭的初始形态形成。在紧口型喇叭形成之后，投资者此时可以少量建仓或选择持币观望，如图 4-26 所示。

小　结

（1）BOLL 指标有上、中、下三个轨道，但是上、中、下轨线所构成的股价信道的移动范围是不具有确定性的，通常这些信道会随着股价上下波动而出现上下限的变化。在一般情况下，股价始终在股价信道之中运行。但是当股价脱离股价信道而运行时，

趋势指标五 ASI 累积震荡

股票市场扑朔迷离，很多指标并不能够真实地反映出当前市场的变化，而 ASI 指标是根据其独特的技术原理能够真实地反映出市场的趋势。ASI 指标是为股票市场高开低走的行情而创造出的感应线，能够强而有力地表现出市场的内涵，还能够更为精准地对股票状态作出反应。因此，投资者可以通过这种技术指标来更好地研判分析出股票的方向性，只有掌握住市场的方向性，才能够在股市中畅通无阻。

第一节 ASI 指标简介

一、什么是 ASI 指标

ASI 指标即振动升降指标，是英文"Accumulation Swing Index"的缩写，由威尔斯·威尔德（Welles Wilder）研究所创。它通过开盘、最高、最低、收盘价与前一交易日的各种价格相比较作为计算因子，从而判断市场的行情和趋势。

二、ASI 指标的基本原理

ASI 指标的创造者威尔斯·威尔德认为：当天的交易价格并不能表现出当时的真实市场情况，真实的市场情况要根据当天价格以及前一天和后一天价格间的关系。在他经历了无数次测试后，验证了 ASI 计算公式的因子最可以表现市场的方向性。

由于这一原理，所以当需要判定趋势的时候，ASI 会比当天甚至当时的市场价格更具有可靠性，再加上 ASI 精密的数值运算，可以说为投资者提供了较为精确的买卖信息。

三、ASI 指标的计算公式

1. 计算 A、B、C、D 值

A = |当天最高价 – 前一天收盘价|

B = |当天最低价 – 前一天收盘价|

C = |当天最高价 – 前一天最低价|

D = |前一天收盘价 – 前一天开盘价|

2. 比较 A、B、C 三数值

若 A 最大，R = A + 1/2B + 1/4D；

若 B 最大，R = B + 1/2A + 1/4D；

若 C 最大，R = C + 1/4D。

3. 计算 ASI

E = 当天收盘价 – 前一天收盘价

F = 当天收盘价 – 当天开盘价

G = 前一天收盘价 – 前一天开盘价

X = E + 1/2F + G

K =（A、B 之间的最大值）

L = 3

SI = 50 × X/R × K/L

ASI = 累计每日之 SI 值

四、ASI 指标的特性

威尔德引用他所认识的最聪明交易员所说的话："在开盘价、最高价、最低价和收盘价的迷宫中某个地方，有一条魔线，那就是真实的市场。"累计摆动指标也就是尝试呈现这条魔线。因为累计摆动指标尝试展现真实市场，所以就更为靠近市场本身价格。我们在这时可以使用经典支撑/阻力分析方法分析累积摆动指标。

这些经典分析有寻找突破、新高以及新低、背离等。威尔德还注意到累计摆动指标有以下几种特征：累计摆动指标使用数值来定量描述价格波动；累计摆动指标具有短期摆动点；累计摆动指标在最高价、最低价以及收盘价的过程后，显露出市场真实运行方向和趋势。

第二节　ASI 指标技术图形

图 5-1 是股票软件中的 ASI 指标示意图。

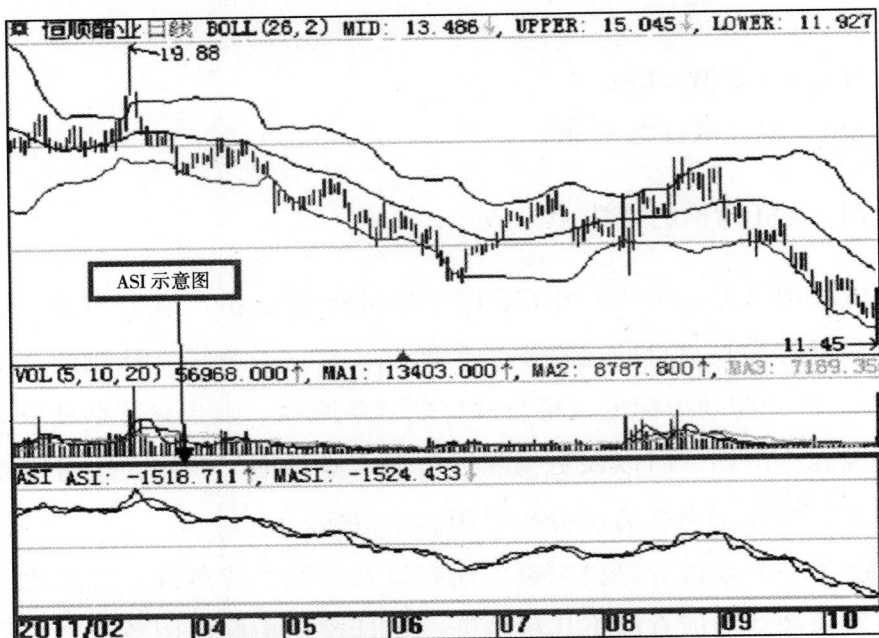

图 5-1　恒顺醋业(600305)ASI 指标示意图

第三节　如何根据 ASI 指标确定买卖时点

ASI 指标的起伏跟股价的相关度非常高，所以在利用 ASI 研判趋势的时候，股价的作用也非同小可。

一、ASI 指标领先股价，提前突破前次 ASI 高点——突破日买入

天科股份（600378）在 2010 年 5 月到 8 月间，股价一直没有较好的起色，处于横盘整理阶段。以这段时间中 6 月 10 日当天的股价为基础，我们可以找到与其股价相平的 8 月 8 日的股价，做出水平线之后，我们可以发现，在股价仍未突破前波高点的时候，ASI 率先突破了前

波高点，这对于投资者来说是个明显的买入信号，后市行情看涨，如图 5-2 所示。

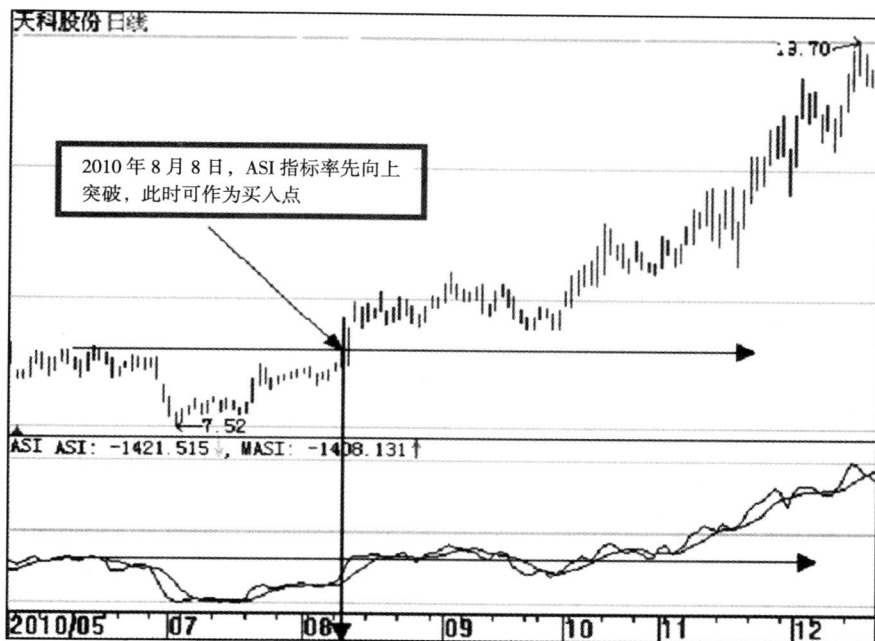

图 5-2　天科股份(600378)ASI 指标示意图

二、ASI 指标与股价底背离——股价反弹时买入

长园集团（600525）在 2009 年 3 月 16 日到 4 月 27 日间，股价有了略微的上涨，但是一向与股价"呼吸相关"的 ASI 指标走出了相反的趋势，对于投资者来说，这是个不可多得的买入点，如图 5-3 所示。

三、ASI 指标率先跌破前低——跌破日卖出

置信电气（600517）在 2010 年 12 月 9 日的时候，股价还没有跌破 11 月 9 日的 17.641 元，但是 ASI 指标却走出了新低。那么，此时跌破点就是投资者的卖出点，如图 5-4 所示。

图 5-3　长园集团(600525)ASI 指标示意图

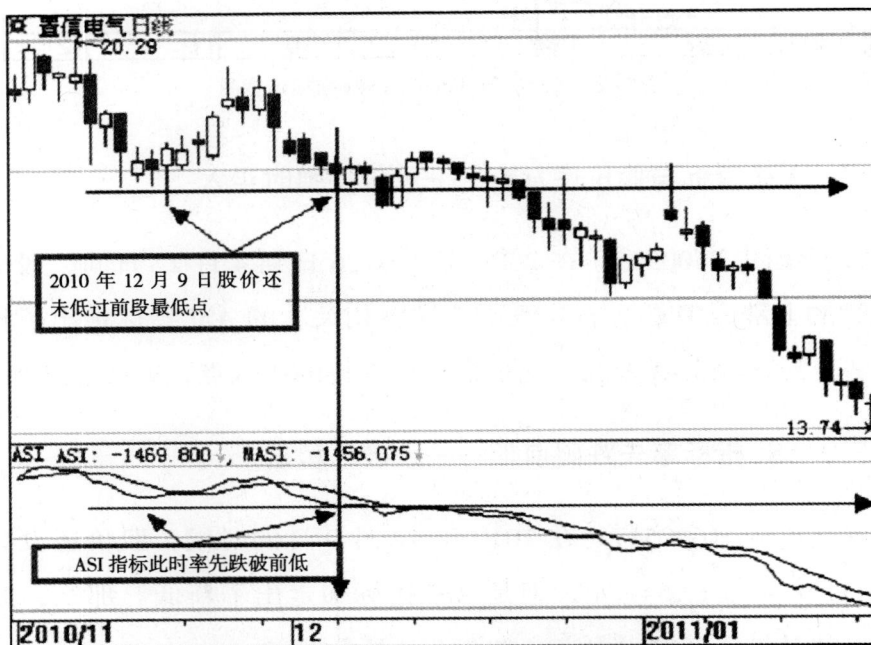

图 5-4　置信电气(600517)ASI 指标示意图

四、ASI 与股价形成顶背离——股价回落时卖出

山东药玻（600529）在 2011 年 1 月的时候，两次股价的高点为一波比一波高，而 ASI 指标的高点却一波比一波低。这预示着多方力量在萎缩，即使股价再整理和反弹，也没有较大的利润空间，投资者遇到这样的情况需及时卖出。在实际操作中，我们还可以同时观察成交量，如果此时成交量也表现出萎缩的趋势，则为可靠的卖出时机，如图 5-5 所示。

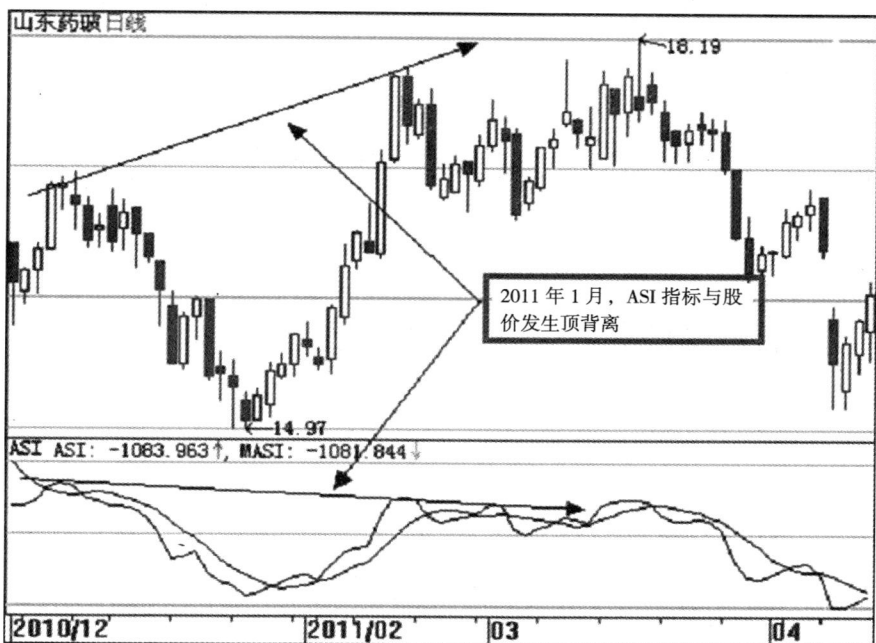

图 5-5　山东药玻(600529)ASI 指标示意图

第四节　应用 ASI 指标的注意事项

一、不同软件上的 ASI 指标参数修改

在各种网络分析软件中，对于 ASI 指标参数修改的方法比较相似，以下就以大智慧股票分析软件作为例子，来分析 ASI 指标参数的修改方法。这种修改方法较为简单，使用鼠标右键，就能够完成修改参数的过程。

（1）打开大智慧软件，打开需要查看指标的 K 线图界面，点击"画面"，如图 5-6 所示。

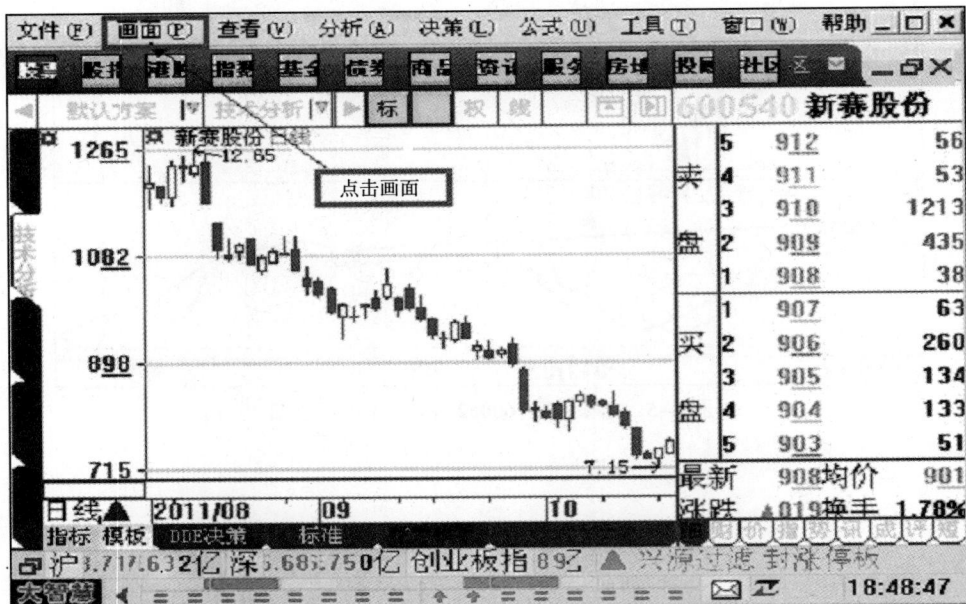

图 5-6　大智慧软件中的 ASI 指标 K 线界面图

（2）点击"画面"下拉菜单中的"分析指标"一项，则会出现如下对话框（见图 5-7）。

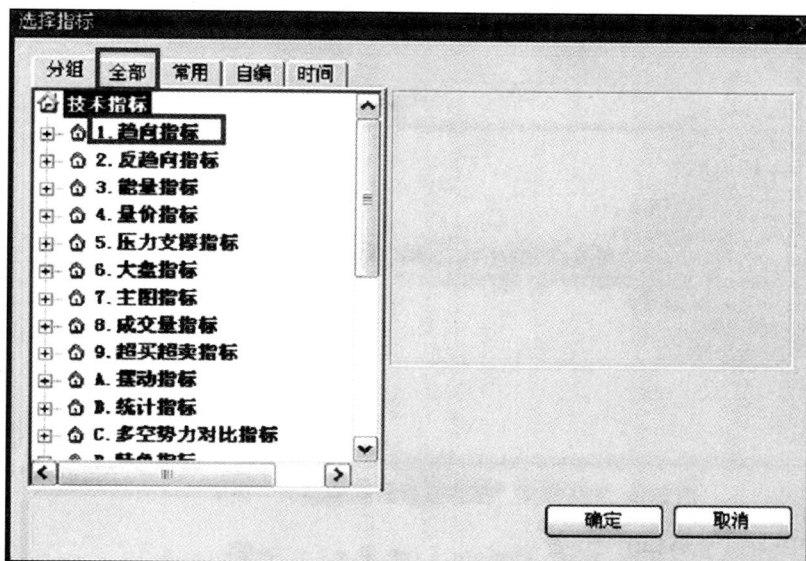

图 5-7 ASI 指标"选择指标"界面示意图

此时可以看到不同类型的指标都罗列在这里，我们既可以从趋向指标中选择，也可以在全部指标中按照大写字母的排列选择。找到 ASI 指标后，我们就可以为 ASI 指标进行参数设置了。

如果要了解详细的修改公式，或者修改软件原本的参数，可以继续点击 ASI 对话框中的"修改公式"一栏，就会出现如图 5-8 所示的对话框。

全部设定和了解完毕之后，点击"确定"就完成了此次操作。等返回 K 线界面时，ASI 指标就会一同出现在上面了。

二、ASI 指标的盲区

虽然 ASI 拥有领先股价的功能，但投资者也要根据突破信号体现买入或者卖出，ASI 是不具有提供卖出或者买入股票的最佳信号。在

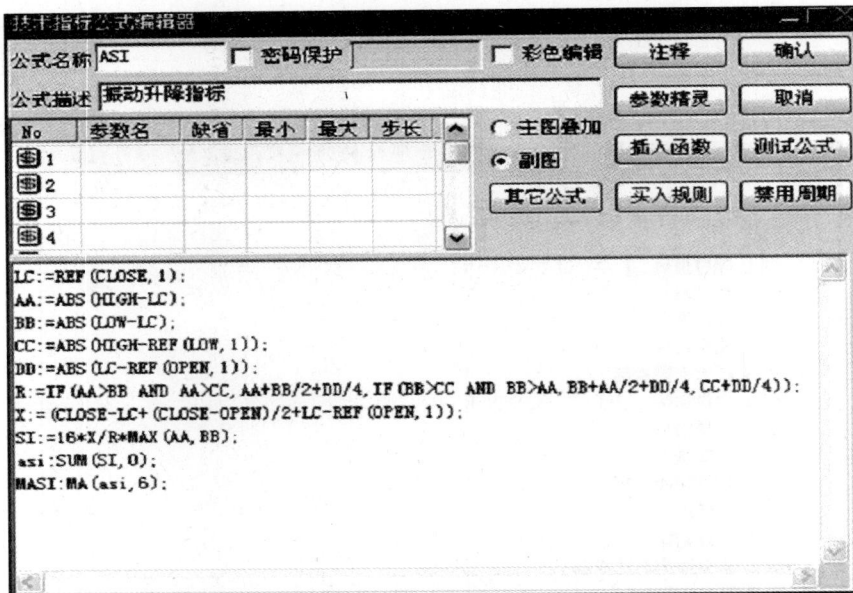

图 5-8 ASI 指标"技术指标公式编辑器"界面示意图

实际操作中，有时会出现 ASI 向上或者向下突破压力和支撑之后，一天内就迅速回跌或者回升，投资者若在此时不能够及时反应，将有可能损失惨重。因此，ASI 指标提供的买入信号是狙击型的，需要投资者能有打了就跑的心态。

大部分 ASI 时机都与股价走势相同，投资者只能够在各种股票中，找到少数具有领先突破的个股。所以，ASI 看似不是常用指标，但上市公司的数目众多，信号也会不断在各个个股中出现，投资者要抱有打了就跑的心态来运用 ASI 指标，那么众多的新信号的个股也就能够让你获利丰厚。

在实战中，ASI 指标缺陷在于只能够领先指出股价在未来第二个交易日突破前期高点，不能够提前预示股价在后市有多大的上涨幅度，未来将会在哪个位置见顶。有时在第二个交易日创出新高时，股价迅速出现回调。

小　结

（1）股价走势一波比一波高而 ASI 却未相对创新高点形成"顶背离"时，为卖出股票的信号。

（2）股价走势一波比一波低，但是 ASI 却未创造新低点，形成了"底背离"，这时可视为买进信号。

（3）向上爬升的 ASI 一旦向下跌破其前一次显著的 N 形转折点，这是 ASI 发出的卖出止损信号，投资者可以迅速卖出股票。

（4）当投资者据 ASI 成功在低点买入股票后，随后股价顺利突破压力，一旦有了利润时，之后的涨幅规模是很难预测的，最好立即脱手卖出获利。

（5）股价突破了压力线或支撑线之后，ASI 却未伴随发生，视为假突破。

（6）ASI 前一次形成的显著高点、低点，可视为 ASI 止损点。

（7）多头时，ASI 跌破前一次低点，投资者最好止损卖出。

（8）空头时，ASI 向上突破前一次高点，投资者最好止损回补。

（9）股价创新高、新低时，ASI 却并未创新高、新低，表示此高低点不确认。

（10）股价由上往下几乎要穿越前一波低点的密集支撑区时，在接近低点处尚未确定是否将因此失去信心，而跌破支撑的时候，如果 ASI 领先股价，提早一步跌破相对股价的前一波 ASI 低点，则次一日之后可以确定股价将随后跌破低点支撑区，这是 ASI 发出的卖出信号，投资者此时不可恋战，最好及时收兵回营，以免损失惨重。

趋势指标六　EMV 量价能人气

　　股市中，成交量和人气的变化能够真实地反映出当前市场价格的变化，而投资者若能够掌握成交量和人气的变化，那么也就能够掌握股价波动的节奏，更为及时准确地进行操作。投资者怎样才能够掌握这种变化呢？那时就需要 EMV 量价能人气指标来进行辅助，该指标就是根据成交量和人气变化而创造出来的完整的股价系统循环指标，而这种指标能够帮助投资者避免因市场狂热时错误地选择买卖时机，更为准确地辅助投资者寻找到最佳的交易时间，并能够使投资者更为理性地进行投资交易。

第一节　EMV 指标简介

一、什么是 EMV 指标

　　"EMV"是简易波动指标的简称，其英文名称为"Ease of Movement Value"，它是由 Richard W. Arms Jr 根据等量图原理制作而成的。

　　投资者都了解，炒股技巧中最基本也是最不可缺少的一环，就是价格和成交量，这几乎是每个股民每天必看的两项指标。而 Richard

W. Arms Jr 巧妙地将价格与成交量的变化结合成一个指标，并且根据成交量和人气的变化，将股价构成一个完整的系统循环。通过这个指标来观察市场在缺乏动力的情况下所产生的移动情况。

目前国内大多数股票分析软件都可以进行 EMV 指标的查看和操作。图 6-1 就是大智慧软件中的 EMV 指标。

图 6-1　新赛股份(600540)EMV 指标示意图

二、EMV 指标的基本原理

股市中有这样一个基本原理：股价在下跌的过程中，成交量会由于市场行情的冷淡，变得越来越少。此时伴随着的往往是 EMV 和股价的下降。但是当股价跌到谷底的时候，大量的投资者又会在这时逢低买入，导致股价和 EMV 逐渐上升，如图 6-2 所示。

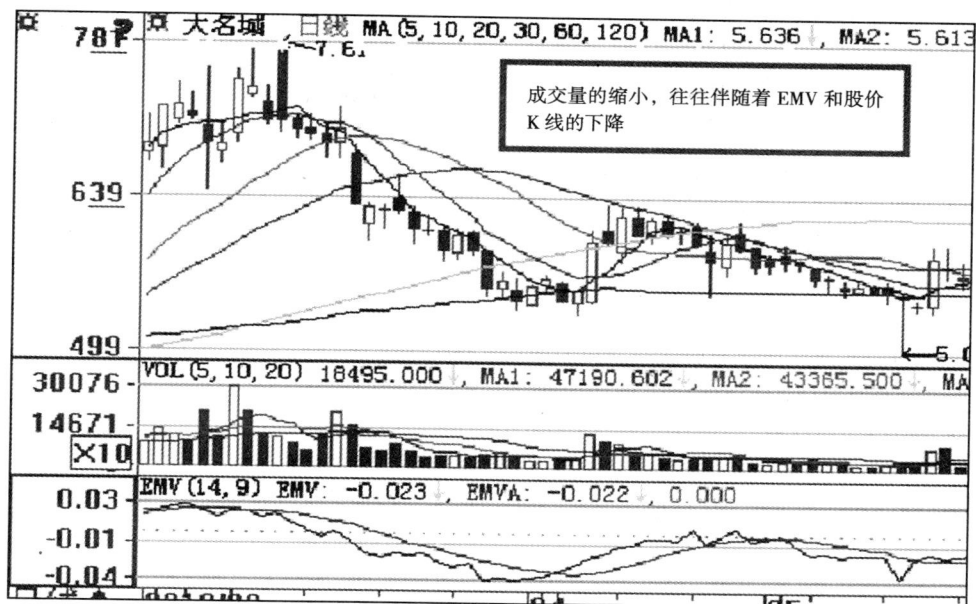

成交量的缩小，往往伴随着EMV和股价K线的下降

图6-2 大名城(600094)EMV示意图

所以，简易波动指标的设计者就希望：将股票价格和成交量的变化综合成一个波动指标，来反映股价或指数变化的情况。

当EMV数值从负值向上攀升接近于0值的时候，就表示目前的跌势正在逐渐被扭转，此时可以买入。而这种情况一旦确定，自然就会吸引大量的投资者买进，预示EMV、股价、成交量都急速攀升，人气大量聚集。一直到出现大交易量的时候，EMV数值又会提前出现下降，判定股市要有一次狂跌，了解该指标的投资者就会在此时马上卖出，不会因为贪心而失去最佳卖点，如图6-3所示。

三、EMV指标的计算公式

简易波动指标的计算公式如下：

A =（今日最高 + 今日最低）/2

B =（前日最高 + 前日最低）/2

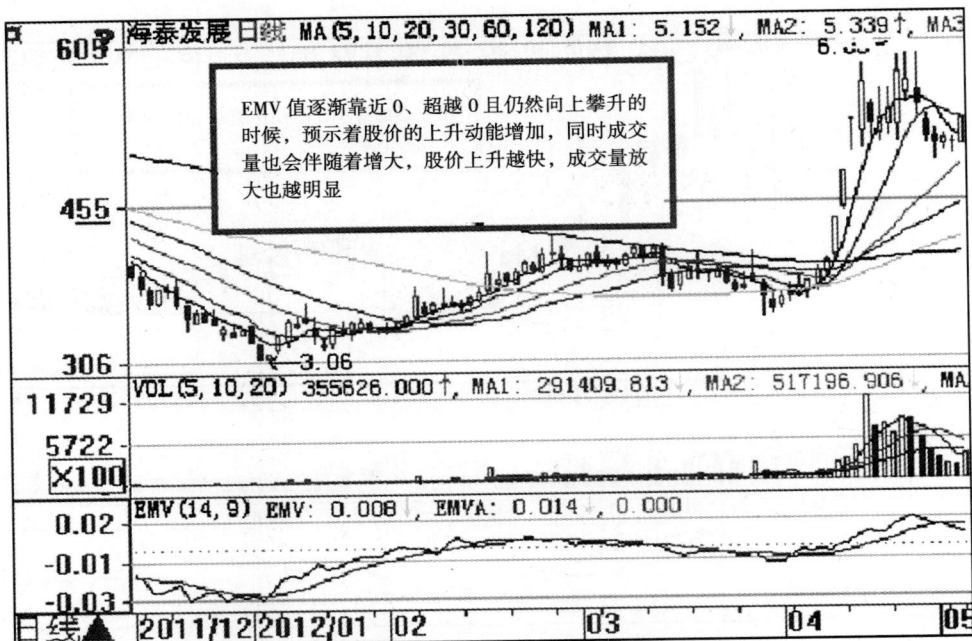

图 6-3　海泰发展（600082）EMV 示意图

C = 今日最高 − 今日最低

EM =（A − B）× C/今日成交额

EMV = n 日内 EM 的累和

MAEMV = EMV 的 m 日简单移动平均

参数一般设置为：n 为 14，参数 m 为 9。

四、EMV 指标的特性

由于成交量、股价、EMV 恰好代表了最基本的市场供求原理，所以，EMV 中的变化多多少少地带有些"人气"色彩。其特性有以下两个方面：

第一，在成交量较少时就能使股价上涨，EMV 值上升。例如，图 6-3 中的成交量情形，很多投资者也许会纳闷，为什么股价上涨，EMV 上升，但是成交量却一直没有很明显地放大？其实就是这个原因。在股价上涨的时候，EMV 的同步增长其实只是对这种趋势的确定，而成交量是真实成交状态的反应，轻微放大也是一种放大，不影响 EMV 值的上升。

第二，在成交量较少时拖动股价下跌，EMV 值下降。在股价平衡期，或是价格上涨或下跌都有成交量放大配合时，EMV 值大致等于 0，上升或者下降趋势时，不会使用过多能量，只在趋势出现反转时，使用的能量较大，成交量也会增大。

EMV 指标也因此能够使投资者掌握股价波动的节奏，若持续遵循 EMV 买卖信号，就能够不在人气以及成交集中的时期买入股票，并能够在成交量出现萎缩并且投资者处于狂热时期不能够察觉时，及时清仓离场。

第二节　如何根据 EMV 指标确定买卖时点

一、EMV 指标得到均线支撑——EMV 再次回升时买入

中国国贸（600007）自从 2010 年 3 月 18 日走过高点后，一路下跌，一直到 5 月 17 日都在下跌状态。投资者此时都在寻找抄底买入的好机会。其实这时如果理解 EMV 指标的妙用就可以轻松找到了。

从图 6-4 中我们可以看到，EMV 在 5 月 17 日之前都在 MA 指标均线上方运行，此时的支撑是在回调时得到的支撑。综合这两点考察，此时应该为比较可靠的买点。

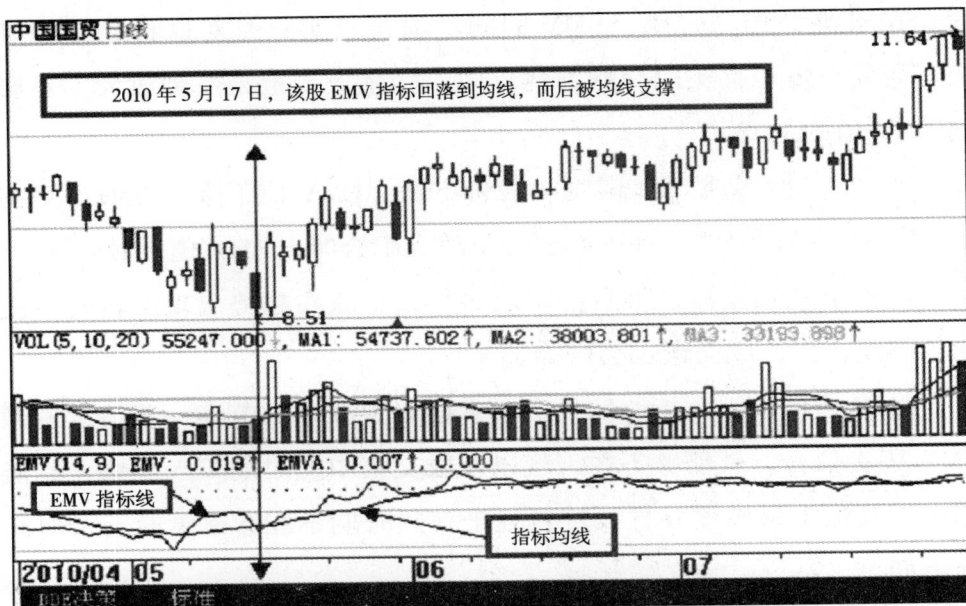

图6-4　中国国贸(600007)EMV指标示意图

二、EMV与股价出现底背离——EMV向上突破均线时买入

华电国际（600027）自2011年7月开始，就一路下跌，有几次小的震荡，但依然没有摆脱颓势。从图6-5中可以看出，10月20日之前的股价底端相连得到的趋势线，与此阶段EMV指标线底端连线得到趋势线的方向相反，形成了一次底背离。这预示着股价探底应该完成，如果不久能够看到EMV指标突破均线，则可以作为买入信号。

三、EMV在0轴下方，向0轴方向靠近——突破0轴时买入

这可以说是关于EMV指标最基本也是最简单的应用之一。0轴是一个不会变动的坐标，EMV在其上下运行，一般来说，当EMV指标线在0轴下方，且远离0轴的时候，处于行情急剧下跌的状态，而当EMV指标线逐渐向0轴靠近，就是需要投资者格外注意的时机，一旦突破0轴，便可以大胆买入了，如图6-6所示。

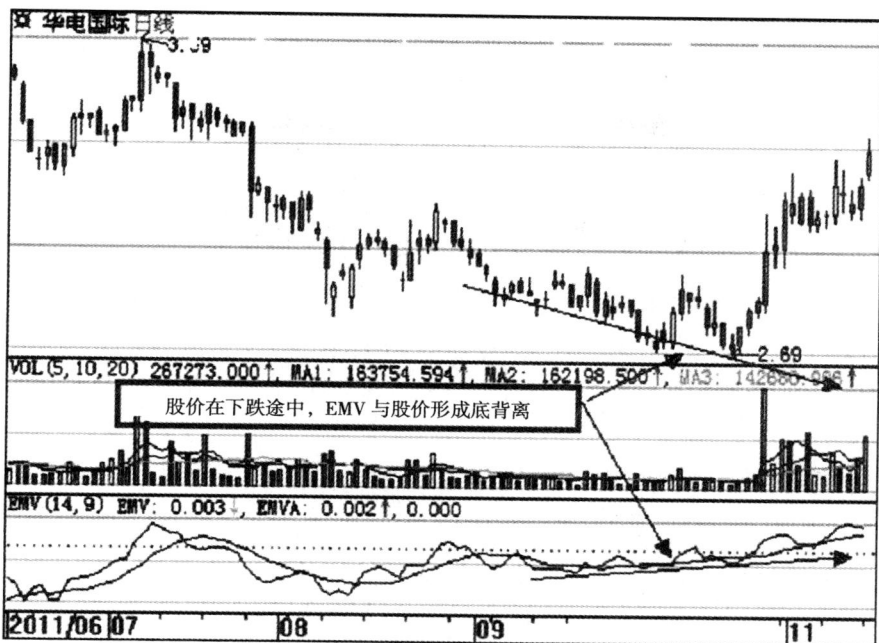

图6-5　华电国际(600027)EMV指标示意图

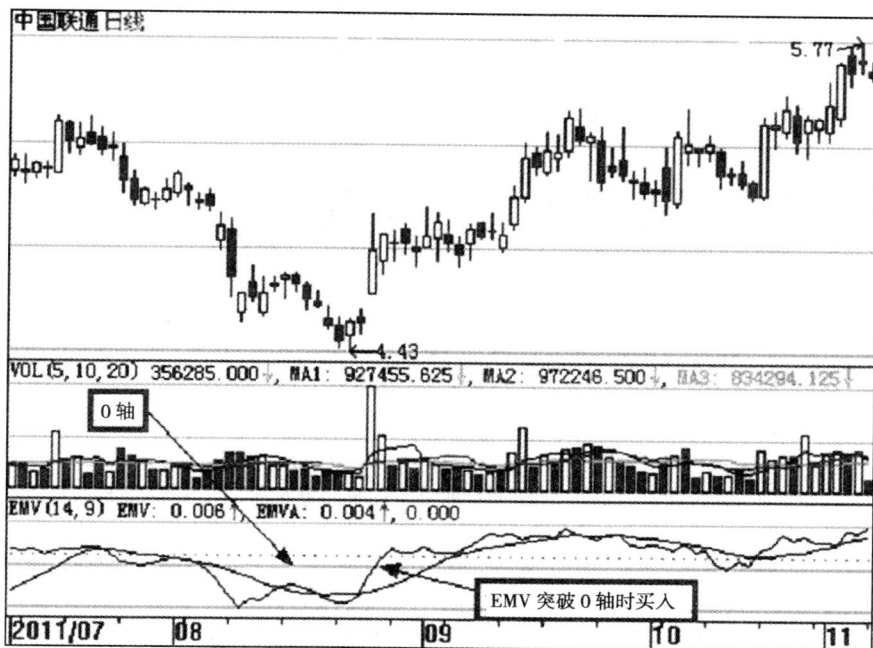

图6-6　中国联通(600050)EMV指标示意图

四、EMV 指标线受到均线阻力——EMV 再次回落时卖出

四川路桥（600039）于 2011 年 8 月到 11 月间的 K 线走势图中显示（见图 6-7），该股 EMV 指标线在股价下跌的行情中也震荡下行。在 2011 年 9 月 8 日这天，EMV 指标线有反弹之势，但是却马上被均线阻挡回去，其实这时已经可以看做一个卖点，但是如果能等待后势的变化，确认不久后 EMV 均线发生了再次回落，则是比较成熟的卖点了。此时应及时卖出，避免下跌。

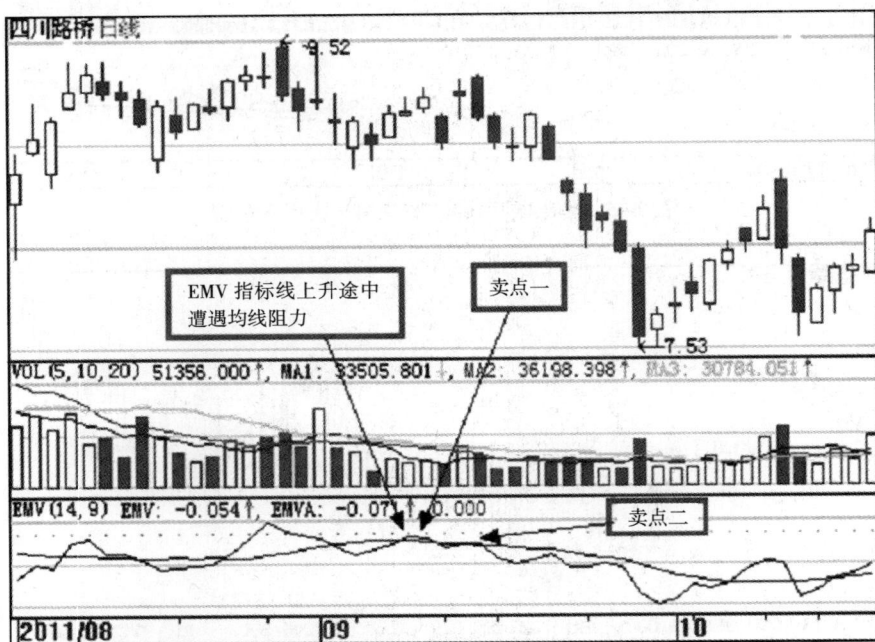

图 6-7　四川路桥（600039）EMV 指标示意图

五、EMV 指标线与股价出现顶背离——EMV 向下跌破均线时卖出

四川路桥（600039）自 2010 年 11 月 16 日，股价开始大幅下跌，此后该股开始震荡下跌，股价高点越来越低。但是 EMV 却不同，与股价形成了明显的顶背离，表明后市行情反弹的概率很小，宜适时卖出。

之后 EMV 向下突破指标均线时可卖出。

在某只股票下跌的时候，有时候会出现一次顶背离，有时候则会连续出现好几次。一般来说，顶背离出现的次数越多，股价下跌的动能就越大，下跌的概率也就越大，如图 6-8 所示。

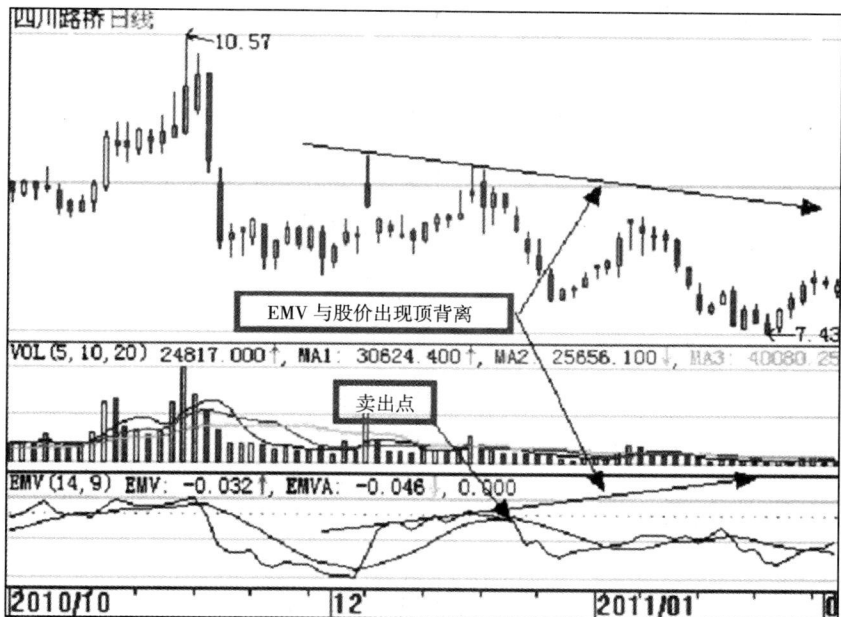

图 6-8　四川路桥(600039)EMV 指标示意图

第三节　应用 EMV 指标的注意事项

（1）由于 EMV 指标是依托成交量和股价变化设计创造的指标，所以，在使用 EMV 指标的时候，投资者最好能多了解关于量价配合的知识，利用各方面指标和知识综合考量，判断出更为准确的买卖时点。

（2）炒股需要学习和利用技术指标，但是任何指标都有其一定的缺点和局限性。EMV 指标同样也是。按照 EMV 指标产生的原因来看，

EMV 比较适合用于价格波动较明显的行情研判中，在长时期整理的行情中，可以放弃该指标的计算和使用。

（3）由于 EMV 指标是在成交量和股价的基础上生成，所以该指标也具有一定的滞后性，如果单纯应用这一项指标判断的话，得出的只能是对行情粗略的判断。最好和其他指标配合使用且长期跟踪，以得到最佳的买卖信号。

第四节　EMV 指标技术图形应用举例说明

总结起来，EMV 的应用法则很简单，基本上可以归结为：EMV 自下往上穿越 0 轴，买进；EMV 自上往下穿越 0 轴，卖出。图 6-9 就是利用 EMV 简易判断买卖信号的案例。

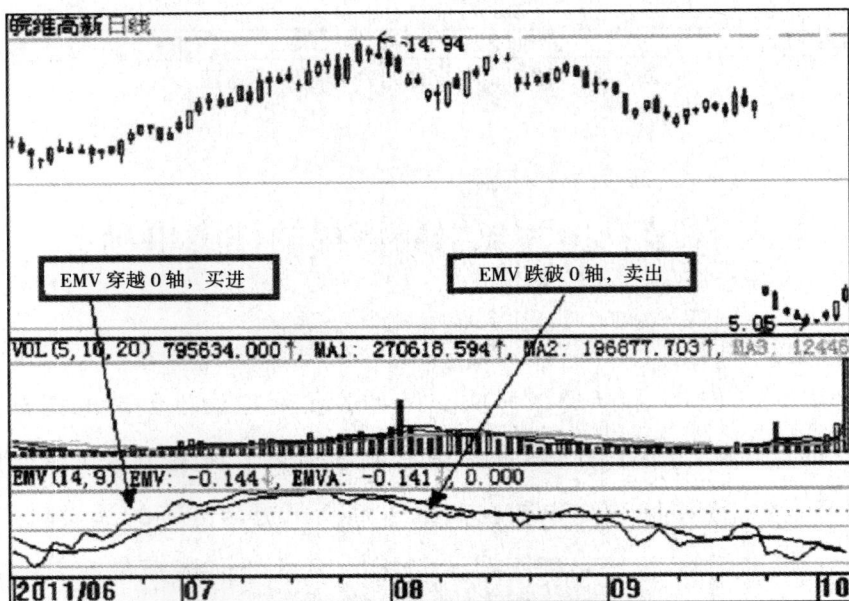

图 6-9　皖维高新（600063）EMV 指标示意图

小　结

（1）EMV 自下往上穿越 0 轴，买进，趋势变为多头。

（2）EMV 自上往下穿越 0 轴，卖出，趋势变为空头。

（3）当 EMV 的平均线穿越 0 轴的时候，一般不会产生假信号。

（4）EMV 指标在 0 轴之上运行的机会较少，需要投资者重视和把握。

（5）EMV 指标可以与趋向指标（DMI 指标）配合使用，当 DMI 中的 ADX 低于正负 DI 时，EMV 指标失去效用。

（6）EMV 指标在大涨大跌中更为有效，整理行情中不适宜采用。

（7）EMV 指标需长期跟踪综合考察才能准确判断。

（8）较少的成交量便能推动股价上涨，因此，对成交量的考察对 EMV 的动向也格外重要。

（9）EMV 指标把价格与成交量结合成了一个指标，是用来观察和研判市场在缺乏动力的情况下所产生的移动情况。

（10）EMV 指标所体现的精髓为：震荡或者股价快速上涨会让股势本身消耗能量，只有让股价慢慢上涨，成交量逐渐增加，才能稳妥地上升，保存元气，保持持久的涨势。

趋势指标七 CCI 顺势指标

　　在股市中常会出现短期内暴跌或暴涨的行情，在这种行情下投资者往往会出现非理性的投资交易，而 CCI 指标的出现能够避免投资者狂热投资。CCI 指标是专门运用于测量分析股票市场价格是否进入非常态行情，并且该指标是较为特殊的一种超买超卖类型指标，投资者在使用该指标时并不会出现钝化现象，在特殊行情中能使投资者更为迅速地选择市场操作。因此在非常态行情出现时，投资者若选择 CCI 指标能够更为迅速地找到操作方向，更好地避免庄家在特殊行情中设下的陷阱，安全迅速地进行股票交易。

第一节 CCI 指标简介

一、什么是 CCI 指标

　　CCI 指标叫做顺势指标，其英文全称为 "Commodity Channel Index"，它是由美国股市分析家唐纳德·蓝伯特（Donald Lambert）所创造的一种重点研判股价偏离度的股市分析工具。

　　CCI 指标是 20 世纪 80 年代由唐纳德·兰伯特提出的，是较为新颖的技术指标。该指标是一种独特的技术指标，跟大多数单一使用

股票收盘价、开盘价、最高价或者最低价而创造出的技术分析指标不同，CCI 指标是以统计学原理并且结合价格和固定期间股价平均区间的偏离程度为基础，重点指出股价平均绝对偏差对股票技术分析的重要性。

二、CCI 指标的构成原理

其虽然被归纳到超买超卖指标中，但是它是超买超卖指标中比较特殊的一种。像 KDJ、W%R 等属于超买超卖类型指标都具有 "0~100" 的上下界限，所以他们适用于一般常态的行情判断。对于那些短期内出现暴涨暴跌的股票行情走势，就会出现指标钝化现象。而 CCI 的波动范围没有极限，且没有 0 轴线，所以不会在一般常态行情中出现钝化现象。这与其他超买超卖指标的本质和意义颇为不同。再加上 CCI 指标的主要特点就是在变化幅度较大的个股中做短线趋势研判，所以被广泛地应用到趋势判定中。

CCI 指标是根据统计学原理，引进价格与固定期间的股价平均区的偏离程度的概念，它强调的是股价平均绝对偏差在股市技术分析中的重要性。如上所述，该指标尤其适合做短线投资的股民使用，在震荡幅度较大的大盘和个股中尤其能发挥优势。

三、CCI 指标的计算公式

顺势指标计算中也分不同的周期，包括日 CCI 指标、周 CCI 指标、年 CCI 指标以及分钟 CCI 指标等很多种类型。最常被投资者使用的是日 CCI 指标和周 CCI 指标。虽然这两种 CCI 指标的取值不同，但基本方法是一样的。而且每一种 CCI 指标，都有两种不同的计算方法：

以日 CCI 计算为例：

第一种计算过程如下：

CCI（N 日）=（TP − MA）÷ MD ÷ 0.015

其中，TP =（最高价 + 最低价 + 收盘价）÷ 3

MA = 最近 N 日收盘价的累计之和 ÷ N

MD = 最近 N 日（MA − 收盘价）的累计之和 ÷ N

0.015 为计算系数，N 为计算周期

第二种计算方法为：

中价与中价的 N 日内移动平均的差÷N 日内中价的平均绝对偏差

其中，中价等于最高价、最低价和收盘价之和除以 3

平均绝对偏差为统计函数

从上面的 CCI 计算过程我们可以看出，相对于其他技术分析指标来说，CCI 指标的计算是相对复杂的。不过现阶段，有关股市技术的分析软件已经非常普及，其实投资者是不需进行复杂的计算步骤的。理解每一步的计算方法，只是让投资者们能够更加熟练地运用它来研判股市行情罢了。

四、CCI 指标的技术图形

CCI 指标的技术图形如图 7–1 所示。

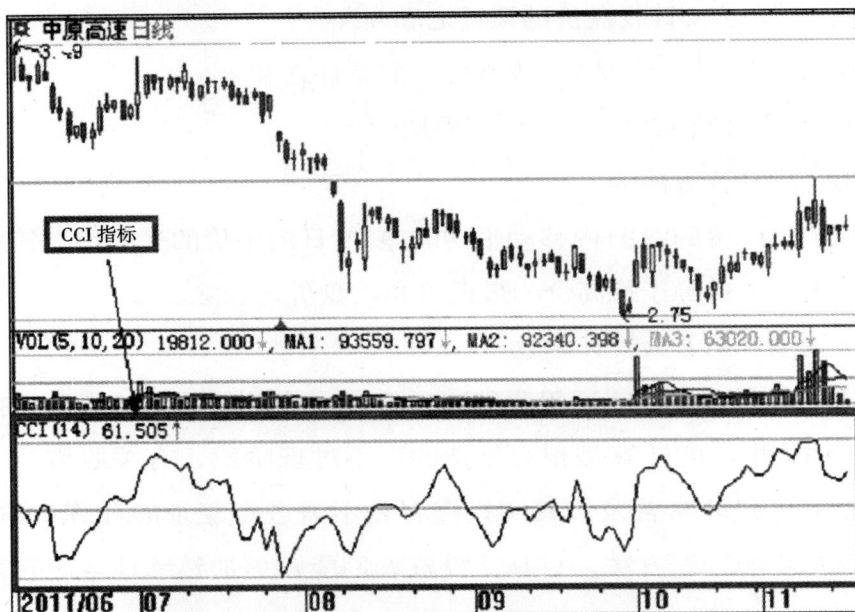

图 7–1　CCI 指标示意图

第二节　CCI 指标的顶底背离

一、顶背离

　　CCI 指标的背离是指 CCI 指标的曲线的走势和股价 K 线图的走势方向正好相反。CCI 指标的背离分为顶背离和底背离两种。

　　CCI 指标顶背离也就是在 CCI 曲线处在远离+100 线高位，一旦它出现最新高时，CCI 曲线将出现一峰较一峰低的走势，此时 K 线图的股价依然再创新高，形成一峰较一峰高的走势。顶背离现象通常为股价处于高位将要出现反转的一个信号，说明股价将在短期内出现下跌，是一种卖出信号。

　　在实际操作中，CCI 指标的顶背离形态出现表明股价在向上拉升途中，先创新高，CCI 指标也配合在+100 线之上创出新高，随后股价出现下跌调整趋势时，CCI 也跟随股价下跌回落而出现调整。

　　CCI 指标顶背离出现在股价再次创出新高之后，CCI 曲线跟随股价上涨也出现向上运行，但没有创出新的高点就反转回落。CCI 指标在出现顶背离之后，股价将很有可能出现见顶回落趋势，是较为强烈的卖出信号，如图 7-2 所示。

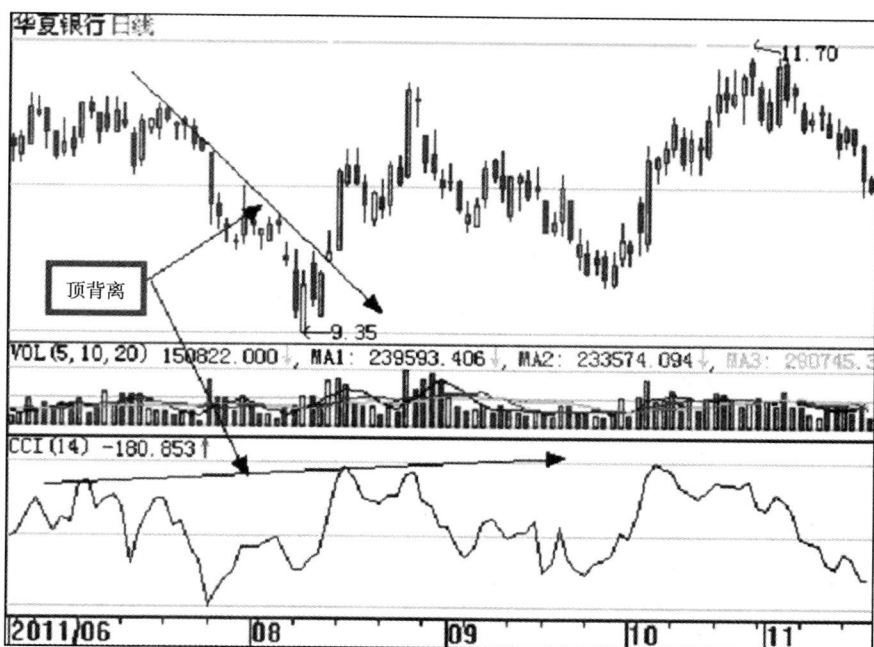

图 7-2　华夏银行（600015）CCI 指标示意图

二、底背离

CCI 底背离通常出现于远离-100 线之下的低位区。底背离的意思就是，在 K 线图上股价呈现下跌趋势，并出现一波较一波低的走势，CCI 曲线却在低位最先出现止跌企稳，并且出现一底较一底高走势。

底背离的形成一般表示股价将可能会短期内出现反弹，是一个短期买入信号。

同 MACD、KDJ 等指标背离形态研判相同，CCI 出现背离时，可能预示着股价将出现反转向下趋势，投资者需要及时选择卖出；若股价在低位时，CCI 处于远离–100 线之下低位区形成底背离，那么通常需要在出现几次底背离才能够确认，投资者需要注意，此时只能战略建仓或者短线操作，如图 7–3 所示。

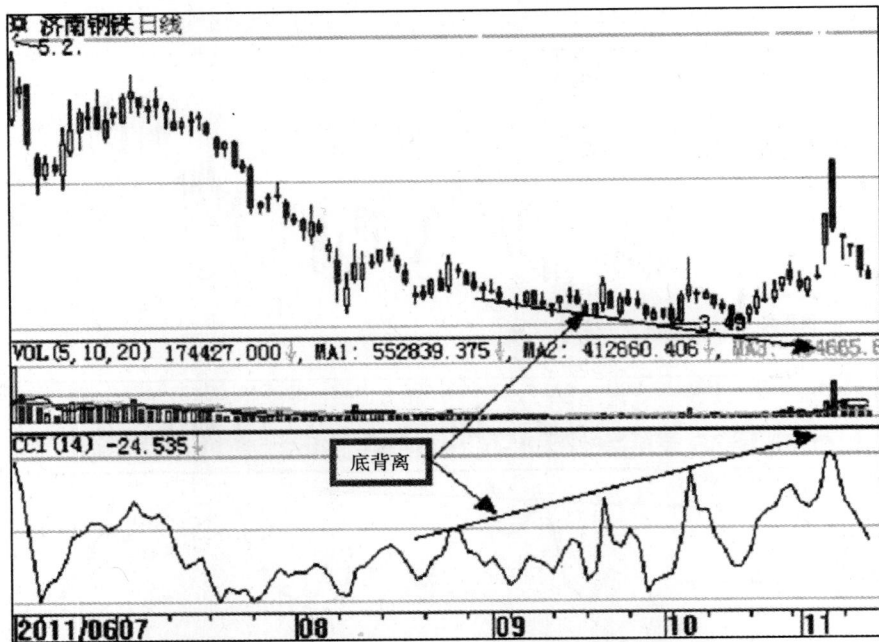

图 7–3　济南钢铁（600022）CCI 指标示意图

第三节　如何根据 CCI 指标确定买卖时点

一、CCI 区间划分

股市中，股市分析软件众多，就以大智慧软件为代表，CCI 指标的分析区间在-100~+100 之间，但也有其他软件，比如，分析家软件则把 CCI 指标分析区间划分在-200~+200 之间。

以下章节中，为了便于读者理解，我们将以-100~+100 为 CCI 指标分析区间进行研判。

（1）CCI 指标运行区间以股票市场通用标准，可分为三类：大于+100、小于-100，以及+100~-100，如图 7-4 所示。

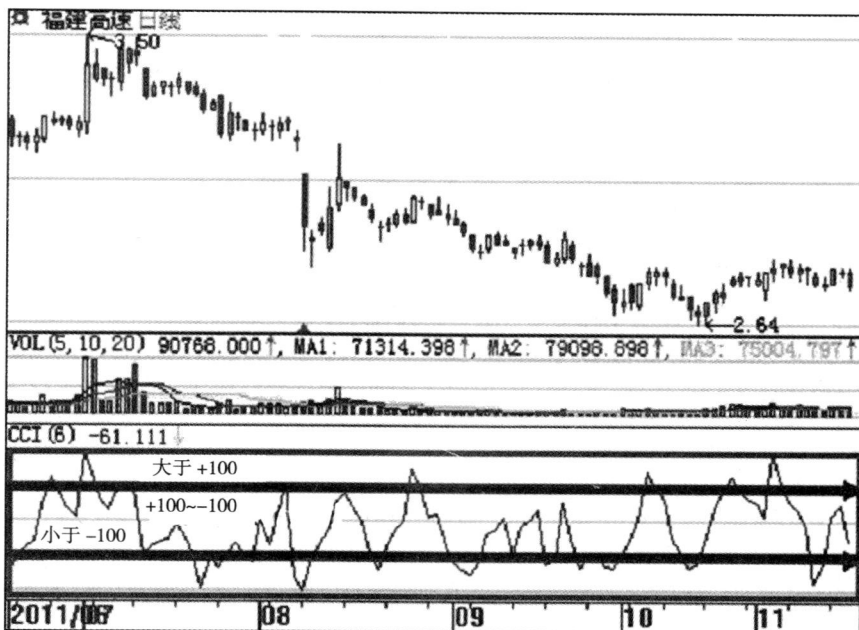

图 7-4　福建高速(600033)CCI 指标示意图

（2）在 CCI ＞ +100 时，说明股价处于非常态区间，也就是超买区间，投资者应当对股价异动现象保持关注，如图 7-5 所示。

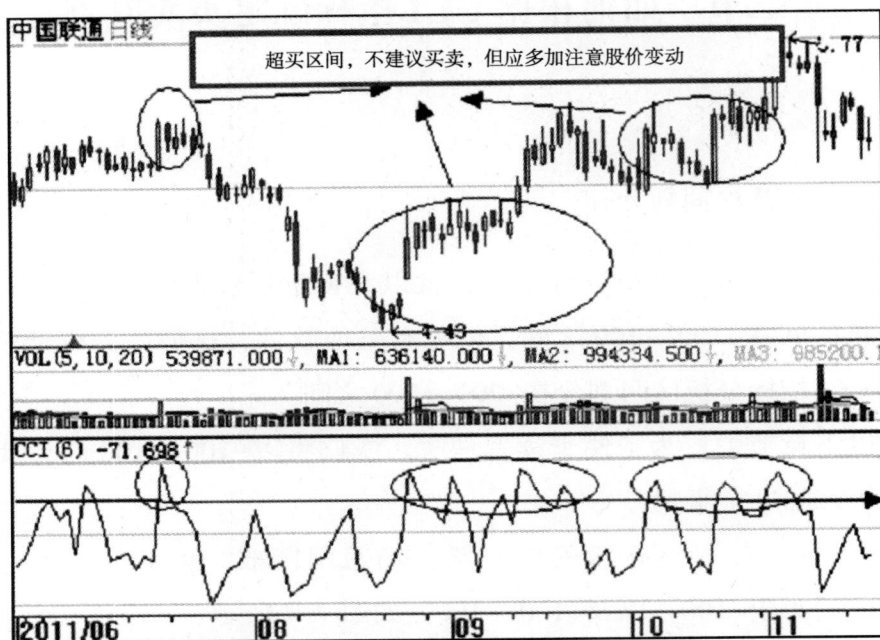

图 7-5　中国联通（600050）CCI 指标示意图

（3）在 CCI ＜ -100 时，说明股价处于另一种非常态区间，也就是超卖区间，投资者可逢低买进，如图 7-6 所示。

（4）在 CCI 处于 +100~-100 时，说明股价处于窄幅震荡整理区间，也就是常态区间，此时投资者应以持币观望为主，如图 7-7 所示。

二、CCI 买卖点判断

CCI 指标的买卖点判断是根据其区间内的变化和走势来判断的。

（1）CCI 由下向上突破 +100 线进入非常态区间——突破日买入。

在 CCI 指标由下向上突破 +100 线进入非常态区间，这说明股价离开常态并处于异常波动阶段，中短线投资者需要及时介入，若伴随着成交量发大，那么这种买入信号更加可靠，如图 7-8 所示。

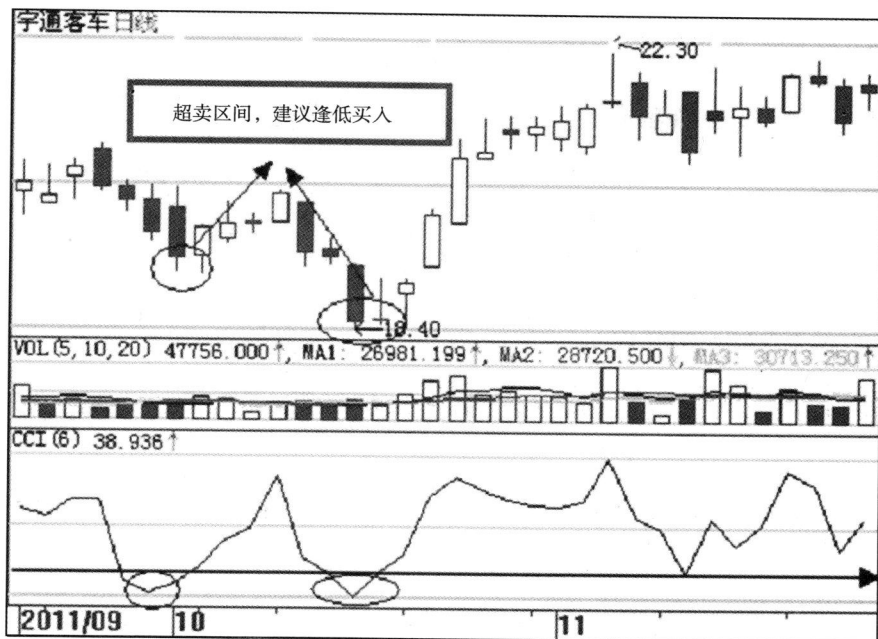

图 7-6 宇通客车（600066）CCI 指标示意图

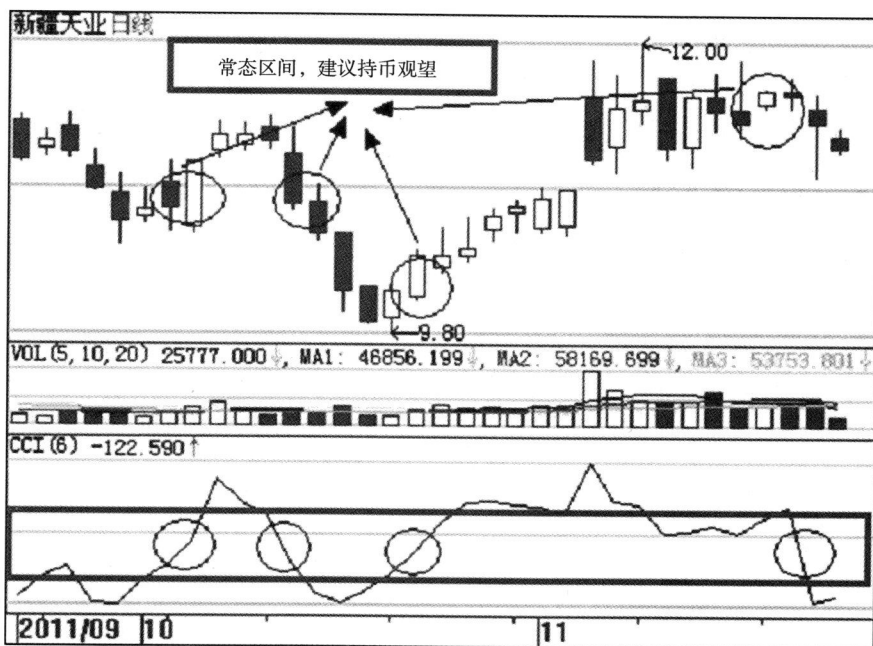

图 7-7 新疆天业（600075）CCI 指标示意图

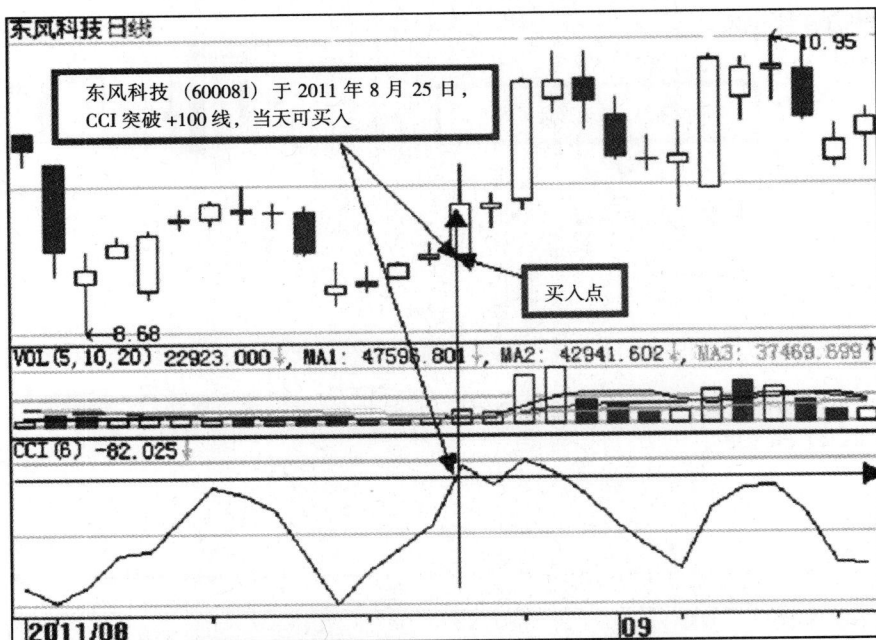

东凤科技日线

东风科技（600081）于2011年8月25日，CCI突破 +100 线，当天可买入

买入点

8.68

VOL(5, 10, 20) 22923.000↓ MA1: 47595.801↓ MA2: 42941.602↓ MA3: 37469.899↑

CCI (6) -82.025↓

2011/08   09

图 7-8　东凤科技（600081）CCI 指标示意图

（2）CCI 在-100 下方，并与股价出现底背离——股价回升时买入。

在 CCI 指标由上向下突破了-100 线进入另一非常区间，这说明股价处于较长寻底阶段，行情盘整已结束。投资者可以在股价开始回升时买入，如图 7-9 所示。

（3）CCI 跌破+100——跌破日卖出。

在 CCI 指标由上向下突破+100 线进入常态区间，这表明股价将会处于较长时间盘整时期，上涨阶段可能结束。投资者此时应当逢高卖出。

（4）在 CCI 指标从下向上突破-100 线再次进入常态区间，这说明股价将可能进入盘整阶段，股价探底阶段结束。投资者此时应当逢低少量买入，如图 7-10 所示。

（5）在 CCI 指标处于+100 线至-100 线常态区间运行，投资者可以使用 KDJ 之类的其他超买超卖指标研判。

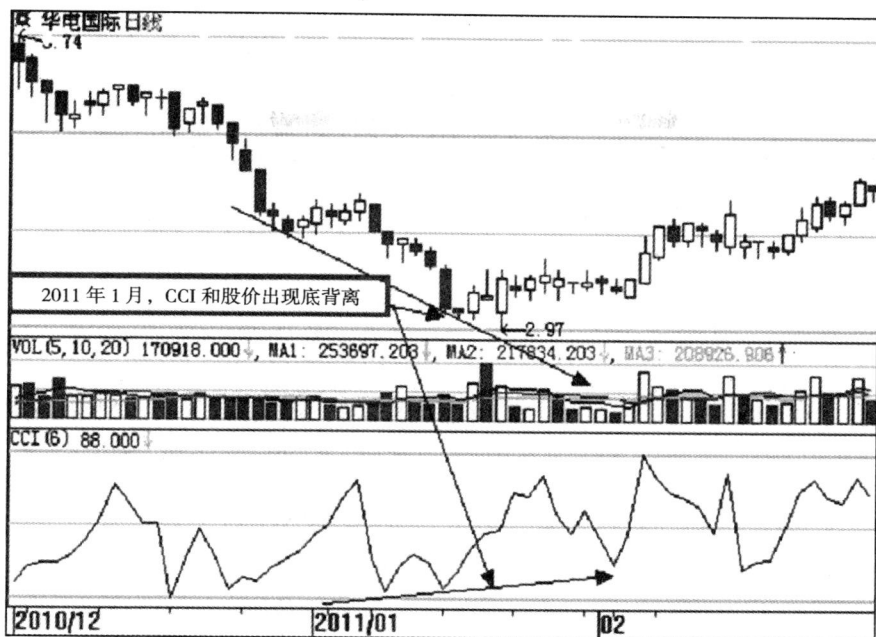

图 7-9　华电国际（600027）CCI 指标示意图

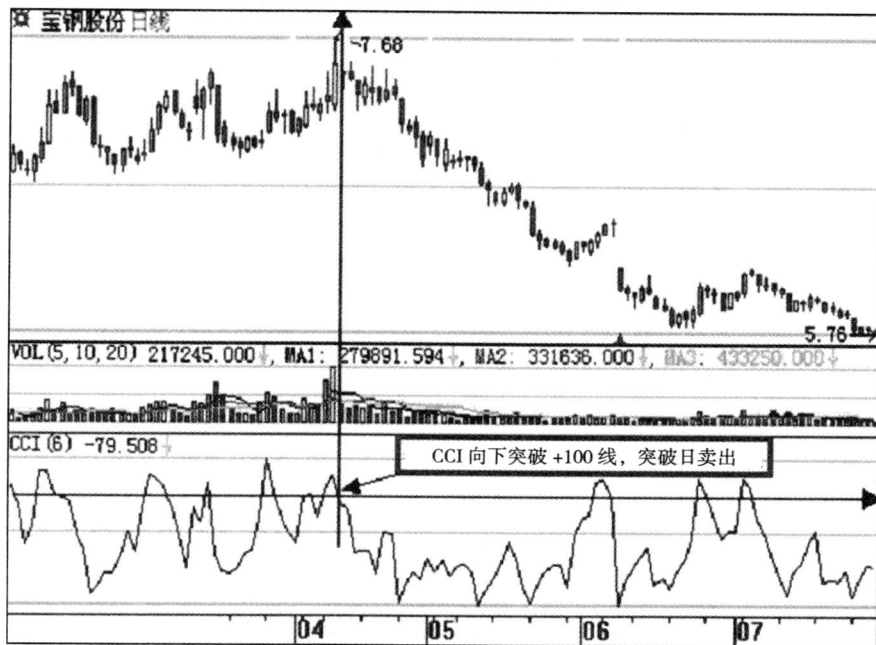

图 7-10　宝钢股份（600010）CCI 指标示意图

2011 年 1 月，CCI 和股价出现底背离

CCI 向下突破 +100 线，突破日卖出

第四节　CCI 指标陷阱的识别

一、强市陷阱的识别

在一轮下跌行情中，CCI 指标由下向上从常态区突破天线（+100）转入非常态区，就表示着股价将会离开常态区或盘整区开始强势上涨行情，此时如果还有成交量配合，即为投资者买入的好时机。但是，在实际操作中，CCI 指标突破天线（+100）时介入，这种非常态维持的时间十分短暂，很多投资者常会在股票买入之后，股价出现小幅度上涨紧接着就转为下跌，此时投资者将很容易陷入陷阱当中。

投资者可以用以下方法辨别 CCI 指标强势陷阱：

从 CCI 运行的态势和方向着手。若 CCI 指标在突破天线（+100）进入非常态区，又出现向下穿过天线运行，在刚接触地线或穿越地线后迅速开始向上运行到天线或者在天线周围环绕波动，那就表明此时股价上涨空间较大，投资者可在此时进行买入操作，如图 7-11 所示。

CCI 指标由天线上方向下突破地线之后回升力度较小，并且停留在地线周围波动，这表明股价没有上涨空间，这时投资者应当选择卖出股票，如图 7-12 所示。

在通过 CCI 判断买卖点的时候，投资者也可以关注成交量变化。在 CCI 指标出现向上突破天线时，股价趋势以及成交量若都维持向上增长态势，那么 CCI 指标向上突破信号也是可靠的。

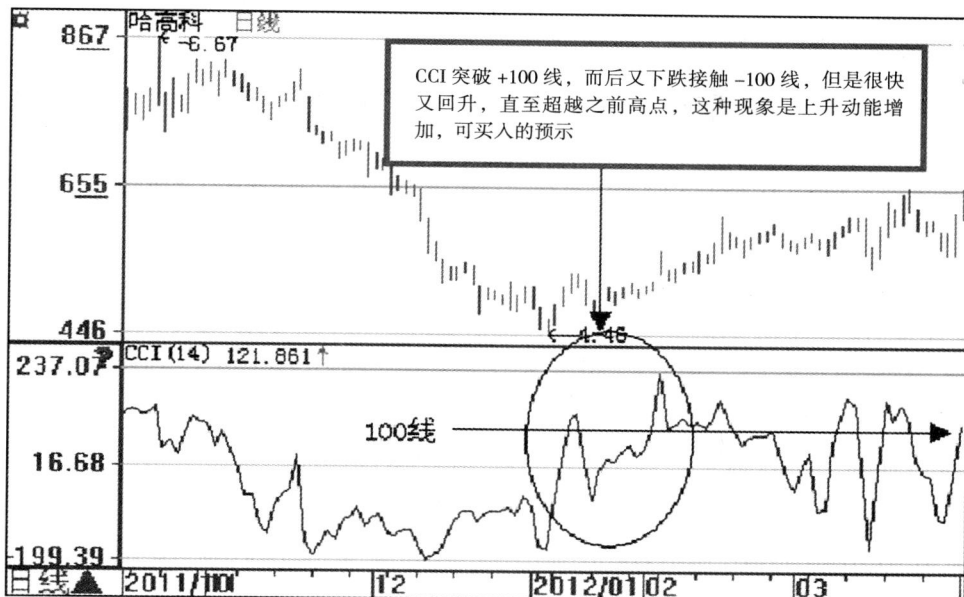

图 7-11　哈高科(600095)CCI 示意图

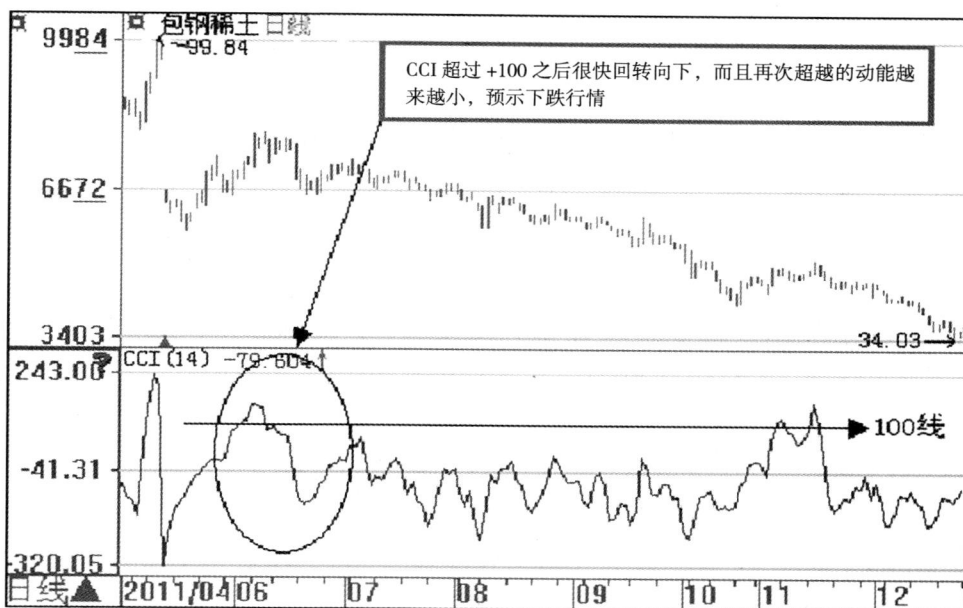

图 7-12　包钢稀土(600111)CCI 示意图

二、弱市陷阱的识别

在一轮上涨行情中，CCI 指标由上向下从常态区突破地线（–100）进入非常态区，那么将表明盘整状态股票可能出现跌破探底，投资者清仓卖出最佳时机在股价探底时期。但是在实际操作中，CCI 指标出现突破地线（–100）进入非常态的时间极为短暂，大多数投资者在卖出操作之后，将会出现股价在小幅度下跌之后再次上涨，此时投资者常会出现踏空。

投资者可以用以下方法识别 CCI 指标弱势陷阱：

同样可以从 CCI 运行的态势和方向入手。如果 CCI 指标由上向下从常态区突破地线（–100）进入非常态区，紧接着 CCI 指标向上穿过天线，在刚接触天线或者穿越天线之后又快速向下突破地线运行，并且在地线附近围绕波动，这也就说明股价上涨空间不足，后市出现下跌趋势可能性较大，投资者应当及时减仓止损，如图 7–13 所示。

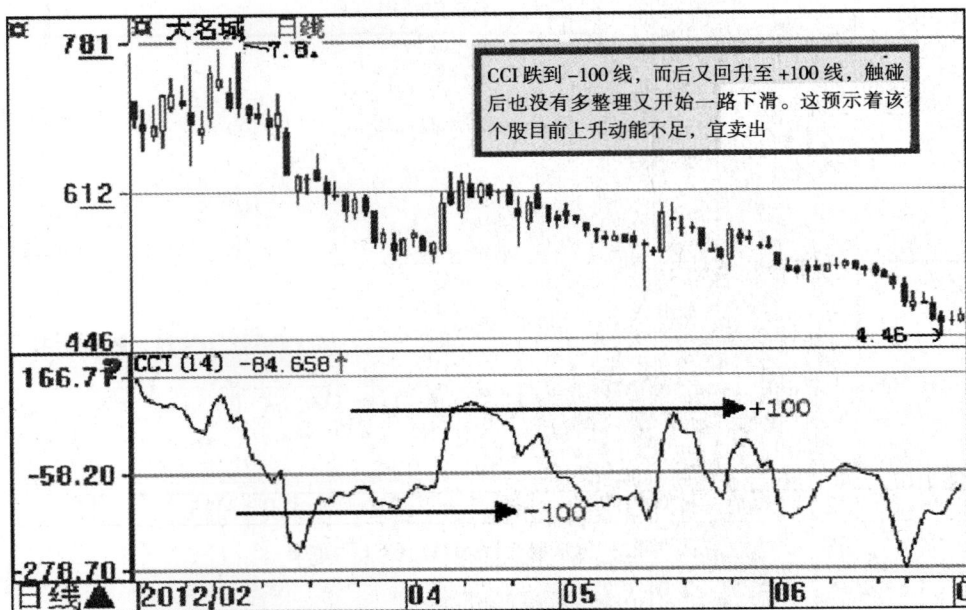

图 7–13 大名城(600094)CCI 示意图

同样，在弱市陷阱中，投资者也需要密切关注成交量变化。在 CCI 指标出现向下突破地线，此时股价趋势以及成交量也都出现向下减小时，表明 CCI 指标向下突破信号是可靠的。

第五节　不同软件上 CCI 指标参数的修改

根据 CCI 指标的计算方法，我们可以看到，CCI 指标是根据不同的时间段为参数，构成日、月、周、年、分钟 CCI 等，而这些时间周期也是根据股票上市时间长短和投资者取舍来决定的。从理论上来说，是可以采取任意时间长度，在很多主流股市分析软件中如大智慧、钱龙、分析家等，各种时间周期变动范围基本都限定为 1~99，如 1~99 日、1~99 周等。但也有些股票分析软件将参数设定到 1~999，但这类软件较少，所以本节 CCI 指标参数设定在 1~99 范围内。

根据 CCI 指标实际运行可以看出，大部分投资者选择日为时间周期参数，但是日 CCI 指标参数使用又基本局限在 6 日和 12 日等几个少数参数中。如果按照这些短期时间参数来分析股票走势，那么 CCI 指标得出的数值变动范围也基本在 -100~+100，并且波动频率较高。

跟其他技术分析指标相同，若在如此狭小空间内使用 CCI 曲线研判行情并且准确研判行情趋势是较为困难的，所以投资者可以配合使用各种股市分析能够使用的中短期日参数结合各种适合的股票理论来研判行情走势。例如，K 线、成交量等。

小　结

（1）当 CCI 为正值的时候，为多头市场；当 CCI 为负值的时候，为空头市场。

（2）处于常态行情的时候，CCI 在±100 之间波动；在强势行情也就是非常态行情时，CCI 会超出±100。

（3）当 CCI 运行到＋100 线上方的高位时，如果 CCI 曲线的走势形成了 M 头或三重顶等顶部反转形态，一半预示着股价由强势转为弱势，股价会迎来大跌，投资者需要及时卖出股票。如果股价的曲线也出现同样形态则更可确认，其跌幅可以用 M 头或三重顶等形态理论来研判。

（4）当 CCI 曲线运行到－100 线下方的低位时，如果 CCI 曲线的走势出现 W 底或三重底等底部反转形态，一半预示着股价由弱势转为强势，股价即将反弹向上，是投资者逢低买入的好机会。这时如果股价曲线也出现同样或相似形态便更加可以确认。

（5）CCI 曲线与其他指标不同，其 M 头和三重顶形态的准确性要大于 W 底和三重底。

（6）当 CCI 曲线向上突破＋100 线而进入非常态区间后，只要CCI曲线一直向上运行，一般预示着股价强势依旧，投资者可一路持股待涨。

（7）当 CCI 曲线在＋100 线以上的非常态的区间时，如果曲线在远离＋100 线的地方开始掉头向下，表明股价的强势状态将难以

维持，是股价比较强的转势信号。如果前期的短期涨幅非常高，则更是对这种趋势的确认。这时，投资者最好及时逢高卖出剩余股票。

（8）当 CCI 曲线在 + 100 线以上的非常态区间，在远离 + 100 线的地方处持续下跌时，表示股价的强势状态已经结束，投资者最好逢高卖出剩余股票。

（9）当 CCI 曲线向下突破 − 100 线而进入另一个非常态区间时，表示股价的弱势状态已经形成，投资者最好持币观望。

（10）当 CCI 曲线向下突破 − 100 线而进入另一个非常态区间后，只要 CCI 曲线持续朝下运行，就表示股价弱势依旧，投资者可持股观望。

趋势指标八　BBI 多空指标

股票市场的操作方法有多种多样，有很多人偏好于使用移动平均线来进行技术研判，但是针对于市场多空行情的判断就较为迟缓，并不能够有效地研判各个周期的行情，BBI 多空指标就是因此而出现的，它能有效地解决多空行情研判的缺失。BBI 多空指标对于多空行情尤其是在研判中长期行情走势中表现卓越。BBI 指标尤其适合于中长线稳健型投资者寻找交易时机，并且在股市周线图中 BBI 指标也被广泛运用，能够给中长线投资者提供绝处逢生的逃顶保障。

第一节　BBI 指标简介

一、什么是 BBI 指标

BBI 指标，中文名称为多空指标，属于均线型指标，它是将不同天数的移动平均线加权平均之后得到的综合指标。每次使用移动平均线的时候，投资者往往会对参数值的设定有不同的偏好，而多空指标正是解决了中短期移动平均线的期间长短合理性问题。

多空指标（BBI）相较各种股市多空判断方法来说，尤其是在中长

期走势中，判断更为有效。很多投资者喜欢使用移动平均线来判断股票多空，在设定不同周期的移动平均线找寻多空转换信号，常会出现不能够有效解决不同周期移动平均线相互协调的缺陷，而多空指标则没有此种缺陷。

二、BBI 指标的原理

多空指标通常使用 3 日、6 日、12 日、24 日等四条平均线。多空指标能够解决中短期移动平均线对于时期长短的合理性问题，使投资者对于参数选择较为固定。因此，BBI 指标适合于稳健型投资者。因为在 BBI 指标中，近期数据的使用次数较远期数据多，一次也是一种变相加权计算，多空指标也是一条混合平均线，既具有短期移动平均线的灵敏性也拥有明显中期趋势的特点。

三、BBI 指标的计算公式

1. 3 日均价 = 3 日收盘价之和/3

2. 6 日均价 = 6 日收盘价之和/6

3. 12 日均价 = 12 日收盘价之和/12

4. 24 日均价 = 24 日收盘价之和/24

BBI = (3 日均价 + 6 日均价 + 12 日均价 + 24 日均价)/4

四、BBI 指标的技术图形

BBI 指标的技术图形如图 8-1 所示。

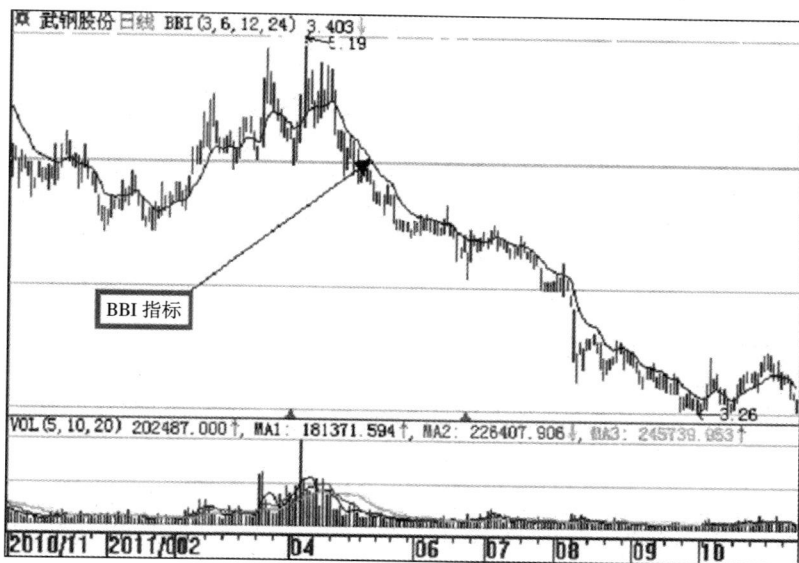

图 8-1　BBI 指标示意图

第二节　如何根据 BBI 指标确定买卖时点

一、低位收盘价突破 BBI 指标线——突破日买入

如图 8-2 中国国贸（600007）BBI 指标示意图所示，在 2011 年 2 月 15 日前的将近四个月内，该股的股价一直是呈向下的趋势，BBI 始终位于股价之上。但是经过这些天的震荡、筑底，该股于 2011 年 2 月 15 日这天，一改走势，股价开始回升。其中最明显的特征就是 BBI 被股价突破，此突破日就是买入点。

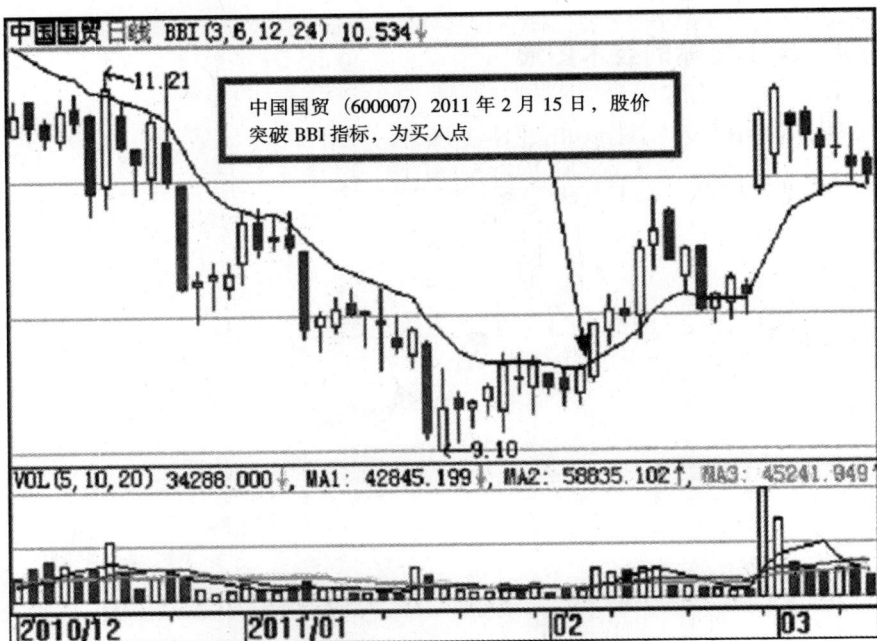

中国国贸日线 BBI (3, 6, 12, 24) 10.534↓

中国国贸（600007）2011 年 2 月 15 日，股价
突破 BBI 指标，为买入点

VOL(5, 10, 20) 34288.000↓ MA1: 42845.199↓ MA2: 58835.102↑ MA3: 45241.949↑

2010/12   2011/01   02   03

图 8-2   中国国贸（600007）BBI 指标示意图

二、BBI 突破 W 底的颈线——突破日买入

明星电力（600101）于 2010 年 12 月 29 日和 2011 年 1 月 25 日出现了两次低点（如图 8-3 所示），我们将这两个低点相连，再沿着两个低点中间的高点画出一条水平线，与 BBI 指标相交的两个 K 线就是个股的颈线。对于明星电力（600101）来说，2011 年 2 月 21 日就是一个突破颈线的股价，可以买入。

三、高价区收盘价跌破 BBI 指标线——跌破日卖出

民生银行（600016）自 2011 年 3 月开始，股价一直呈上涨趋势。5 月 5 日的时候，股价还没有明显回落的趋势，但是 BBI 指标线却首次升高到股价之上，这说明后市上涨的空间已经不大，此处为较好的卖点之一，如图 8-4 所示。

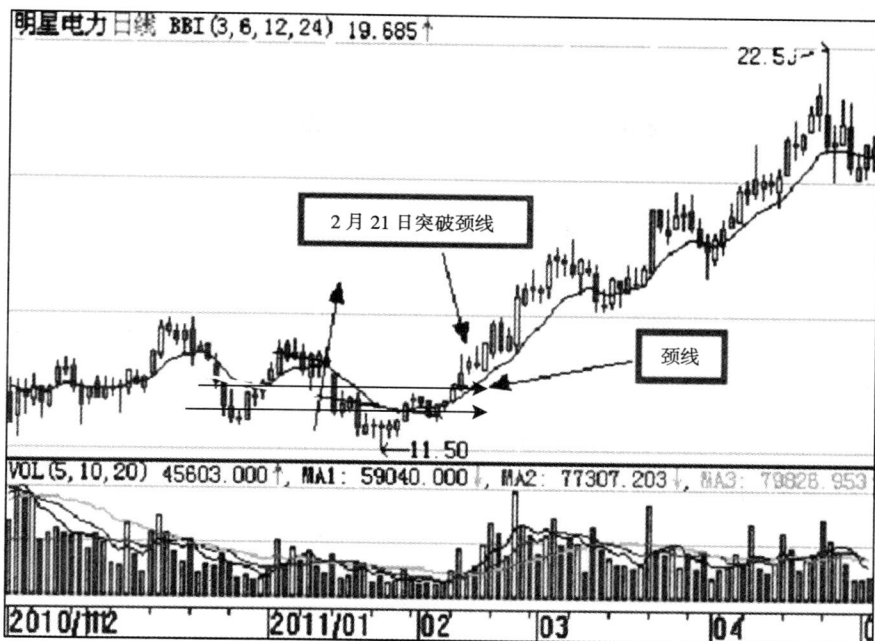

图 8-3　明星电力(600101)BBI 指标示意图

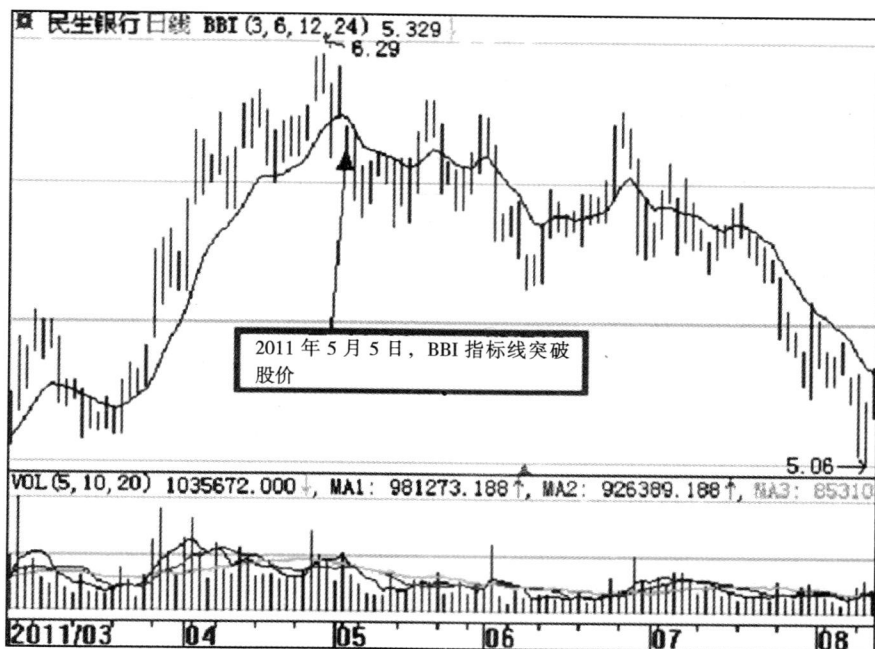

图 8-4　民生银行(600016)BBI 指标示意图

四、BBI 跌破 M 顶颈线——跌破颈线时卖出

2011 年 5 月、6 月、7 月，上海电力（600021）的 BBI 指标线在高位形成双重顶形态。8 月 5 日，该股的 BBI 跌破了双重顶的颈线，此时可以作为卖点，如图 8-5 所示。

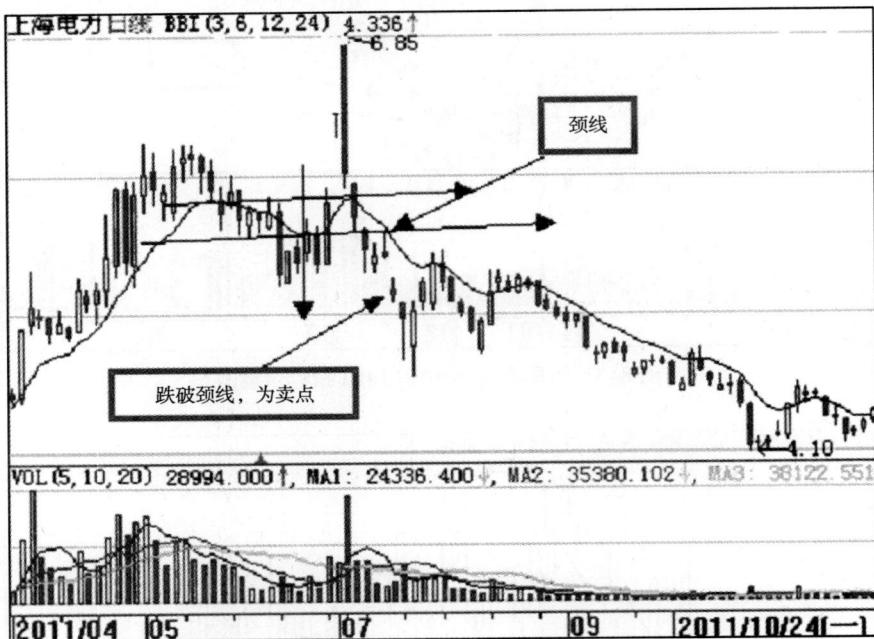

图 8-5　上海电力（600021）BBI 指标示意图

第三节　利用 BBI 指标与时间周期逃顶

一、BBI 指标在时间参数上的选择

BBI 指标是 4 条移动平均线的再平均，因此选择时间参数是很重

要的。在 BBI 实际运用中，很多人使用斐波那齐数字 5、8、13、21 作为时间参数，其实这种选择是不科学且很武断的。

要知道，时间参数与指标衡量股价趋势的准确性有很大的关联，所以，投资者在选择 BBI 指标参数时，需要更为慎重。由于个股的循环周期不可忽视，所以，确定周期是第一步。

如果你所追踪个股的周期是 30 天，那么参数就要设置为 24 天、12 天、6 天、3 天。这样做可以充分弥补平衡线的滞后性，如图 8-6 所示。

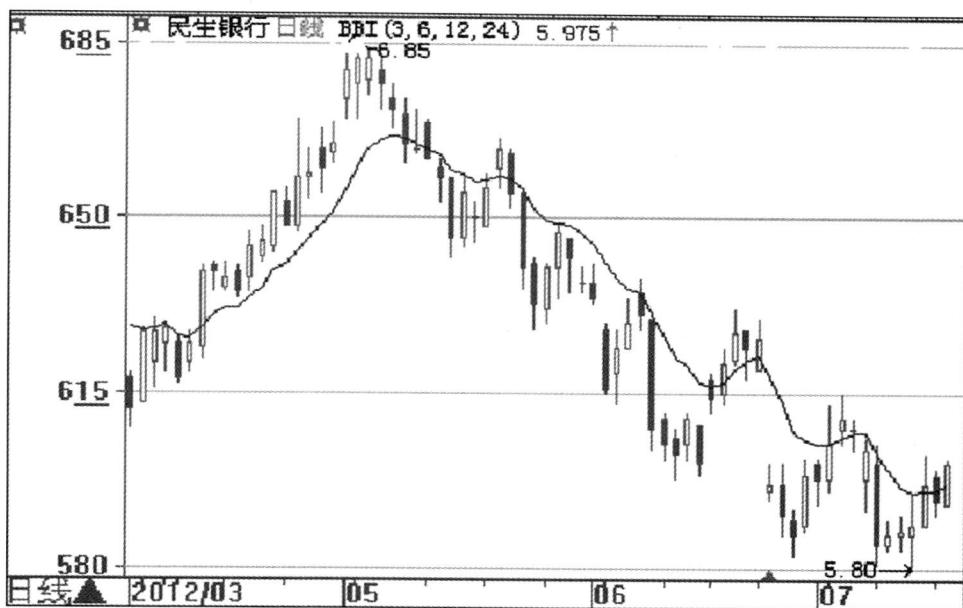

图 8-6　民生银行(600016)BBI 示意图

二、BBI 指标在周线上的应用

BBI 在周线图中使用较为广泛，能为投资者长线交易提供逃顶保障。这是因为长线交易特点在于避免出现频繁交易，最大限度地跟随趋势，因此在周线图中，价格跌破 BBI 是给长线交易的投资者提供较好的平仓机会。

但周线图中的跌破不能等到周线收盘，若一旦跌破 BBI 应当立即关注日线，查看日线是否也出现周期下降，若一旦出现，立即离场。这也是投资者最应关注的，如图 8-7 所示。

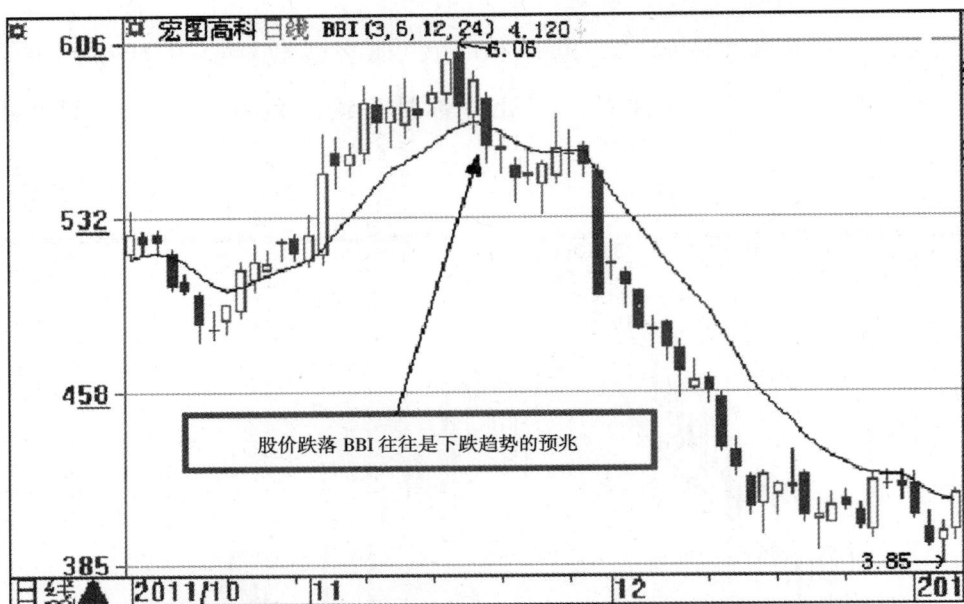

股价跌落 BBI 往往是下跌趋势的预兆

图 8-7　宏图高科（600122）BBI 示意图

三、利用 BBI 指标逃顶的基本技巧

逃顶，也就是在股价上涨中，预计快要到达顶部，股价将要从涨反转下跌时果断卖出。那么怎么做才是正确的逃顶呢？

如图 8-8 所示，在使用 BBI 逃顶时，首先必须结合周期，单纯跌破 BBI 不是逃顶信号，但当周期过了理想上涨时期之后，价格跌破 BBI 才是真正的逃顶信号。若跌破 BBI 之后，速度过快，那么常会出现 BBI 反抽的现象。

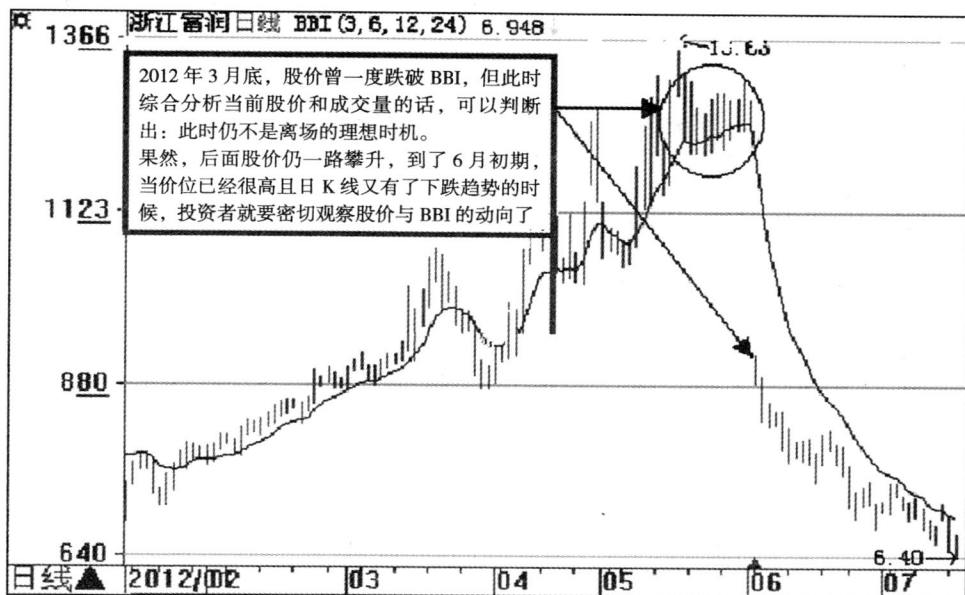

图 8-8　浙江富润(600070)BBI 示意图

第四节　应用中 BBI 指标的缺点

BBI 指标有以下几个方面缺点和局限性：

（1）BBI 指标信号具有滞后性。也就是常会在股价已经接近短期顶部时，才会出现买入信号；股价已经接近短期底部时，才会出现卖出信号。

（2）BBI 指标信号具有频发现象。这种信号频发现象尤其是在趋势不清晰时更为严重。

（3）BBI 指标只设置一条平均线，只具有短期多空"分水岭"的用处。移动平均线指标 MA 相较于 BBI 来说，平均线设置较多，分为长、中、短期同时使用，能够有效地弥补单一平均线的缺点。

（4）BBI 指标也就是以普通移动平均线 MA 指标为基础的改进，只有在改进中才能够更加适应市场趋势，才能进步发展，技术指标也是如此，BBI 指标也需要更新改进，才能够更好地适应市场趋势。

（5）投资者在使用移动平均线技术进行研判时，可以设置多条不同周期移动平均线，利用死亡交叉或者黄金交叉来作为转折点的判断信号，BBI 指标则在这方面具有不能改变的缺陷。

但是投资者在使用 BBI 指标时，可以利用寻找拐点的方法来弥补这种缺陷，例如在 BBI 指标保持向上态势时，可以选择买入或者持股操作；若 BBI 指标向上趋势减弱趋于走平时，应当保持警惕以观望为主；若 BBI 指标出现掉头向下形成拐点时，应当适当减仓或者离场。另外 BBI 指标还具有滞后性，所以在使用时应当结合其他指标综合判断行情。

（6）BBI 不能用于对短线的研判。BBI 是优秀的指标，但 BBI 指标并不是万能的，它只是在某些方面能够给投资者提供方便的工具，并且是在特定的方面发挥优势，EBBI 适用于长线投资者，并不能够对短线趋势进行研判。

（7）BBI 不能用于对卖出信号的研判。BBI 并不能对卖出信号做出研判。投资者不能够单纯地推理 BBI 向上穿过 EBBI 就是长线买入信号，BBI 向下穿过 EBBI 也就是长线卖出信号。这种推理中的卖出信号是不可取的。BBI 向下穿过 EBBI 时，股价已经开始下跌严重。若 EBBI 持续呈现递增现象，投资者可继续持股；若 EBBI 出现拐头，那么投资者要明白这并不一定是头部。

第五节 BBI 指标技术图形应用举例说明

通过前面讲解，我们可以得到两个关于 BBI 指标的基本用法：股价位于 BBI 上方，视为多头市场；股价位于 BBI 下方，视为空头市场，如图 8-9 所示。

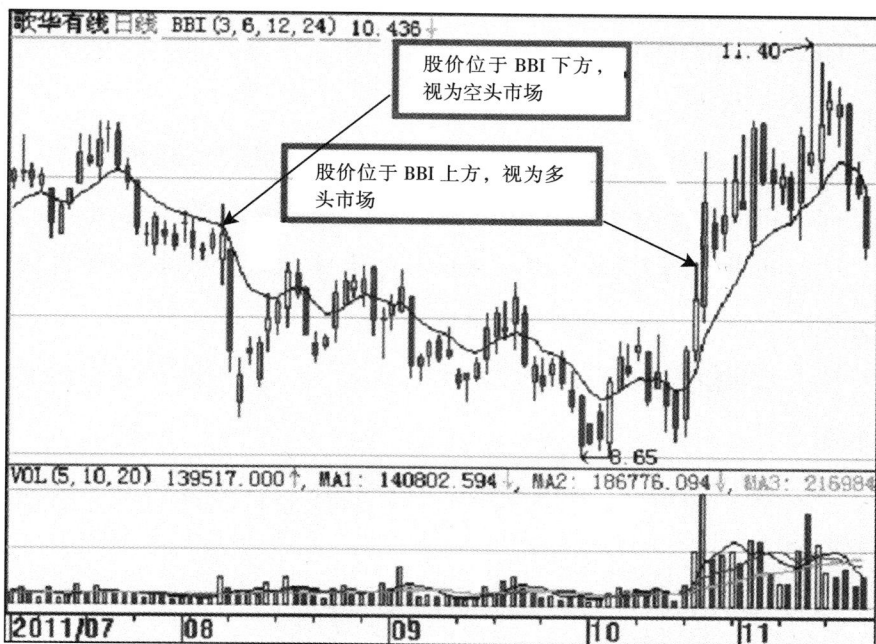

图 8-9 歌华有线（600037）BBI 指标示意图

小 结

（1）股价位于 BBI 上方时，视为多头市场。

（2）股价位于 BBI 下方时，视为空头市场。

（3）在下跌行情中，如果当日收盘价跌破 BBI 曲线，表示多转空，为卖出信号。

（4）在上涨行情中，如果当日收盘价升越 BBI 曲线，表示空转多，为买入信号。

（5）在上升回档时，BBI 为支持线，可以发挥支撑作用。

（6）在下跌反弹时，BBI 为压力线，可以发挥阻力作用。

（7）若 BBI 指标向上趋势减弱趋于走平时，应当保持警惕以观望为主。

（8）若 BBI 指标出现掉头向下形成拐点，此时应当适当减仓或者离场。

（9）BBI 指标还具有滞后性，所以在使用时应当结合其他指标综合判断行情。

（10）BBI 指标具有滞后性和频发现象。

趋势指标九　DMI 趋向指标

投资者在股票市场操作时，常会因为各种因素而影响其判断能力，常常会出现操作失误，而 DMI 趋向指标则能够给股票市场中的投资者点亮一盏指向灯。DMI 技术指标能够明显地表现出各个股票股价的运动趋势，使投资者更好地了解股价的变动。DMI 指标还是一个十分特别的指标，该指标对于特殊行情能够体现出其他指标不具有的特殊解决能力，常会比其他技术信号更为迅速地发出风险信号，使投资者更早地避免损失的出现；另外，DMI 指标是一种趋向类指标，对于发展期的行情研判较为可靠，能够及时地引导投资者进场获利。还有，DMI 指标能够在下跌行情出现时使投资者捕捉到每一次行情反弹，将损失降低到最小。

第一节　DMI 指标简介

一、什么是 DMI 指标

DMI 是 Directional Movement Index 的简称，中文名称为趋向指标，又名动向指标，它由美国技术分析大师威尔斯·王尔德（Wells Wilder）发明并推广使用的一套股票技术分析工具。是主要用于研判投资市场

多空双方力度的一种中长期股市技术分析方法。

二、DMI 指标的原理

DMI 指标是通过分析股票价格处于上升和下跌过程的供需关系的平衡点，也就是供需关系会受到价格变动而产生从均衡到失衡的循环过程。

这一点与很多其他指标一样，都是根据每天收盘价走势以及上升或者下跌幅度的累计数来计算出不同的分析数据，但 DMI 与其他指标的不同之处在于，其并未忽视每日高低价的波动幅度。

股市中常常发生这种情况：两日收盘价可能是相同的，但是如果其中一天波动较小，另一天振幅却在 10%以上，那么这两天股价波动的意义肯定是不同的。DMI 指标就是把每日高低价的波动幅度因素计算在内，综合预测分析未来行情走势。

三、DMI 指标的计算方法

1. 上升动向值（+DM）、下降动向值（–DM）和无动向值

DMI 指标的计算公式如下：

上升动向值（+DM）= |当日最高价 – 前一日最高价|

如果+DM < |当日最低价 – 前一日最低价|，则+DM = 0

下降动向值（–DM）= |当日最低价 – 前一日最低价|

如果 – DM < |当日最高价 – 前一日最高价|，则–DM = 0

无动向值为当日的（±DM）= 0

2. 真实波幅（TR）表示当日价格较前一日价格的最大变动值

其计算方法如下：

A = |当日最高价 – 当日最低价|

B = |当日最高价 – 前一日收盘价|

C = |当日最低价—前一日收盘价|

真实波幅（TR）=（A、B、C 中数值最大者）

3. 计算+DM、−DM、TR 的 n 日累和

4. 上升动向指标（PDI）（+DI）=Σ + DM/Σ TR × 100，

下降动向指标（MDI）（− DI）=Σ − DM/Σ TR × 100

5. DX =（PDI − MDI）/（PDI + MDI）× 100

（动向平均数）ADX = DX 的 m 日移动平均值

6. ADXR =（当日 ADX + 前一日 ADX）/2

其中，参数 n 设置为 14，参数 m 为 6。

四、DMI 指标的技术图形

DMI 指标的技术图形如图 9−1 所示。

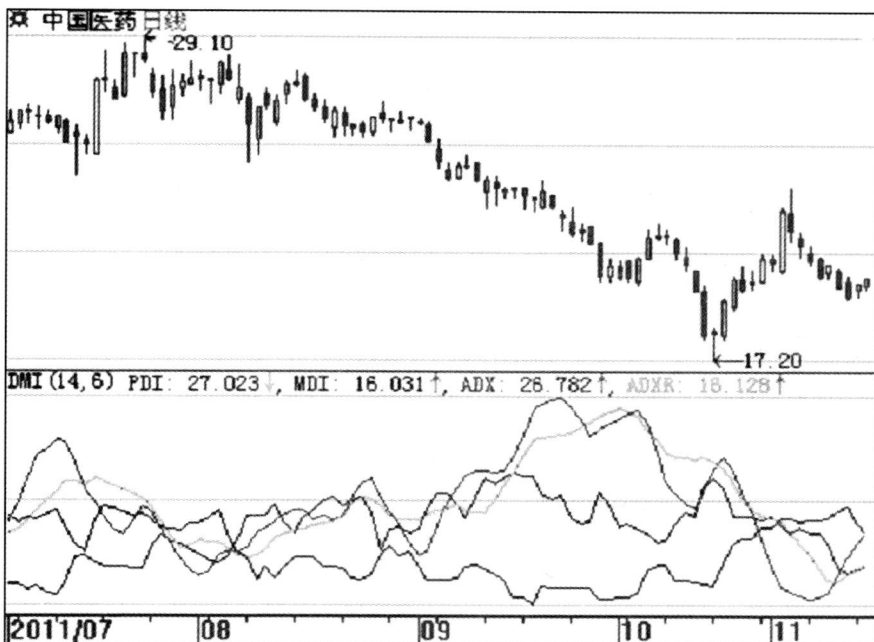

图 9−1　DMI 指标示意图

第二节 如何根据 DMI 指标确定买卖时点

一、PDI 突破 MDI——突破日买入

首创股份（600008）于 2010 年 7 月 20 日时，其 DMI 指标中的 PDI 指标线突破了 MDI 指标线。这说明此时行情中有了新的、有力的多方力量进入，是比较可靠的买入信号，如图 9-2 所示。

图 9-2 首创股份（600007）DMI 指标示意图

二、PDI 自下往上突破 20——突破 20 时买入

从图 9-3 来看，2011 年 2 月 14 日，济南钢铁（600022）的 PDI 指标突破 20，这表示多方力量逐渐增强，是一种看涨信号。投资者可以把此时作为买入时点。

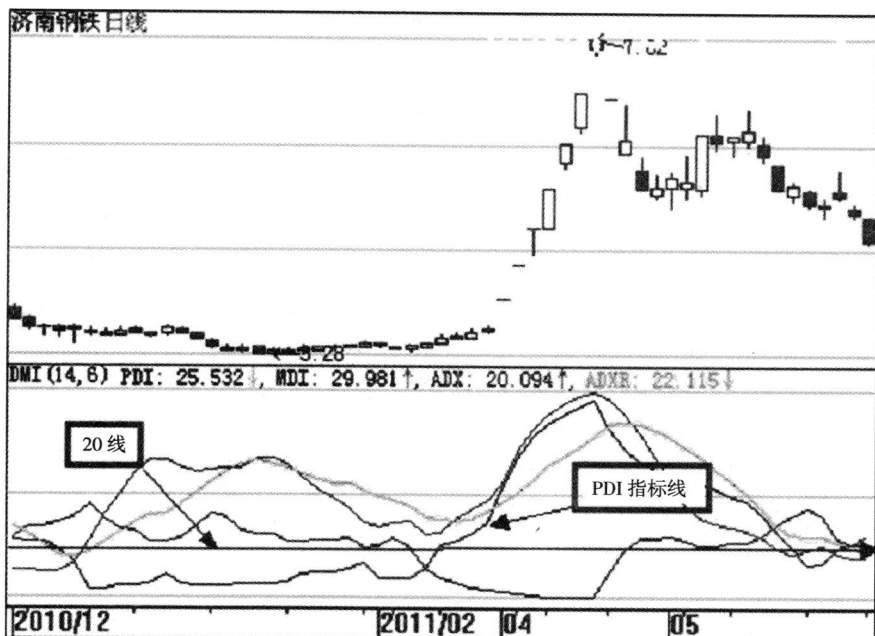

图 9-3　济南钢铁(600022)DMI 指标示意图

不过在买入的同时，投资者需要着重观察一下情况，做进一步的确认：PDI 向上突破过程中，成交量是否配合放大，如果放大则表明多方力量逐渐增强，这种形态的看涨信号更为可靠；还有在 PDI 突破 20 之后，如果在 20~40 区间内反复震荡，也可以看做是股价持续上升的信号。如果 PDI 很快下跌突破 20，这表明多方后续力量不足。若 PDI 快速突破 40，这时可能表明市场行情进入超买状态。这表明股价后期上涨空间较小；若 PDI 向上突破了 20 时，MDI 也同样被突破，这种形态的看涨信号将更可靠。

三、ADX 与 ADXR 形成低位金叉，同时 PDI 位于 MDI 上方——金叉日买入

2011 年 6 月 30 日，金发科技（600143）的 ADX 与 ADXR 在股价低位形成金叉，同时 PDI 指标线位于 MDI 指标线上方。这表明，低位震荡的行情就要结束，是股价即将迎来上涨的信号。而此时的金叉交叉点就是买入点，如图 9-4 所示。

图 9-4　金发科技（600143）DMI 指标示意图

四、PDI、ADX 和 ADXR 向上发散——发散后逐步买入

如图 9-5 所示，2011 年 7 月 14 日，大元股份（600146）的 MDI 线向下突破 ADX，向下跌落在四条指标线最低位置，同时该股的 PDI、ADX 以及 ADXR 三条指标线却同时向上发散。

出现这种形态表示市场人气在逐渐增强，股价将会横盘整理完毕，

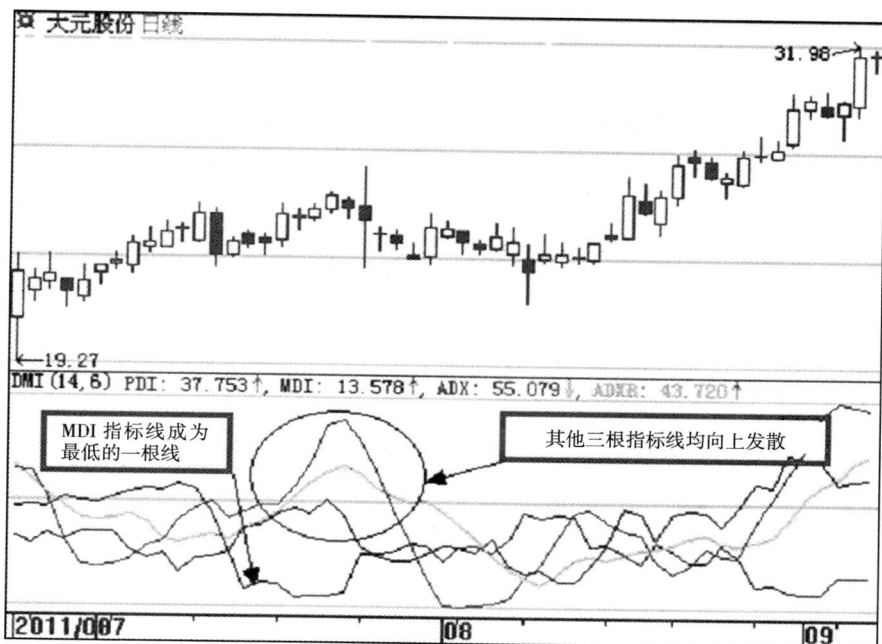

图 9-5　大元股份（600146）DMI 指标示意图

是一种看涨买入信号。投资者在看到此形态时，可积极买入股票。这里同样需要注意一点：三条曲线向上发散期间，需要成交量的配合，若成交量配合放大，这种形态的看涨信号更可靠。

五、PDI 跌破 MDI——跌破日卖出

如图 9-6 所示，2011 年 8 月 23 日，香江控股（600162）的 PDI 线向下突破 MDI 线，该形态表明当前市场中的多方力量不断减少，空方力量逐渐复苏，未来股价将是空方占据主导，股价将持续下跌。所以投资者在看到此信号时，最好及时卖出。

如果投资者看到 PDI 向下突破 MDI 之前，股价已经出现下跌，那么这种形态的卖出信息更可靠。反之，如果在上涨行情中出现此形态，那么此看跌信号并不有效。另外，PDI 跌破 MDI 的两条曲线所处位置越高，这种形态看跌信号更可靠。此形态若出现在 20 之上要比出现在

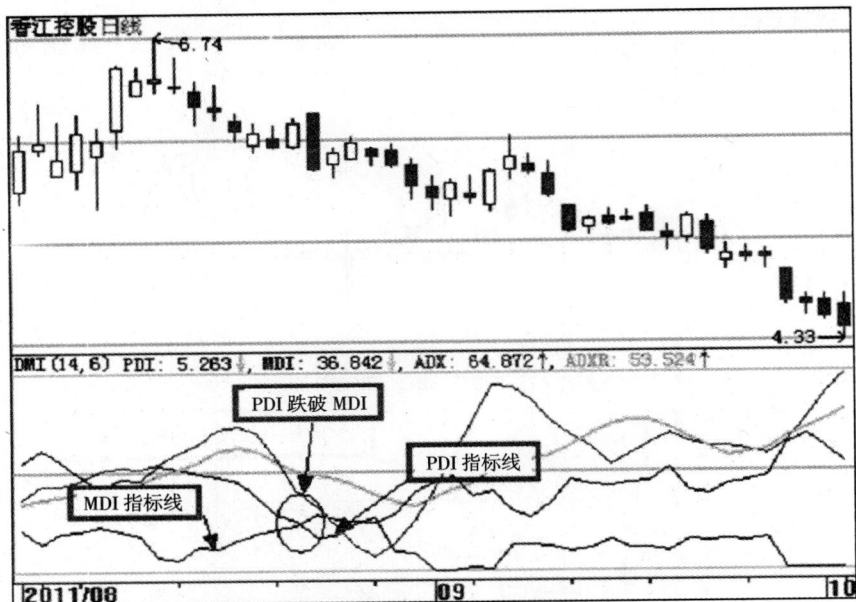

图 9-6 香江控股(600162)DMI 指标示意图

20 之下更为可靠。

如果 MDI 突破 PDI 之后依然继续上涨，PDI 却持续下跌，这两者的距离慢慢增大，那么这种形态的看跌信号更强烈。若两者在 20 附近区域结合在一起，那么未来股价将可能出现横盘整理行情。

六、MDI 自 20 以下回升——再次回落并跌破 20 时卖出

如图 9-7 所示，2011 年 6 月 28 日，联美控股（600167）的 MDI 指标线自下往上突破 20，但是短短一个星期过后，MDI 又跌破 20，这种情况表示市场中空方力量逐渐复苏，是一种看跌卖出信号。在这种形态出现之后，投资者应迅速卖出。此时应注意：在 MDI 处于 20 之下横盘整理时，成交量若出现缩小，是多方力量变弱的证明。未来 MDI 若突破 20，那么这种看跌信号更强烈。如果 MDI 突破 20 时也突破 PDI，PDI 也迅速地下跌到 20 之下，这就可以证明是多方力量衰弱，空方力量强劲的信号。

图 9-7　联美控股(600167)DMI 指标示意图

七、ADX 与 ADXR 发生高位死叉 ——死叉日卖出

如图 9-8 所示，卧龙地产（600173）在 2011 年 4 月 18 日的时候，ADX 指标线与 ADXR 指标线在接近 60 的高位发生死叉。这表示此时行情中多方力量减弱，空方力量在加强，表示上涨行情的结束。

有一点需要投资者注意的是，ADX 指标线与 ADXR 指标线发生死叉的现象很常见，这不是一个长线信号。而且当两者发生死叉时，必须是在上涨行情中，才能判定股价要下跌的信号。

另外，股价在处于上涨行情中，PDI 处于 MDI 之上，若 ADX 与 ADXR 高位形成死叉之后，PDI 和 DMI 之间会快速靠近。如果在几个交易日之内 PDI 跌破 MDI，那么就表明多方力量消耗完毕，空方占据主动，股价开始下跌行情。

如果 ADX 与 ADXR 在高位出现死叉之后迅速回落到 20 周围，并

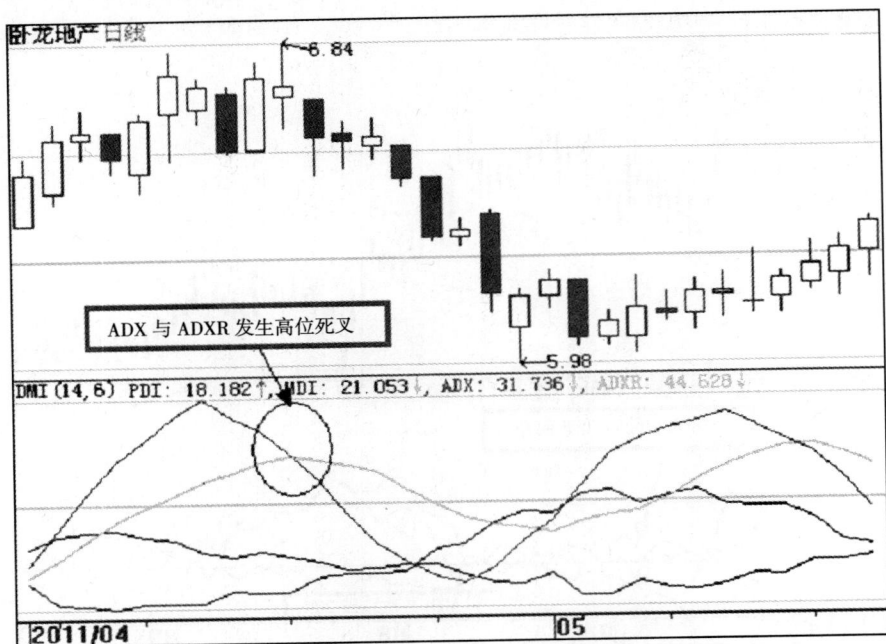

图 9-8   卧龙地产 (600173)DMI 指标示意图

和 DMI 指标另外两条线在 20 附近纠结，这就表明上涨行情结束，股价进入顶部盘整时期，多方和空方进入僵持阶段。在此种情况之下，投资者可在卖出股票之后继续观望，在调整之后股价再次上涨时买入。

八、PDI 下穿其他三条曲线——跌穿日卖出

如图 9-9 所示，2011 年 8 月 4 日，中国玻纤 (600176) PDI 指标线向下运行的过程中，穿过了其他三条曲线，跌到最下方。该现象发生在股价跌落的过程中，表示今后的下跌速度会进一步加快，投资者此时应该立即卖出所持股份。

一般来说，PDI 迅速下降的时间内，一旦突破 MDI，就代表弱势行情即将的预兆。再加上 ADX 与 ADXR 出现低位金叉，则更验证了股价加速下跌的预兆。

另外，在此形态形成之后 PDI 曲线所处位置越低，表明多方力量

DMI(14,6) PDI: 19.965↓ MDI: 33.130↓ ADX: 11.005↑ ADXR: 9.808↑

PDI 向下跌穿三条指标线

图 9-9　中国玻纤(600176)DMI 指标示意图

越弱，此时这个形态发出的看跌信号也就更强烈。

第三节　应用 DMI 指标的缺点

（1）±DI 交叉信号要较其他指标反应速度慢，因此中长线投资者适用于此种指标，此种指标并不适用于短线投资者，若非要使用此指标指导短线交易，可以把周期设定为半小时或者一小时。对于 ±DI 交叉信号应当避免使用，可以使用 KD 或者 MACD 交叉来作为买卖指导。

（2）指标周期设定时间长才能有效。

（3）常会出现 ADX 已经转折，股价依然持续前进，并未出现反转。

（4）在市场强势时，ADX 也会失真，但可依然按照 ADX 转折信号

操作，指标会自行修复。

（5）ADX 转折必须在 50 之上才能够有效，通常 ADX 转折后，会持续下降到 20。若 ADX 只下降到 40~60 之间就掉头上升，那么这也就是大行情将要到来的预兆。

（6）在 ADXR 低于 20 时，说明市场低迷，所有指标失去功效，这时应当立即离场；在 ADXR 处于 20~25 时，只有布林线具有参考价值。

（7）DMI 指标适合应用在行情波动十分明显的行情中，如果行情处于盘整时，这个指标效果则不理想。这个指标的功能基本是研判市场运行趋势，更适用于中期交易者的指标。

小 结

（1）DMI 指标总共有四条线：+DI、ADX、ADXR、−DI。

（2）在行情上升或者下跌趋势明显时，若+DI 上交叉−DI 时，为买进信号；若+DI 下交叉−DI 时，为卖出信号。

（3）若 ADX 数值下降到 20 之下，并且出现横盘时，这时股价处于小幅盘整中；若 ADX 突破 40 具有明显上升趋势时，能够确认股价处于上升趋势。

（4）若 ADX 处在 50 之上反转向下时，不论股价处于上涨或下跌，都预示行情将会出现反转。

（5）因为需要迅速做判断，因此在使用 DMI 趋向指标时，日线的DMI 指标计算周期应当设定为 5 分钟、15 分钟、30 分钟、60 分钟。日线 DMI 指标计算周期应该设置为快速周期值。

（6）在 4 根线间距减小时，说明行情处在盘整期，该指标不具有指导意义。

（7）在+DI 向上突破–DI，也就是买入信号。若 ADX 止跌回升，那么涨势更加强烈。当 ADX 上升到某一水平，掉头回落，这时表明后市即使继续上涨，涨势也会减弱，时间也较短，然后出现下跌行情，一直到 ADX 再次掉头回升。

（8）若–DI 向上突破+DI，这就是卖出信号，若 ADX 向上上升，就会出现较急的跌势，一直到 ADX 见顶回落，才确定底部出现，之后跌势将会减弱，还会出现反弹回升的情况。

（9）在股价见顶时，ADX 也会跟随见顶，此时 ADX 处于 70 左右，因此 ADX 的作用是辅助判断涨势或是跌势的反转信号。

（10）ADX 离开 20~30 之间向上升时，不管此时价格正处于上涨或是下跌，都可以确定将会出现一段相当有幅度的行情。

趋势指标十　TRIX 三重平滑移动平均

在股市操作中，常会出现主力骗线的情况，投资者深受其扰，而TRIX三重平滑移动平均线指标就是为解决这种情况而创造出的技术指标。该指标能够较为有效地过滤短期波动以及主力骗线的干扰，能够使中长期投资者更安全可靠地进行股市操作；另外，TRIX 指标还能够清晰地表现出后市长期的运动趋势，使投资者对于后市的趋势更为直观、清晰地分析了解，尤其是对于在操作中出现失误的投资者来说，能够更好地降低损失成本以及风险。这种技术指标对于稳健型的长期投资者研判后市价格趋势是十分有用的分析工具。

第一节　TRIX 指标简介

一、什么是 TRIX 指标

TRIX 是英文 Triple Exponentially Smoothed Average 的简称，中文名称为三重指数平滑平均线。经常炒股的人常会有这样的体会：在使用均线系统交叉时，常出现骗线情况，有时还会出现频繁交叉情况。而通过 TRIX 我们就可以筛选掉很多不必要的波动来反映出股价长期

波动的趋势。该指标是把均线数值再平均一次，并在这个基础之上得出第三重平均数。如此就能够有效地避免频繁出现交叉信号了。

二、TRIX 指标的原理

如上所述，TRIX 指标就是依据移动平均线理论，对于一条平均线进行三次平均，再根据这条移动平均线变动情况研判未来股价长期走势。跟 TRMA 等趋向指标相同，TRIX 指标从一方面减少价格短期波动干扰，然后去除移动平均线频繁出现假信号的缺点，最大限度地减少主力骗线行为的影响，并且对于交易行为频繁所造成的交易成本浪费也能够解决。TRIX 指标保留移动平均线的效果，并且突出了股价长期运动趋势，投资者对于未来长时间内股价运动趋势能够直观并且准确地了解掌握，使投资者避免被深度套牢或者跑丢"黑马"的可能。TRIX 指标适用于长期投资者，并且对于实战能够提供有效参考。

三、TRIX 指标的计算公式

TRIX 指标的计算公式如下：

（1）TR = 收盘价的 N 日指数移动平均的 N 日指数移动平均的 N 日指数移动平均

（2）TRIX =（TR – 昨日 TR）/昨日 TR × 100

（3）MATRIX = TRIX 的 M 日简单移动平均

（4）函数：

TR = EMA（EMA（EMA（CLOSE，N），N），N）

TRIX =（TR – REF（TR，1））/REF（TR，1）× 100

TRMA = MA（TRIX，M）

其中参数 N 设为 12，参数 M 设为 20。

四、TRIX 指标的技术图形

TRIX 指标的技术图形如图 10-1 所示。

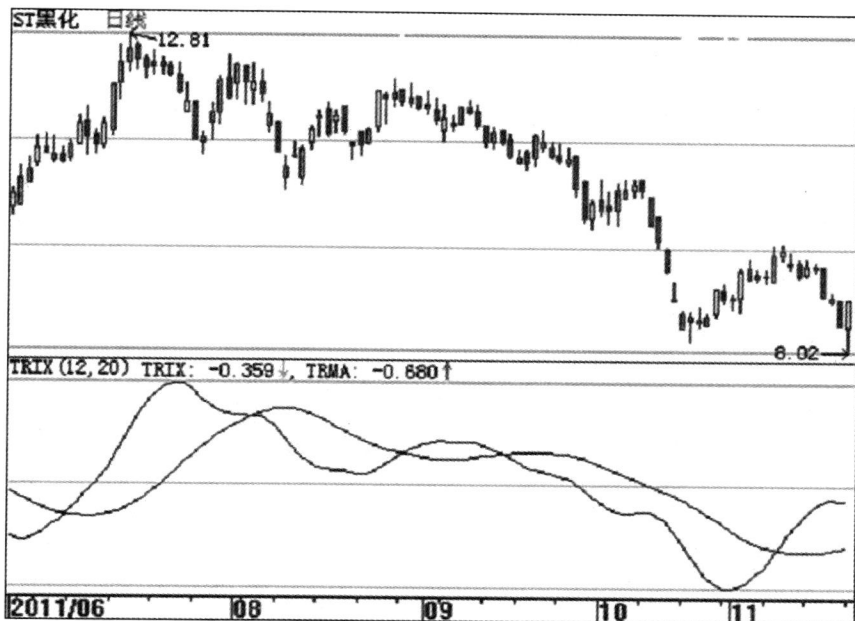

图 10-1　TRIX 指标示意图

第二节　如何根据 TRIX 指标确定买卖时点

一、TRIX 自低位上升过程中与指标均线形成金叉——形成金叉日买入

如图 10-2 所示，2011 年 6 月 29 日，吉林森工（600189）的 TRIX 指标与指标均线在低位形成金叉。此前股价的震荡局面表现在

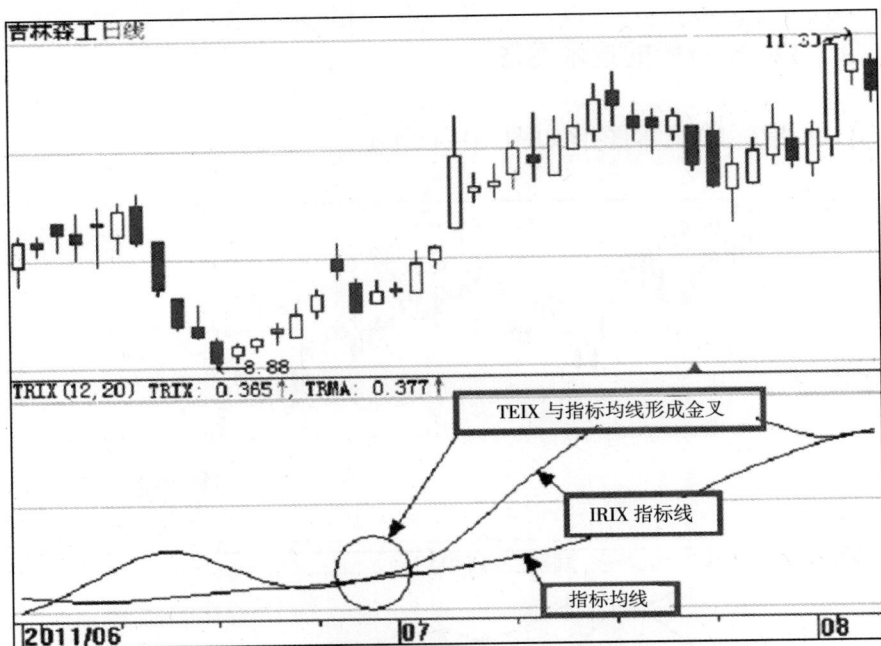

图 10-2 吉林森工(600189)TRIX 指标示意图

TRIX 指标就是与指标均线相交，此时 TRIX 自下向上突破了指标均线，表示多方力量得到增加，金叉日之后，股价有可能会缓慢上扬。

不过，如果这种金叉出现在熊市行情中，则不太准确。因为 TRIX 也有一定的滞后性，投资者也不能单凭这种金叉来判定入场。

二、TRIX 与股价形成底背离——背离后形成金叉日买入

如图 10-3 所示，2011 年 8 月到 11 月间，亚星客车（600213）的股价一直处于震荡下跌的趋势，但与之相反的是，该股的 TRIX 指标线却不断地远离低点，与股价形成了明显的底背离。这种情况表示该个股的股价已经跌到了底部，股价有反弹上扬的趋势。10 月 28 日，该股的 TRIX 指标线与指标均线形成了金叉，此时为买入的最好时机。

图 10-3　亚星客车(600213)TRIX 指标示意图

三、TRIX 自高位下降过程中与指标均线形成死叉——形成死叉日卖出

如图 10-4 所示，太龙药业（600222）的 TRIX 指标线从 2011 年 7 月 18 日走出最高点后开始下跌，到了 7 月 26 日，与上升过程中的指标均线形成了死叉，TRIX 自上而下跌破了指标均线。这预示行情已经确定了下跌的趋势，也许会稍有震荡，但大的趋势已不会改变。投资者可趁势卖出。当然，如果此时可以再进行其他的指标的研判，综合得到卖出信息则更加可靠。

四、TRIX 与股价形成顶背离——背离后形成死叉日卖出

如图 10-5 所示，桂冠电力（600236）在 2011 年 5 月 11 日之前的将近半年时间，都处在大幅上升行情之中，但是连接股价高点走势与

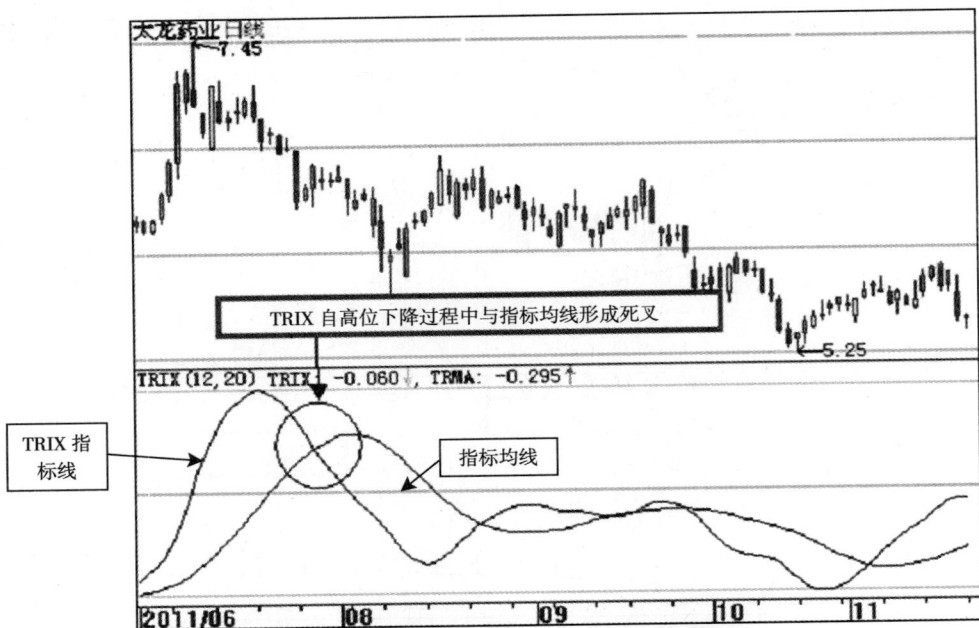

图 10-4　太龙药业(600222)TRIX 指标示意图

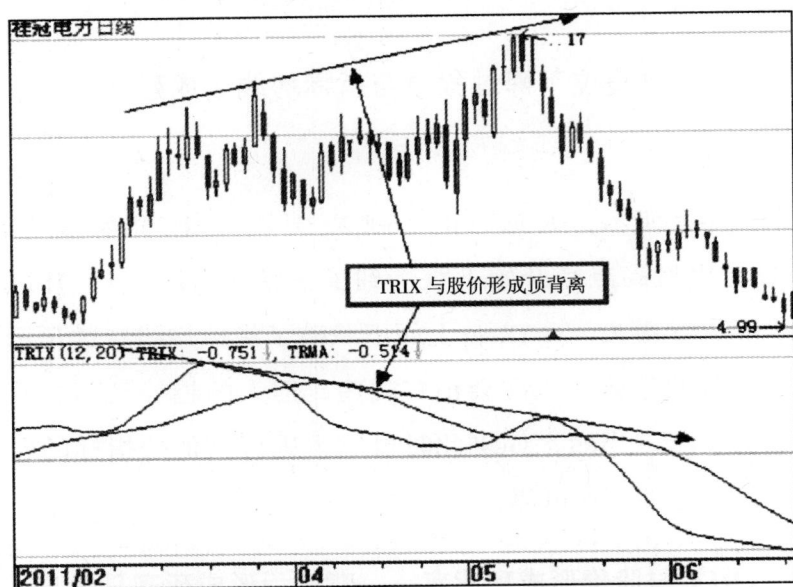

图 10-5　桂冠电力(600236)TRIX 指标示意图

TRIX 高点走势之后可以发现，该股股价与 TRIX 指标线形成了顶背离的现象。这预示该个股涨势趋缓，甚至可能反转下跌。

同样，单凭这一顶背离信息也不足以判定个股下跌的趋势，如果形成顶背离过后短时间内，TRIX 指标与均线指标在高位形成了死叉，则此卖出信号就可以确定了，投资者需及时出场。

第三节　TRIX 指标的背离

一、TRIX 指标的底背离

TRIX 指标背离也就是 TRIX 指标曲线走势和股价 K 线图上走势相反。与其他技术分析指标相同，TRIX 指标背离也有顶背离和底背离。

底背离是指：在股价 K 线图上股票走势一峰较一峰低，股价处于下跌趋势，但 TRIX 指标图上 TRIX 曲线走势却截然相反，这就是底背离现象，如图 10-6 所示。

底背离现象通常是股价在低位反转信号，说明股价将会在短期内上涨，是较强烈的买入信号。指标背离通常出现在强势行情中可靠。也就是在高价位时，通常只要出现一次，底背离形态就能够被确认，行情将会反转。若出现在股价低位时，通常要反复出现多次底背离才能够被确认底部行情将反转。

二、TRIX 指标的顶背离

与底背离相反，顶背离是指在股价 K 线图上股票走势一峰较一峰高，股价处于上涨趋势，但 TRIX 指标图上则相反时，也出现了顶背离现象，如图 10-7 所示。

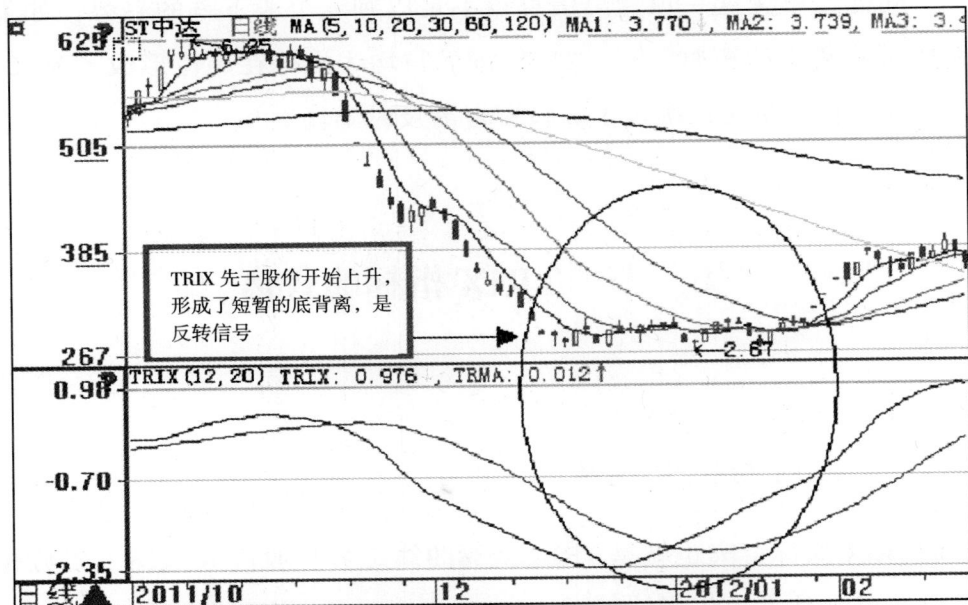

图 10-6 ST 中达(600074)TRIX 示意图

TRIX 先于股价开始上升，形成了短暂的底背离，是反转信号

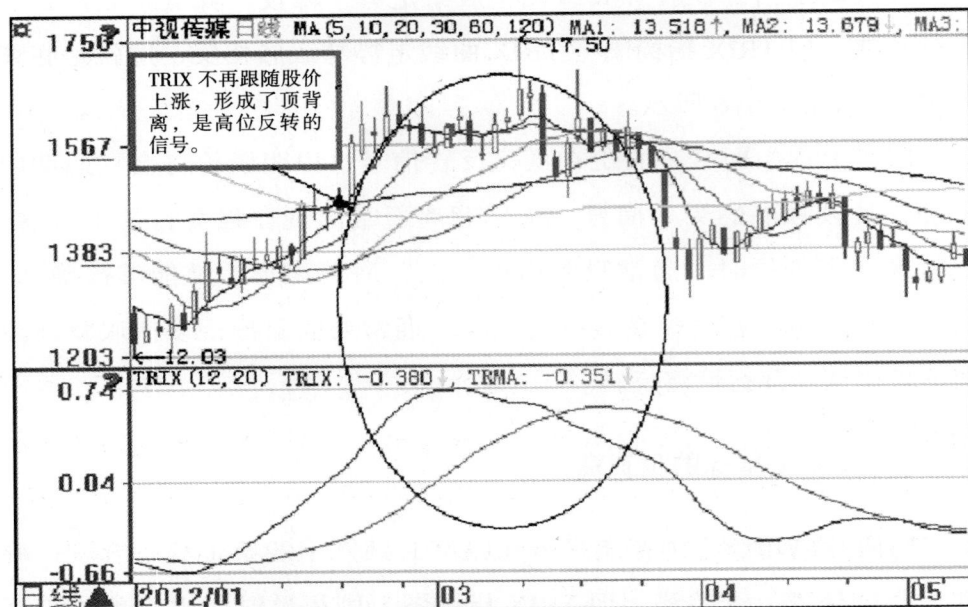

图 10-7 中视传媒(600088)TRIX 示意图

TRIX 不再跟随股价上涨，形成了顶背离，是高位反转的信号。

与底背离相反，顶背离现象一般发生在股价高位反转当中。表示股价将在短期内出现下跌，是比较可靠的卖出信号。

第四节　应用 TRIX 指标的注意事项

一、TRIX 指标的缺点

（1）TRIX 指标是经过三次平滑处理的指标，无法判断短期内股价的走势，所以用在判断长期趋势变化更为合适。

（2）滞后性同样是 TRIX 指标不可避免的漏洞，股价短期波动，TRIX 是不适宜选用的指标之一。

（3）由于其产生原理，TRIX 指标与 MACD 指标的研判和特性上有诸多相似。与 MACD 一样，TRIX 也比较适合于单边的趋势性行情，在震荡行情中，效果不大。

二、不同软件上 TRIX 指标的参数修改

仔细观察 TRIX 指标计算方法，我们能够看出 TRIX 指标以时间为参数，时间参数的构成周期可以为日、月或者周、年、分钟等。但这些时间周期要根据股票上市时间长短以及投资者取舍，理论中可以采用任何时间长度，在很多主流股票分析软件中如钱龙、分析家，各种时间周期的变动范围基本被限定在 1~99，如 1~99 日、1~99 周等。虽然有些股票分析软件把参数设定为 1~999 范围内，但这些软件较少，因此本节就以大智慧软件的参数设定为例，把 TRIX 指标参数设定为 1~99。

（1）打开大智慧软件中的追踪个股的 K 线图页面，点击工具栏中的"画面"选项，如图 10-8 所示。

图 10-8　大智慧软件上的指标 K 线图界面

（2）选择"画面"选项中的"分析指标"一项，此时会弹出"选择指标"的对话框，如图 10-9 所示。

（3）看到软件中所有的指标后，就可以根据自己的需要选择相应的指标了，此时我们按照字母排序的顺序找到 TRIX 指标，如图 10-10 所示。

在图 10-10 中的 TRIX 指标参数设置页面中，我们就可以根据需要设置参数了。如果需要更多的设置和公式修改，则可以按"指标选择"页面下方的"修改公式"按钮，出现图 10-11 式样的对话框，这里我们可以对 TRIX 的公式做进一步的改动。

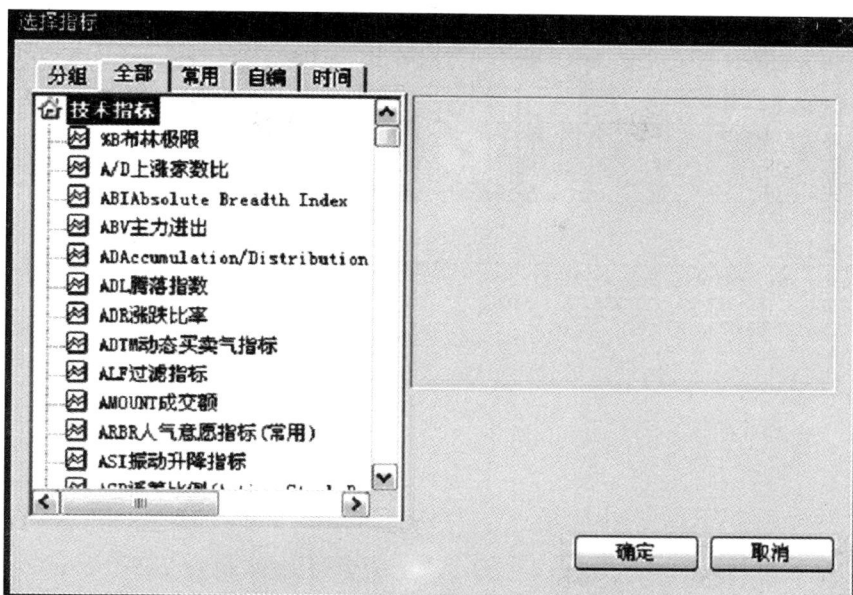

图 10-9　"选择指标"界面示意图

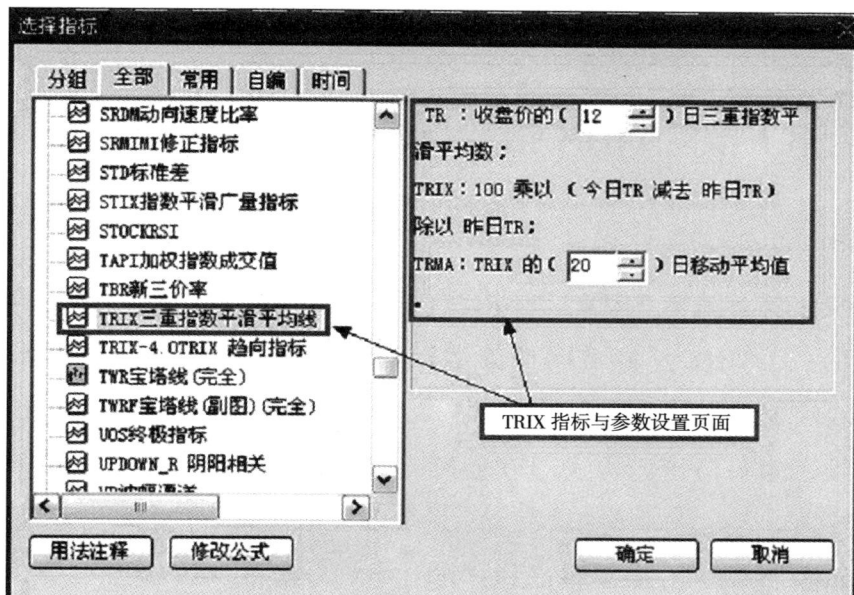

图 10-10　TRIX 指标简介界面示意图

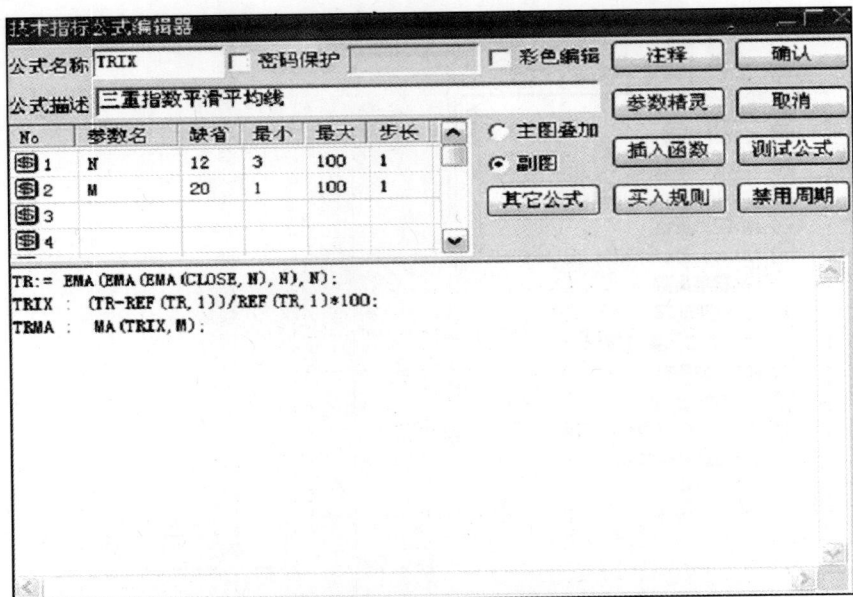

技术指标公式编辑器

公式名称 TRIX □密码保护 □彩色编辑 [注释] [确认]

公式描述 三重指数平滑平均线 [参数精灵] [取消]

No.	参数名	缺省	最小	最大	步长
1	N	12	3	100	1
2	M	20	1	100	1
3					
4					

○ 主图叠加
● 副图

[插入函数] [测试公式]
[其它公式] [买入规则] [禁用周期]

```
TR:= EMA(EMA(EMA(CLOSE,N),N),N);
TRIX : (TR-REF(TR,1))/REF(TR,1)*100;
TRMA :   MA(TRIX,M);
```

图 10-11　TRIX "指标公式编辑器" 界面示意图

第五节　TRIX 指标技术图形应用举例说明

综合以上关于 TRIX 指标用法的知识，我们可以得到两点重要买卖提示：①TRIX 从高位向低位运行的时候，如果与指标均线形成死叉，则代表上涨动力减弱，可以考虑卖出。②TRIX 从低位向高位运行的时候，如果与指标均线形成金叉，则代表下跌趋势有所好转，可以适时买入。

如图 10-12 所示，华业地产的 TRIX 与指标均线运行当中，其两次交叉和之后的趋势都体现了这种法则。

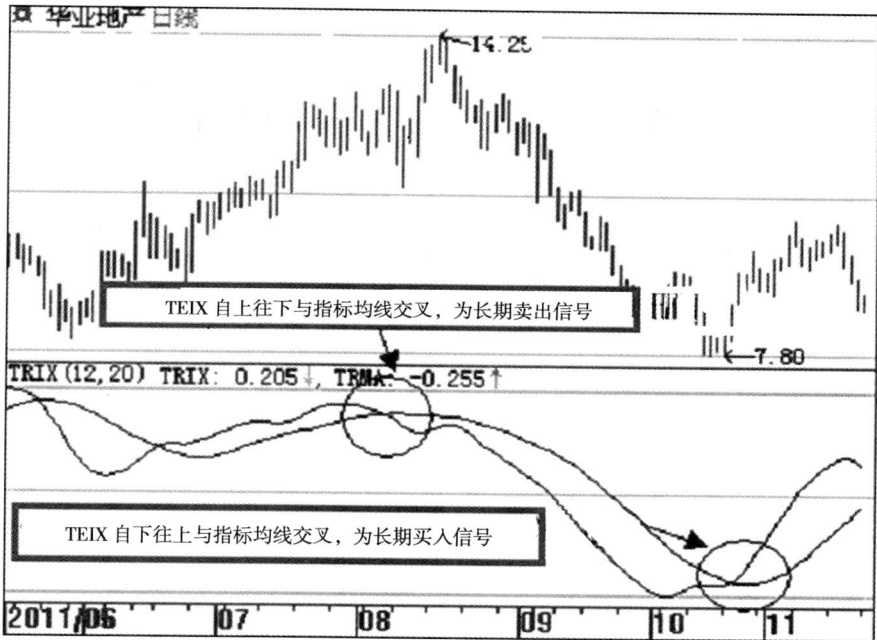

TEIX 自上往下与指标均线交叉，为长期卖出信号

TRIX (12, 20) TRIX: 0.205↓ TRMA: -0.255↑

TEIX 自下往上与指标均线交叉，为长期买入信号

2011/06　　07　　08　　09　　10　　11

图 10-12　华业地产（600240）TRIX 指标示意图

小　结

（1）当 TRIX 线从下向上突破 TRMA 线的时候，会形成金叉，表示股价开始进入强势拉升阶段，投资者最好及时买进股票。

（2）当 TRIX 线向上突破 TRMA 线之后，TRIX 线和 TRMA 线同步向上运动的时候，表示股价强势依旧，投资者最好保持持股待涨。

（3）当 TRIX 线在高位有走平或掉头向下运行趋势的时候，一般表示此时股价强势上涨行情即将结束，投资者最好密切注意股价的走势，当发现 K 线图上的股价出现大跌迹象时，投资者便需要快速卖出股票。

（4）当 TRIX 线在高位向下跌破 TRMA 线的时候，会形成死叉，表示股价强势上涨行情已经结束，投资者最好快速卖出剩余股票。

（5）当 TRIX 线向下跌破 TRMA 线之后，TRIX 线和 TRMA 线又同步向下运动的时候，表示股价弱势特征依旧，投资者最好保持持币观望。

（6）当 TRIX 线在 TRMA 下方向下运动很长一段时间后，且股价已经出现了较大的跌幅时，如果 TRIX 线在底部有走平或向上反转迹象时，一旦股价在大的成交量的推动下向上攀升时，投资者可以及时少量地中线建仓。

（7）当 TRIX 线再次向上突破 TRMA 线时，表示股价又迎来了上涨行情，投资者可适时买入，持股待涨。

（8）当 TRIX 指标在高位盘整或低位横盘时表现出的各种形态也是判断行情的重要依据。

（9）当 TRIX 曲线在高位形成 M 头或三重顶等高位反转形态时，表示股价的上升动能已经衰减至甚微，未来股价有可能出现长期反转行情，投资者应适时卖出手中股票。

（10）当 TRIX 曲线在低位形成 W 低或三重低等低位反转形态时，表示股价的下跌动能已经减弱至甚微，此时股价很有可能会建立起新的中长期底部，是投资者逢低买入的好机会。